全域旅游创新模式研究 丛书　戴学锋◎主编

U0652501

旅游发展之路引领城市转型

全域旅游的盘州模式

盘州市文体广电旅游局
北京华汉旅规划设计研究院　◎编著

中国旅游出版社

《全域旅游的盘州模式》
编 委 会

顾 问： 付国祥　六盘水市委常委、盘州市委书记

李令波　盘州市委副书记、盘州市人民政府市长

支成平　盘州市人大常委会主任

欧阳廷宏　盘州市政治协商委员会主席

主 任： 韩春辉　盘州市委常委、盘州市人民政府副市长

路 振　盘州市人民政府副市长

副主任： 范 珂　盘州市文体广电旅游局党组书记、局长

委 员： 代改珍　北京华汉旅规划设计研究院院长、副教授、博士

张付才　盘州市文体广电旅游局党组成员、副局长

屠景山　盘州市文体广电旅游局党组成员、副局长

杨 果　盘州市文体广电旅游局党组成员、副局长

刘 照　盘州市文体广电旅游局党组成员

李贵良　盘州市文体广电旅游局党组成员

林荣朝　盘州市文体广电旅游局党组成员

汪金亮　北京华汉旅规划设计研究院副院长

夏云山　北京华汉旅规划设计研究院副院长

李亚丽　北京华汉旅规划设计研究院副院长

朱 墨　北京华汉旅规划设计研究院副院长

门迎迎　北京华汉旅规划设计研究院副所长

夏巧云　北京华汉旅规划设计研究院副所长

王 甜　北京华汉旅规划设计研究院主任策划师

柯爱林　北京华汉旅规划设计研究院主任策划师

金心禺　北京华汉旅规划设计研究院主任策划师

《全域旅游创新模式研究丛书》序

1978 年十一届三中全会拉开了中国改革开放的大幕，当时要解决的核心问题是生产要素固化的问题，那时候每一个机器设备、每一块土地、每一项技术甚至每一个人，都被固化在"单位"上，不能按照市场的要求流动。十一届三中全会决议最重要的就是要打破几十年计划体制形成的生产要素固化的弊端，然而从哪里入手突破？为此，邓小平同志于 1979 年黄山讲话，把旅游业作为了改革开放先行先试的行业。

十一届三中全会的第二年——1979 年出台了《中华人民共和国合资经营企业法》，1980 年就有三家合资企业诞生——京港合资北京航空食品有限公司、中美合资北京建国饭店和中美合资长城饭店，这三家企业中，有"两家半"是旅游企业。这些企业在打破生产要素固化，特别是打破人事管理方面固化的计划经济体制做出了积极的贡献，在企业内部用人制度上，实现了取消干部和工人的界限，打破了八级工制只能上不能下、收入封顶、干多干少收入一样、企业不能辞退员工等僵化的计划体制弊端，为生产要素按照市场需要的方式配置进行了积极有效的探索。此后，深谙邓小平同志改革开放理论的胡耀邦同志提出全国学建国，把旅游业的改革经验推广到了全国。

由于中国的改革开放走的是一条渐进式的改革道路，经过改革开放 40 多年的实践，我国在打破生产要素固化方面已经较为完善，然而在对市场经济的管理方式上，不适应当前市场经济发展的方面还不少，而且越早制定的法规条例越不适应市场经济发展的需要。因此，在 2013 年再次启动改革的十八届三中全会上，提出了"要让市场在资源分配中发挥决定性作用"的重要思想，并提出"全面深化改革的总目标是完善和发展中国特色社会主义制度，推进国家治理体系和治理能力现代化"。十八届三中全会的第二年，也就是被社会各界认为是中国全面深化改革元年的 2014 年，国务院出台了 31 号文《关于促进旅游业改革发展的若干意见》，显然是再次把旅游业作为了改革的破冰产业。

作为全面深化改革破冰产业的旅游业从哪里入手，怎么解决管理体制僵化的矛盾，如何建立起"让市场在资源分配中发挥决定性作用"的管理体制，面对一系列问题，国家旅游行政管理最高层开出的药方是"全域旅游"：全域旅游是指在一定区域内，以旅游业为优势产业，通过对区域内经济社会资源尤其是旅游资源、相关产业、生态环境、公共服务、体制机制、政策法规、文明素质等进行全方位、系统化的优化提升，实现区域资源有机整合、产业融合发展、社会共建共享，以旅游业带动和促进经济社会协调发展的一种新的区域协调发展理念和模式。

改革开放之初，以旅游业为突破口带动全面改革开放的一个重要举措，就是中央层面的改革开放思想在解放生产要素的最基层——企业上率先实践，从而融化了生产要素固化的坚冰，使改革开放落到了实处。全面深化改革关键是"推进国家治理体系和治理能力现代化"和"让市场在资源分配中发挥决定性作用"，也就是要解决政府对市场经济管理方式固化的问题，此时的最基层显然是基层政府，也就是以旅游业为优势产业的县。因为，县级是自秦始皇制定郡县制以来，中国最基本的行政管理细胞。全域旅游通过县级层面的先行先试，突破不再适应社会主义市场经济的体制机制、政策法规、软硬各种环境，建立起以旅游市场分配资源的新理念，以旅游业带动社会经济全面发展的新模式。

自全域旅游概念提出以来，以旅游业为优势产业的地区，围绕让旅游市场在资源分配中发挥决定性作用，以创建全域旅游示范区为抓手，在全国各地探索了很多创新管理经验，有的在旅游业管理体制机制上，有的在招商引资方式上，有的在土地利用上，有的在财政金融支持上，有的在旅游市场治理上，有的在维护旅游者合法权益上等方面进行了全方位积极的探索。为了进一步总结各地创建全域旅游示范区中的经验，我们组织编写了这套《全域旅游创新模式研究丛书》，希望全域旅游示范区建设在推动全面深化改革中的好做法能得到广泛推广，希望旅游业能为全面深化改革做出更大贡献。

戴学锋

全域旅游助推盘州由
"西南煤都"华丽转向"金彩盘州"

资源枯竭城市经济转型是中国经济发展中一个重点问题，也是一个难点问题。盘州过去"一煤独大"，以"江南煤都"主煤仓闻名遐迩，但近年来，随着资源量的逐渐减少、生态环境的日益恶化及煤价下跌造成的盘州社会经济发展出现较大波动，盘州的城市转型势在必行。在这样的背景下，盘州上下都在考虑如何在新的历史时期，为盘州发展找到一个"牵一发而动全身"的经济转型增长点，以实现盘州经济社会的持续健康发展。市委、市政府的同志们经过认真研究，认为在贵州旅游业井喷式增长的大背景下，结合盘州自身的区位资源条件，借助盘州交通大改善的战略机遇，旅游产业可以成为盘州未来发展的新动力产业、富民产业、窗口产业和绿色产业，大有可为。恰逢习近平总书记针对旅游产业做出"发展全域旅游，路子是对的，要坚持走下去"重要指示，我们认为，这个指示与盘州未来实现高质量绿色发展的方向高度一致，因此我们提出要以"国家全域旅游示范区"创建为各项工作的统领和抓手，推动盘州经济社会的转型升级，思路确定后全市上下积极谋划布局，从目前发展取得的成果来看，这条路子走对了。作为全国首批国家全域旅游示范区创建单位，以国家验收认定工作为契机，市委、市政府决定对盘州旅游产业发展之路进行盘点，以期总结发展经验、谋篇布局未来发展。

一是站在新的发展高度谋划"全域旅游"。煤炭是盘州的支柱产业，涉及面广、从业人员多。但同时，由于煤炭是传统的能源产业，产业链短，抗风险能力弱，近年来受市场冲击大，相关企业效益不断下滑。2014年，六盘水市第一届旅发大会在盘州召开。此次会议后，盘州市委、市政府积极转变观念，树立创新、协调、绿色、开放、共享的发展理念，以及"依托煤，不惟煤，跳出煤"的发展思路，把旅游业作为扩大内需、增加就业、拉动经济增长的一个重要方面进行扶持，旅游业上升到国民经济新兴支柱产业的新高度。从传统的能源产业转型，盘州曾尝试过很多路子，除了旅游产业还有农业产业等，而旅游是最适合盘州的一条路子。旅游产业是一个关联度高、带动力强的产业，其经济带动效应远高于其他产业。据有关资料统计，旅游业投资每增加1元，可带动其他行业投资5元；旅游业直接收入每增加1元，第三产业产值就会增加4.5元以上，旅游业对国民经济的拉动作用十分明显。旅游业就业具有容量大、门槛低、劳动密集等特征，具有较强的就业带动效应，旅游业也是公认的吸纳就业量最大的产业之一。盘州，是一个拥有120万人口的经济强县，农村富余劳动力转移任务重，就业压力大，加快发展旅游业可以提供大量就业机会。从旅游业的自身特性看，旅游业被称为"无烟产业""绿色产业""生态产业"和"可持续产业"，是实现绿色发展，将绿水青山变成金山银山的有效途径。发展旅游业有利于促进整个社会经济发展方式的转变。

2016年2月，盘州被纳入第一批"国家全域旅游示范区"创建名录，先后荣获了国家卫生城市、全国文明城市提名城市、全国最美生态旅游示范县和2017年中国全域旅游魅力指数排行榜第二等荣誉。高标准打造妥乐古银杏、乌蒙大草原等10个旅游景区，形成1处国家湿地公园、4家4A级旅游景区、4家省级旅游度假区高等级景区集群；2018年，盘州全市接待游客超过1000万人次，实现旅游总收入突破70亿元，较2014年分别增长了4倍和5倍，拉动GDP增长1.6%，综合贡献率达到14.7%，形成了旅游引领、全域带动的发展格局。

二是以新的发展理念推动"全域旅游"。全域旅游是一种新的发展理念、新的发展导向、新的发展路径，其意义在于在更高的起点上开创旅游发展的新局面。从盘州具体实践的角度来看，全域旅游又是一个创新、创造和创建的过程，打造一种以"任何资源都可以成旅游资源"的新理念，整合区域内各种资源，拓展旅游生活空间，实现全景式打造、全季节体验、全产业发展、全社会参与、全方位服务和全区域管理，将盘州打造成国内一流、世界知名的山地旅游目的地。为全力推进全域旅游创建，盘州探索出了"七聚焦"的实践发展之路。

聚焦体制机制创新，凝聚旅游工作合力。为了更好地推进全域旅游示范区创建并带动旅游产业又好又快发展，盘州建立旅游工作"一把手"调度机制，成立由市四大班子主要领导任组长的旅游产业发展委员会，作为全市旅游工作的最高协调、议事和决策机构，通过市委常委会、市政府常务会和人大常委会主任办公会等会议专题研究部署全域旅游工作，推动全域旅游规划、重大项目和体制机制建设。严格落实督查考核，按照《盘州市全域旅游创建实施方案》和《盘州市全域旅游工作目标考核办法》，把全域旅游创建工作作为市委、市政府的中心工作来抓，纳入政府督促和年度考核，将督查考核结果作为干部提拔、年终绩效、执纪问责的主要依据，确保各项创建工作扎实有效推进。同时建立了县级领导挂包景区，人大督导机制和国土、发改等部门参与的联席会议制度。

聚焦政策保障创新，强化旅游发展支撑。完善旅游规划体系，把旅游业作为主导产业纳入《国民经济和社会发展规划》，编制《盘州市全域旅游发展总体规划》，实现旅游规划与交通、土地、环保等规划深度融合。强化政策制度设计，出台《盘州市旅游产业发展实施意见》，各部门围绕实施意见制定支持旅游业发展的政策文件，形成"1+130"创建方案体系。注重人才队伍建设，制定《人才引进办法》，通过人才招引等方式引进旅游管理人才150人，利用导游大赛选拔建立80余人的县域导游库，通过购买方式服务旅游市场，聘请北京华汉旅规划设计研究院10余名专家建立规划人才专家库。

聚焦供给体系创新，丰富旅游产品业态。紧紧围绕"金彩盘州"的品牌定位，推动旅游产业全业态、全链条和全要素发展。高端打造核心吸引物，全面提升妥乐古银杏村等12个景区品质，高标准推进格所河大峡谷等5个旅游景区建设，形成高等级景区集群；推进城、乡、村"三级"同步规划实施，形成城区"一心四湖两公园"布局，建成羊场等30个特色小城镇，建成岩博等69个美丽乡村，实现产、城、景同步发展。整合资源推动跨界融合，推进旅游与康养、地产、气象、农业、体育、文化、工业、航空、城镇化等深度融合，形成"+旅游"跨界产品体系，建成刘官胜境温泉、娘娘山温泉小镇、三线文化主题园、娘娘山全国休闲农业与乡村旅游示范点、乌蒙山滑翔伞基地，引进恒大足球小镇、上海宝宜国际社区等避暑旅游地产项目。强化旅游服务供给，推出银杏宴、全竹宴、牡丹宴等地方特色菜系，建成盘州美食城、翰林美食城等特色街区；打造金彩盘州酒店等80多家知名酒店，九峰刺梨园等30多家民宿品牌；开发碧云剑、刺梨王等旅游商品品牌，人民小酒、盘县火腿享誉国内外。

聚焦安全管理创新，规范旅游市场秩序。按照"市级统筹、部门参与、联动推进"的要求，成立了1个正县级管委会、1个副县级管理处和3个正科级管理处，强化对景区的规范化管理。成立文化旅游执法大队、旅游质量监督管理所、旅游市场监管分局、旅游巡回法庭、旅游警察等监管机构，与14家部门形成常态化综合执法体系，严厉打击"黑车""黑导"等违法行为。构建社会监管新体系，组建旅游、美食、汽车租赁等行业协会，建立"红黑"名单制度，将旅游企业纳入诚信体系管理，构建行业统筹协调机制。

聚焦公共服务创新，提升旅游服务质量。坚持标准化管理、规范化提升，出台了《盘州市旅游景区管理细则》《盘州市农家旅馆（农家乐）管理细则》和《盘州市旅游酒店（宾馆）管理细则》等行业管理标准，全力推进乡村旅馆、旅游酒店、旅游景区规范管理。健全旅游交通体系，争取盘州官山机场获批，完成2个高铁站、6个高速服务区和16个进出口的建设，旅游公交、旅游专线直达景区，旅游公路将景区串点成线、连线成面，形成"快旅慢游"的旅游交通体系。完善公共服务配套，建成全景图、导览图等标识标牌300余块、生态停车场20个、景区旅游厕所230余座（A级以上50座）。建设全域旅游集散中心，投资4亿元建设4万平方米的全域旅游集散中心，打造成内外共享的城市休闲综合体。

聚焦高端营销创新，塑造旅游品牌形象。组织开展多形式、多层次和多领域的旅游宣传营销活动，举办了中国—东盟国际产能合作——妥乐论坛，赴瑞士、法国、俄罗斯、新加坡、马来西亚、泰国、柬埔寨和越南等十余个国家和地区开拓国际旅游市场。紧盯目的地营销，围绕高铁沿线"火炉"城市开展宣传营销，赴北京、上海、重庆等20余个高铁沿线城市开展旅游营销推介。突出活动营销，推出"金彩盘州"全域旅游年卡，举办了"春花秋月"系列活动、国际山地自行车赛、国际滑翔伞赛、国际山地女子马拉松赛、全国木球锦标赛和东盟国际围棋赛等大型赛事活动。创新营销方式，冠名"盘州号"高铁、开通"银杏号"旅游专列，与去哪儿、美团等建立营销联盟，推出抖音、微博、微信等营销方式。编排了彝族歌剧《天穹的歌谣》，拍摄了《大局》《三变》和《最美的青春献给你》等电影，摄制了《三变促山变》《乡土——家在盘州》纪录片和《金彩盘州·云贵之心》旅游宣传片等，在中央和地方媒体滚动播出。充分利用微信、微博平台发布旅游攻略、优惠政策、旅游线路和节庆活动等旅游资讯，形成了全民共塑旅游形象的格局。

聚焦共建共享创新，优化旅游资源环境。坚持景区带村、旅游富民，盘州深入贯彻落实"九项"工程，推进"三变"改革。实施"六个一批"战略：景区建设务工带动一批、入股旅游经营性项目受益一批、旅游企业就业解决一批、旅游从业技能培训提升一批、乡村旅游创业发展一批和旅游商品开发带动一批，吸纳群众参与景区景点开发建设和就业创业。目前，盘州已经打造了舍烹、妥乐、贾西和卡河等 80 余个旅游村寨，直接带动 1.2 万人、间接带动 4.8 万人创业就业，累计带动 3.6 万人脱贫，形成了人民群众共享旅游发展成果的格局。

三是以新的发展态度促进"全域旅游"。盘州市被誉为世界古银杏之乡，有着亚洲第一深竖洞白雨洞、草原佛光、高山矮脚杜鹃和高山湿地等丰富的旅游资源；古人类文化、红色文化和三线文化等交相辉映；布依盘歌、苗族大筒箫、彝族火把节和回族古尔邦节等民族民间文化丰富多彩。近年来，沪昆高速、毕水兴高速、沪昆高铁穿境而过，大大缩短盘州与沿海及周边大中城市的时空距离，红果至妥乐、英大、英柏和淤泥至娘娘山等旅游公路全面建成，盘州支线机场获批建设，交通基础设施不断完善，为盘州开发旅游提供了日趋成熟的大环境。

近年来，盘州市以旅游为优势产业带动经济转型发展，不断完善旅游配套设施，取得了一定成就。但是，盘州市相关部门清楚地认识到，与旅游发达地区相比，盘州仍然存在较大差距。只有充分发挥旅游资源、交通区位等各种优势，加快推进基础设施建设，不断提升旅游接待服务能力和水平，才能逐步解决游客的快速增长与基础设施不匹配的问题。未来盘州将力争在三年内打造 1 个国家 5A 级旅游景区或 1 个国家级旅游度假区，再创建 2 个国家 4A 级旅游景区，2 个省级旅游度假区，逐步提升盘州旅游品牌影响力。

四是以新的发展目标动员"全域旅游"。将盘州作为完整旅游目的地进行整体规划布局、综合统筹管理和一体化营销推广载体，以构建旅游业共享共建、全民参与和全面满足游客需求的发展模式为抓手，以实现旅游业向全社会、多领域和综合性方向融入经济社会发展的全局为目标，促进旅游业全区域、全要素、全产业链发展。

盘州市发展全域旅游已不再是一个孤立的产业，而是把旅游业定位为国民经济的战略性支柱产业。作为多产业融合发展的润滑剂和催化剂，深度推进"+ 旅游"融合发展,将旅游融入经济社会发展的全领域、全过程,推动旅游带动产业融合发展。

通过全域旅游示范区创建,盘州市以"+旅游"深化供给侧改革,推动产业转型升级,探索出"以工业反哺旅游,以旅游造福民生"的"盘州路径",为边境、山地、工业型地区发展全域旅游提供了可借鉴的"盘州模式"。梳理盘州全域旅游发展的经验,我们提出"立足县域经济系统,全域谋划布局发展;坚持党政统筹驱动,四套班子齐抓共管;聚焦政策保障创新,夯实旅游发展支撑;放眼国际视野目标,拓宽城市发展空间;发起'三变'改革创新,实现共建共享目标;强化国有平台发力,推进多种经营共生;实施产业互动融合,提升产品供给质量"这样一些做法,希望可以为盘州情况类似地区提供发展借鉴。

通过全域旅游发展,盘州已经尝到了"甜头"。我们希望通过"盘州模式"的总结,进一步坚定全市人民发展旅游业的信心,进一步鼓舞全市人民发展旅游业的士气。我们相信,随着全域旅游的不断深化,盘州的面貌会进一步改观,盘州的活力会进一步激发,盘州也一定能通过发展全域旅游探索出一条适合自身特色的发展道路,为全省乃至全国贡献出更多发展的经验!

六盘水市委常委、盘州市委书记　付国祥

盘州市委副书记、盘州人民政府市长　李令波

目 录
CONTENTS

　　盘州市地处滇、黔、桂三省接合部，是贵州面向云南通往东南亚开放的"桥头堡"，素有"滇黔锁钥"和"江南煤都"之称。近年来，盘州市以创建"国家全域旅游示范区"为抓手，将文化旅游产业作为县域经济深化改革的破冰产业，以打造国际山地大健康旅游目的地为目标，以产业转型升级和机构优化为路径，以旅游化思维整合社会经济资源要素，走出了一条"以工业反哺旅游，以旅游造福民生"的"盘州路径"。取得了在创建期内旅游接待人次、旅游总收入年均递增35%以上，省外游客量年均递增40%以上，境外游客量年均递增60%以上的成绩，文化旅游产业的繁荣，推动了盘州经济社会的高质量发展，提升了盘州的区域经济竞争力，提升了盘州人民的幸福生活指数。

　　2019年是全面深化改革的攻坚年，也是首批国家全域旅游示范区创建单位的验收之年。盘州将旅游产业作为县域经济深化改革的破冰产业，以创建"国家全域旅游示范区"为抓手，以打造国际山地大健康旅游目的地为目标，以产业转型升级和机构优化为路径，以旅游化思维整合社会经济资源要素，深化供给侧改革，探索出"以工业反哺旅游，以旅游造福民生"的"盘州模式"。2018年旅游接待突破1000万人次，通过旅游累计带动3.6万人脱贫，推动了盘州经济社会的高质量发展，提升了盘州的

区域经济竞争力，提升了盘州人民的幸福生活指数。

盘州发展全域旅游的经验价值：一是探索了一条工业型城市创新全域旅游发展的新路径，通过国家全域旅游示范区创建，盘州市以"＋旅游"深化供给侧改革，推动产业转型升级，探索出"以工业反哺旅游，以旅游造福民生"的"盘州路径"，为边境、山地、工业型地区发展全域旅游提供了可借鉴的"盘州模式"。二是探索出农村内部改革创新，让贫困地区的土地、劳动力、资产、自然风光等要素活起来，变"输血"为"造血"，实现"一次性扶贫"向"可持续扶贫"转变，推进"资源变资产、资金变股金、农民变股东"的"三变"改革，成为全国示范新模式，为农村产业发展提供可借鉴、可复制的农村"三变"改革。三是生态文明建设时代对于资源型城市生态转型发展的重要示范意义，在产业转型、城市建设、扶贫开发和乡村振兴中将旅游的价值释放到最大。总结梳理盘州全域旅游发展的成绩，是对盘州社会经济发展的一次全面梳理，同时也是进一步寻找盘州全域旅游发展的问题和症结，为未来的旅游发展道路厘清思维，树立起工业城市通过旅游产业拉动社会经济实现转型发展的"标杆样板"。

一、全域旅游"盘州模式"的发展历程

翻开盘州发展的历史画卷，自 1965 年国家三线建设设立盘县特区以来，盘州的发展就与煤炭结下了不解之缘。2011 年之前，盘州社会经济几乎都是以"煤炭产业"为重心谋划发展，直到生态文明建设理念的逐步提出，国家深化改革推进高质量发展战略的逐步推进，从 2011 年旅游产业萌芽到 2018 年全域旅游发展取得井喷式成就，盘州成为国内县域全域旅游发展的一个标杆，先后吸引全国各地省、市和县三级政府前来学习考察，盘州传统煤城的城市形象逐步被"世界古银杏之乡——金彩盘州"所取代。

（一）煤都主仓，盘州记忆——"全城唯煤"的发展阶段（2011 年前）

"盘县（2017 年 6 月撤'盘县'，设县级'盘州市'，下同）煤炭实在多，煤井焦窑像蜂窝，公路修在煤层上，挖煤就在灶门脚。"20 世纪 50 年代，在盘州大地上广

▲ 今日盘州城市新风貌

为流传的这句民谣是盘州被称为"江南煤都主煤仓"的生动写照。自1965年7月，为支持"三线建设"开发盘县煤田并设立盘县矿区，盘州轰轰烈烈地拉开了煤炭产业发展的大幕。经过半个世纪的发展，盘州成为全国重点产煤县和重要电源点，煤炭产量位列中国县（市）第11位，是长江以南最大的产煤地，煤炭也一直是盘州经济的最大支柱产业，财政收入约七成直接来自煤炭产业，全市1/3的人"靠煤炭吃饭"，并有约10万人直接或间接从事煤炭生产、加工、运输和经营。伴随着煤炭产业的发展，盘州的城市GDP不断增长，进入了全国的百强县行列。

（二）旅游萌芽，摸索前进——全域旅游的萌芽阶段（2011—2014年）

2011年11月8日是盘州全域旅游发展史上至关重要的一个时间节点，盘州旅游项目建设动员大会在千年古银杏村——妥乐盛大召开，至此拉开了盘州旅游发展的序幕，旅游产业史无前例地被纳入盘州市政府的发展布局中，此时盘州旅游发展处于探索阶段，没有同类型地区转型发展的现成模式可以参考，始终处在"摸着石头过河"的阶段，旅游开发仍处于小打小闹的初步萌芽阶段。

2014年，六盘水第一届文化旅游产业发展大会在盘州召开，这次会议成为盘州旅游发展新一轮的转折。盘州市市长李令波在公开采访中回忆道"这次会议开得很简

▲ 六盘水市市委书记李再勇（左）盘州市委书记付国祥（右）分别前往娘娘山调研

单，但是却来得很及时"。如果说之前盘州发展旅游只是处于启蒙阶段的话，这次会议就是对盘州市党政部门一次统一思想的过程，此次会议后，盘州市委、市政府积极转变观念，树立创新、协调、绿色、开放、共享的发展理念，以及"依托煤，不惟煤，跳出煤"的发展思路，把旅游业作为扩大内需、增加就业和拉动经济增长的重要方面进行扶持，旅游业也上升到国民经济新兴支柱产业的新高度。

迈开盘州旅游的第一步，妥乐景区的开发建设

2011 年 11 月 8 日，盘州旅游发展建设动员大会在妥乐景区召开，标志着盘州旅游产业发展的大幕就此拉开。在此之前，盘州市上至政府机关人员下至村寨普通百姓，对于他们而言，所谓"旅游"一词不过是不着边际的虚无字眼，政府工作报告里也从未出现过"旅游"的字眼，时任石桥镇镇长的路振（现任盘州市人民政府副市长）看到了千年古银杏村的秀美资源，计划在妥乐搞一场旅游活动，让盘州本地的人来看一看妥乐古银杏的美景，当他和时任镇党委书记的顾勇（现任盘州市农业农村局局长）向时任盘县县委书记的陈少荣（现任铜仁市人民政府市长）汇报时，思路向来开阔的陈书记眼前一亮并表示全力支持，同时提议可以将会议的档次和规模做大，做成全县旅游发展建设动员大会，得到主要领导支持后的路振急忙返回，组织人员连夜在农田中搭建起了会议的主会场。至今路振副市长仍然对当时的画面记忆犹新，从此"旅游"正式进入了盘州市委、市政府的整体发展布局思考中，可以说妥乐景区的开发建设是盘州旅游产业正式迈出的第一步。

（三）初露锋芒，蓄势质变——全域旅游的摸索发展阶段（2014—2015年）

2014年，六盘水市第一届旅游文化产业发展大会在盘州召开，拉开盘州旅游产业发展的序幕。在这一年盘州完成全县旅游景区规划修编，实施妥乐古银杏、乌蒙大草原4A级旅游景区提升工程，打造平关至妥乐、哒啦仙谷至坡上草原等多条旅游精品线路，开发多种具有地域民族文化特色的旅游商品，实现全年接待旅游人数达246万人次，同比增长36.6%，旅游总收入达13.98亿元，同比增长36.4%，获得"最美中国·生态旅游特色目的地城市"称号，盘州逐步尝到了发展旅游带来的"甜头"。

2015年3月，政府工作报告提出：围绕打造"中国著名观光·休闲·度假旅游目的地"的目标，大力加强生态文明建设，努力打造宜游宜业，把盘州打造成为西南地区旅游线路上的重要节点目标。2015年9月，原国家旅游局下发《关于开展国家全域旅游示范区创建工作的通知》，第一次确定全域旅游的官方定义："全域旅游是指在一定的行政区域内，以旅游业为优势主导产业，实现区域资源有机整合、产业深度融合发展和全社会共同参与，通过旅游业带动乃至于统领经济社会全面发展的一种新的区域旅游发展理念和模式。"并迅速席卷全国，当时的原盘县生态旅游局（2019年调整为"盘州市文体广电旅游局"，下同）领导将"国家全域旅游示范区"创建工作

▲ 六盘水市第一届旅游文化产业发展大会举办地——妥乐古银杏村

提案提交县委、县政府，获得主要领导的认可。在深入研究"全域旅游"发展理念的精神与内涵的基础上，县委、县政府主要领导迅速统一思想，按照"依托煤，不惟煤，跳出煤"的战略思想，"谋篇"全域旅游，把旅游产业置于县域社会经济发展大格局中审视，放到全面深化改革的历史纵深中把握，以"全域旅游"工作为突破口，引领"黑色经济"向可持续发展的"绿色经济"转型。

（四）全域旅游，迎来机遇——全域旅游深度发展阶段（2016年至今）

2016年2月，原国家旅游局公布首批国家全域旅游示范区名单，盘州名列其中。2016年7月，习近平总书记对全域旅游发展理念和模式给予了"发展全域旅游，路子是对的，要坚持走下去"的高度肯定，盘州紧紧抓住政策及大环境发展的优势，积极推动全域旅游发展。2016年2月，盘州市两会政府工作报告提出，积极培育山地旅游产业，全力推进国家全域旅游示范区创建工作。

▲ 2016年全域旅游工作调度会

2016年8月，印发《盘县2016年创建国家全域旅游示范区工作实施方案》和《盘县2016年全域旅游工作目标考核办法》，为打造大健康旅游目的地和创建国家全域旅游示范区，将全域旅游工作纳入全县社会经济发展总体谋划中。2016年8月18日，召开全域旅游发展推进会议，四大班子主要领导全部出席，会议要求以打造具有山地特色的旅游国际度假目的地为目标，推进盘州市全域旅游井喷式发展，将全域旅游统计纳入乡镇（街道）、部门的统计工作中。

▲ 2017年全域旅游创建誓师大会

2017年3月，召开"四创"暨全域

旅游创建工作誓师大会，吹响了盘州市创建"国家全域旅游示范区"的集结号。

2017 年 5 月，印发《盘县 2017 年"国家全域旅游示范区"创建工作实施方案》，制定《盘县 2017 年创建"国家全域旅游示范区"验收事项责任分解表》，按照原国家旅游局关于全域旅游发展的部署，将创建工作分解到各职能部门。2017 年 6 月，召开专题工作会议安排部署"国家全域旅游示范区"创建工作，提出要把"创建国家全域旅游示范区"和"创建国家卫生县城""创建全国文明城市""创建国家环保模范城市""创

▲ 2017 年全域旅游推进会议

▲ 盘州市国家全域旅游示范区创建工作汇报会

建国家循环经济示范城市"结合起来一起抓的"五城联创"的发展战略。2017 年 6 月 23 日，盘县县改市正式成立盘州市。

2018 年 10 月，第五届六盘水市旅游文化产业发展大会在盘州召开，盘州以本次大会为新起点，大力发展全域旅游，奋力建成国家全域旅游示范区，全力打造金彩盘州旅游发展升级版，全力建成区域性中心城市和贵州最亮丽西大门，努力实现百姓富与生态美的有机统一。2019 年 1 月，贵州省文化和旅游工作会议在贵阳召开，盘州市作为贵州省全域旅游发展先行示范区就其创建国家全域旅游示范区的相关工作在会上做了发言。未来，盘州将以国务院关于全域旅游示范区发展指导意见、文化和旅游部全域旅游创建标准为要求，在旅游发展体制机制、政策保障、公共服务体系、供给体系、秩序与安全、资源与环境和品牌影响等方面进行全方位的创新，将全域旅游作为县域经济深化改革创新的抓手，推动盘州县域经济的高质量转型发展，争取为全国全域旅游发展、创建提供新的示范。

表 1-1　2011—2018 年盘州市地区生产总值及产业结构变化

年份	地区生产总值	第一、二、三产业结构比例
2011年	2011年，全年地区生产总值完成250亿元，可比价增速为17.4%	5.6%：74.6%：20.46%
2012年	2012年，全年地区生产总值完成300.7亿元，可比价增速为17.4%	6.4%：73.5%：20.1%
2013年	2013年，全年地区生产总值完成364.3亿元，可比价增速为17.9%，入选2013年度中国县域经济与县域基本竞争力百强县市，排名第87位，西部十强第8位；在全省经济发展增比进位综合评比中排名第2	7%：70%：23%
2014年	2014年，全年地区生产总值完成426.3亿元，可比价增速为16.1%。在全国县域经济与县域基本竞争力百强县排名中位居第85位，位次较2013年前移2位，在西部十强县中位居第8位	7.7%：66%：26.3%
2015年	2015年，全年地区生产总值完成474.24亿元，可比价增速为13.6%，综合实力大幅提升，在全省率先跻身全国百强县和西部十强县	9.6%：61%：29.4%
2016年	2016年，全年地区生产总值完成520.2亿元，可比价增速为13%，在全省率先进入全国百强县和西部十强县，位列全国科学发展百强县市第95位、全国投资潜力百强县市第80位	9.7%：59.2%：31.1%
2017年	2017年，全年地区生产总值完成578.4亿元，可比价增速为12.5%，在全省县域经济第一方阵排名第6位，较2016年上升2位	9.3%：59.5%：31.2%
2018年	2018年，全年地区生产总值完成596.4亿元，可比价增速为11.3%，在全国县域经济基本竞争力百强县市中排名第69位，较上年上升2位。在全省县域第一方阵增比进位中排名第5位，连续3年排名持续上升	10.16%：59.55%：30.29%

提升盘州社会经济发展格局，争取举办妥乐论坛

2016 年国家发改委要求贵州省派 5 个县区到上海市培训"一带一路"，当时盘州市没有"一带一路"概念，带着这个课题，我去参加了"一带一路"培训，培训时我感觉跟我们没什么关系，但既然来了就必然要有突破口。我就总结出几点：第一要有

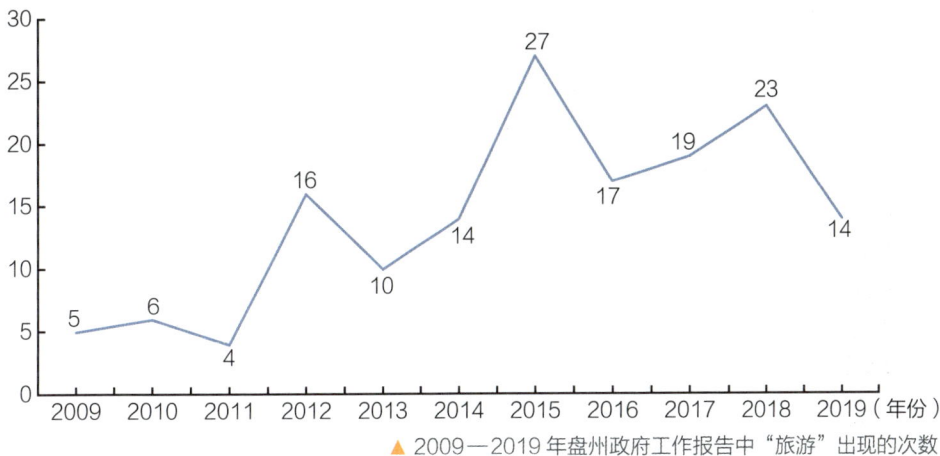
▲ 2009—2019 年盘州政府工作报告中"旅游"出现的次数

平台，第二要有窗口，第三要有通道。当时盘州什么都没有，怎么推进"一带一路"呢？我就拿着地图和网上搜的很多资料来看，我发现国家关于"一带一路"方面当时有一些东西报道也没有提到，比如泛亚高铁、克拉运河。我觉得当我们国家真正伟大复兴时，克拉运河迟早有一天会被挖通。而当时正值中国高铁走入东南亚国家，盘州高铁正在修建的大好时机。这时我明白，盘州跟"一带一路"有关系，没窗口自己建一个，没平台自己搭一个，没通道自己打一个。做这件事情我进行了 7 个月的思考，一直自己一个人想，不敢说出去，因为说出去怕被认为要么这个人疯了，要么这个人吹大牛不干实事。我一直不敢说，但是我在下面悄悄推进工作，并且我始终觉得我的观点是对的，一定要建设平台和窗口。我找到国家发改委的相关领导跟他们聊，来印证这个观点是不是正确，他们说是正确的。我就说，这个平台、窗口、通道谁先占着就一定占据先机了。之后我就联系了国家发改委海外协会的秘书长，就把这个平台做起来了。回来之后我把这个事情汇报之后，争议更大。很多人就对我冷嘲热讽，说我们是乱说乱讲。建立这个平台是战略性的问题，2016 年 8 月国务院同意设立贵州内陆开放型经济试验区，8 月 15 日国函〔2016〕142 号文件《国务院关于同意设立贵州内陆开放型经济试验区的批复》公开发布，我们是 2016 年 10 月 8 日搞第一届东盟论坛。东盟论坛是城市名片，是一个战略性决策，借助中老铁路的开通机遇，我们跟老挝川圹省倍县结成友好城市，我们跟他们互通有无，东南亚资源很多，我们盘州的人在"一带一路"之后去到东南亚地区的也很多，他们赚到大把的外汇之后回来，没有东

▲ 对接东盟商机推介会

盟论坛这些都不会有，再加上境外游也慢慢发展起来了。通过东盟论坛我们得到了商机，城市名片被扩大，旅游板块得以延伸与发展，我们得到了切实的实惠。境外游同时也推动境内游，作用更大。贵州省今年把盘州定位为十大国际旅游目的地之一，盘州绝对实至名归，而且盘州这个地方古代就已经和东南亚国家在陆上有历史渊源了。

——盘州市人民政府副市长路振访谈记录

二、全域旅游"盘州模式"的经验路径

作为一个传统煤炭工业城市，盘州全域旅游在短时间内实现"井喷式"发展，并成为各地争相学习的创新典范，本书围绕践行落实国家全域旅游示范区在促进全域旅游发展中的示范引领作用，实现打造全域旅游发展典型，形成可借鉴、可推广的经验，树立全域旅游发展新标杆的要求，总结盘州全域旅游示范区创建的实战工作经验，梳理出盘州全域旅游发展的做法经验，将其命名为全域旅游的"盘州模式"，希望对全国传统工业型城市经济转型发展及全域旅游示范区创建提供借鉴经验。

全域旅游"盘州模式"的经验可总结为："立足县域经济系统，全域谋划布局发展；坚持党政统筹驱动，四大班子齐抓共管；聚焦政策保障创新，夯实旅游发展支撑；放眼国际视野目标，拓宽城市发展空间；发起'三变'改革创新，实现共建共享目标；强化国有平台发力，推进多种经营共生；实施产业互动融合，提升产品供给质量。"

（一）立足县域经济系统，全域谋划布局发展

面对煤炭主导的传统能源产业，产业链短、抗风险能力弱、受市场冲击大、效益不断下滑和社会生态环境恶化等问题，借助 2014 年六盘水市第一届旅游发展大会在盘州举办的机会，盘州市委、市政府积极转变观念，树立创新、协调、绿色、开放、共享的发展理念，提出了"依托煤，不惟煤，跳出煤"的发展思路，将旅游业明确为扩大内需、增加就业、拉动经济增长和推动县域经济实现高质量转型发展的重要产业进行扶持，旅游业也上升到国民经济新兴支柱产业的新高度，进而实现以旅游产业为抓手助推县域经济实现高质量转型发展，立足县域经济转型就是要跳出就旅游产业说旅游的传统发展思路，将旅游产业作为促进县域经济质量转型升级的重要抓手进行全面推进和系统落实，突破紧紧围绕旅游资源布局的思考，在基础设施建设、城镇国土规划、县域产业发展、脱贫攻坚战略、乡村振兴和文化产业事业建设中统筹考虑与旅游发展的充分融合及有效衔接。这是盘州市在旅游发展之初就深刻理解全域旅游战略的目标及意义：以旅游业带动和促进经济社会协调发展的一种新的区域协调发展理念和模式有着极度密切的关系。这也是盘州全域旅游之所以能够在短期内实现跨越式发展的源动力。

（二）坚持党政统筹驱动，四大班子齐抓共管

盘州在谋划全域旅游发展之初，就立足全面发挥党委、人大、政府和政协四大班子在旅游产业政策、公共服务和基础设施等领域积极作为，建立了"四大班子齐抓共管"的大旅游发展体制机制，通过召开全域旅游工作推进会、全域旅游创建誓师大会等推行全员总动员，全力推进大旅游综合改革，建立"1344"全域旅游管服体系（建立统一管理机构、创新三种创建模式、规范四种服务体系、形成四种管理制度），全面改革创新了旅游发展的领导体制机制、制定全域旅游发展创新政策保证，并出台了严格的落实监督监管措施，成为驱动后发地区全域旅游发展的关键。

一是完善顶层设计，强化党政领导。成立了由市四大班子一把手任主任的旅游发展委员会和全域旅游示范区创建工作领导小组的统一管理机构，作为全市旅游工

▲ 四大班子领导调研旅游项目

作的最高协调、议事和决策机构，通过市委常委会、市政府常务会和人大常委会主任办公会等专题会议研究部署全域旅游工作，推动全域旅游规划、重大项目和体制机制建设，在领导小组下面设五个工作小组：旅游资源保护与开发组、旅游规划管理组、旅游投融资改革组、旅游服务监管组和旅游宣传推广组。要求各单位抽调专人进驻综合协调组进行集中办公，各工作专项组明确专人对接联系，同时市财政为每个工作专项组提供经费保障，这在全国是首创和领先的。二是开拓沟通渠道，提高工作效率。出台领导挂帮机制，制订《盘州市领导挂帮景区景点工作方案》，每个景区明确一名副县级领导挂帮推进实施，指导景区规划建设，帮助景区厘清发展思路，科学制定发展目标，协调解决制约景区发展的重大问题，保障景区及涉及乡镇、管委会经济社会又好又快、更好更快发展。三是细分旅游治理权责，构建共治共管机制。盘州积极探索现代化旅游治理体系，在形成以旅游发展委员会为综合协调、决策机构的基础上，将发展旅游产业、创建"国家全域旅游示范区"相关的7个方面，44项工作分解到全市市直部门、各乡（镇、街道）、景区管委会（管理处）、市属国有平台公司、旅游企业等90余家部门和国有公司，并以盘州市文体广电旅游局为综合协调部门，设立旅游发展委员会办公室，负责旅游发展委员会办公室日常工作、协调各项市场综合监管、联合执法、项目建设等工作，真正做到"1+X"的多部门齐抓共管的旅游管理体系。四是扩大旅游管理"单元"，深化景区三权分离。盘州深入贯彻全域旅游发展理念，在旅游资源优势地区，形成以旅游发展为核心的区域整合协调管理体制机制，利用景区管委会（管理处）、联村党委等管理机构和机制创新，形成区域发展的"旅游单元"，破除内部行政区划形成的障碍与隔阂，实现旅游统领区域协调发展。五是真抓实干落实责任，强化监督考核工作机制。按照全域旅游创建工作方案严格落实考核制度，将全域旅游创建工作纳入年度目标考核和负面清单。

（三）聚焦政策保障创新，夯实旅游发展支撑

国家推进全域旅游战略的核心是以旅游产业为抓手推动县域社会经济深化改革创新。按照贯彻落实深化改革创新理念，盘州出台《盘州市旅游产业发展实施意见》和《盘州市创建"国家全域旅游示范区"工作实施方案》，各部门围绕实施意见和方案制定支持旅游业发展的政策文件，重点围绕资金筹措、土地供给和人才培养三大方面进行创新，做到资金、土地和人才"三位一体"，形成"1+130"创建政策保障体系，有效破解旅游产业发展保障不足的问题，为全域旅游发展保驾护航。

资金政策创新方面。为破解资金筹措投入短板，构建了"旅游搭建平台""资金专项引导""旅游资产证券化"等模式，打造多元化的旅游投融资机制。制定《盘州市深化全域旅游示范区创建金融服务的实施方案》《盘州市市属国有平台融资企业管

盘州市财政局文件

盘州财发〔2019〕5号

盘州市财政局关于印发《盘州市全域旅游产业发展专项资金管理办法》的通知

各有关单位，局机关各科室（中心、所）：

现将《盘州市全域旅游产业发展专项资金管理办法》印发给你们，请认真抓好落实。

附件：盘州市全域旅游产业发展专项资金管理办法

2019年1月16日

▲ 盘州市全域旅游专项资金管理办法

盘州市国土资源局文件

盘州国土资通〔2018〕22号

盘州市国土资源局关于创新旅游用地方式实施方案

各乡（镇、街道）国土资源所、局属股（室）、中心、队：

《关于创新旅游用地方式实施方案》已经局党组会议研究同意，现印发给你们，请遵照执行。

附件：《关于创新旅游用地方式实施方案》

▲ 盘州市创新旅游用地方式实施方案

理办法（试行）》，设立旅游发展专项引导基金，统筹交通、农业等资金 49.2 亿元投入旅游项目建设；将优质旅游资源注入宏财公司等 8 家政府性公司，以"旅游资产证券化"、收费经营权质押、资产抵押、股权重组和 PPP 等模式引入各类资本参与项目建设和运营管理，引导工业企业转向旅游业，2015—2018 年共筹集 170 亿元发展旅游业。创新性探索实践"211"融资开发模式，即 1 家金融机构和 1 家平台公司整合不低于 1 亿元资金帮扶 1 个乡镇实施项目、发展产业，推进全市旅游景区开发建设。人才政策创新方面，制定《人才引进办法》，通过人才招引等方式引进旅游管理人才150 余人，利用导游大赛选拔讲解员，建立 100 余人的导游库，通过购买服务方式服务旅游市场；聘请北京华汉旅规划设计研究院 10 余名专家建立规划人才专家库。土地政策创新，实施"多规合一"留足旅游用地空间，国土用地报件具有旅游用地图存，盘活工矿废弃地、农村富余土地，通过土地增减挂钩、整合其他用地发展旅游产业，既保证项目正常推进，又实现节约集约用地，如胜境古镇通过采煤沉陷区治理、三线文化主题园通过老工业基地改造实现项目落地。

（四）放眼国际视野目标，拓宽城市发展空间

盘州以中国—东盟国际产能合作——妥乐论坛为引擎，围绕建设"国际山地大健康旅游目的地"和"建成东盟双向桥头堡和 100 年不落后国际一流精品旅游大城市"的发展目标，坚持基础设施、旅游产品、旅游服务、市民观念、旅游管理和旅游合作的国际化，跳出县域社会经济及文化旅游发展局限，将盘州放到国际合作的维度统筹谋划，一方面全面提升了盘州的整体城市品牌，让盘州跳出在区域内相互竞争的发展格局，构建巨大的口碑发展效应；另一方面极大地拓展盘州未来发展空间和可能性，同时有效地促进盘州与东盟的文化旅游交流，尤其是促进了国际旅游、国际商贸会议和多产业合作的发展。

自 2016 年第一届妥乐论坛举办以来，先后达成《妥乐共识》《贵州—东盟工商联合会行动计划》和《贵州—东盟山地旅游发展计划》等多项成果。盘州先后与东盟十国签订了涵盖加工、建材、电子产品和旅游文化等领域的经贸合作协议 12 份，合作金额超过 75 亿元人民币；举办东盟展销节和大湄公河次区域经济贸易旅游文化交流活动，与 20 余家东南亚国家旅行社推进旅游合作，建成贵州—东盟产业园，并引进

▲ 中国—东盟围棋邀请赛

30 余家企业入驻；向瑞士、法国、俄罗斯、新加坡、马来西亚、泰国、柬埔寨和越南等十余个国家和地区宣传盘州旅游，开拓了国际旅游市场。举办了国际滑翔伞赛、全国木球锦标赛和东盟国际围棋赛等大型赛事活动。

盘州市作为东南亚面向贵州及内陆省份开放的"双向桥头堡"，具有明显的气候优势、资源产业优势、城镇发展优势和劳动技术资源优势。妥乐论坛是中国与东盟建立对话关系 25 年来第一个在中国县级市召开的国际性会议，打开了盘州乃至贵州与东盟国家互访交流的渠道，增进了彼此间的相互了解和情谊，探索新形势下中国—东盟产能合作的载体和模式创新，实现了资源共享、市场共建、发展共赢。同时，妥乐论坛也极大地拓宽了盘州城市发展思维与格局，让盘州跳出有形的区域及县域经济发展路径依赖，站在国际交流的舞台上无限谋划未来的发展蓝图。

（五）发起"三变"改革创新，实现共建共享目标

盘州是"三变"改革的发源地，其根源在于推动产业转型升级，助力脱贫攻坚，与全省、全国同步实现全面小康，而盘州全域旅游发展的目标就是坚持推动新型城镇化建设，促进县、乡、村三级同步发展，推动城镇化建设、城乡环境治理、乡村旅游

▲ 盘州娘娘山银湖合作社分红现场

开发等快速提升，打破城乡二元结构限制，通过景区带村、旅游富民带动老百姓实现脱贫致富。以娘娘山景区为示范点，探索推出"资源变资产、资金变股金、农民变股东"的"三变"改革，连续三年写入中央一号文件，入选全国产业扶贫十大机制创新典型；紧紧抓住"三变"改革的创新示范意义，盘州全方位深度推进"三变+旅游"改革在全域旅游发展中落地，将旅游产业作为脱贫扶贫和乡村振兴的重要抓手，构建了全域旅游、全民参与和共建共享的发展格局，为当地村民构建可持续的长远发展模式。由"三变"改革发展推出"1+8联村党委"模式，形成"平台公司+村级合作社+农户"的利益链接机制，打造舍烹、妥乐、贾西、卡河和岩博等80余个旅游村寨，直接带动1.2万人、间接带动4.8万人创业就业，累计带动3.6万人脱贫，占全市总脱贫人数的30%。人民群众在旅游发展中的获得感、幸福感不断增强。

盘州旅游景区景点的开发建设创新性将原住民与景区打包进行开发，以原住民居住的集镇、村寨为载体谋划旅游产业项目布局，深耕"三变"改革，充分考虑原住民全方位参与旅游产业开发，目前已经建设并取得良好运营效果的大洞竹海景区、妥乐古银杏景区、哒啦仙谷景区和乌蒙大草原景区是极好的例证，全域旅游的发展一定坚持以人民群众的长远可持续发展为主。实现共建共享是指形成全民共建和主客共享机制，发动盘州各部门和全体老百姓的积极性，让旅游发展不只是旅游部门的部门职责，而是党委政府领导的全部门共同参与的职责，并且市、镇和村形成了三级联动机制，在新型城镇化、农村景区化建设中赋予旅游功能，共同推动旅游事业转型升级，统筹兼顾当地居民和旅游者利益，在旅游基础设施和公共服务方面满足居民和游客两类群体的共同诉求。

（六）强化国有平台发力，推动多种经营共生

对于传统工业型城市转向旅游开发，必须充分发挥国有平台公司在旅游产业后发地区发展初期的巨大推动执行能力，盘州在谋划全域旅游之初，先后成立贵州宏财投资集团有限责任公司、盘州旅游文化投资有限责任公司等8家政府性公司，将全市优质旅游资源注入平台公司，通过旅游资产证券化、收费经营权质押、资产抵押、股权重组和PPP等模式，引入各类资本参与项目建设和运营管理，引导工业企业转向旅游业，成为开发初期推进盘州全域旅游试点"井喷式"增长的重要力量。

盘州利用国有平台公司强有力的融资能力和执行能力，在全域旅游发展初期完成基础设施、旅游配套等公益性项目的建设，形成优良的项目资产包，引入优质运营管理公司，推动旅游资产的持续升值和效益溢出，先后创造出"211"投融资模式、"5+8"特色农业产业发展模式和"2+1"景区建设模式。

"211"投融资模式，即1家金融机构和1家平台公司整合不低于1亿元资金帮扶1个乡镇实施项目、发展产业，明确了21家国有企业、9个金融机构帮扶乡镇，实现优质资源向农村聚集和整乡整村推进，全县同时推进旅游景区开发建设，使盘州在短期内打造出一批高规格的旅游景区景点。

▲ 沙淤景区高山花卉产业园规划效果图

"5+8"特色农业产业发展模式，即由5家平台公司牵头发展8大主导产业，按照"市级统筹、部门主管、乡镇主抓、平台公司主导、合作社主体"的整体运行设计，以全市506个村级合作社为纽带，确保农户入股就有分成、务工就有工资、见效就有分红，充分发挥政府平台公司"外联市场、内结基地"的载体作用，平台公司负责苗木、农资和资金保障，村级合作社负责组织农户实施产业种植和管护，行业主管部门负责争取上级各类政策资金并强化技术服务指导，通过此类模式发展的产业占盘州市总产业面积71%。

"2+1"景区建设模式，即一个平台公司、一个挂帮单位共同推进一个旅游景区发展，推进全市的旅游基础设施和公共服务PPP等投融资模式创新，引进外部资金集团参与全市旅游项目和旅游基础设施建设。

（七）实施产业融合互动，创新产品供给质量

盘州在全域旅游发展推进过程中，以打造国际山地大健康旅游目的地为目标，推进健康、地产、气象、农业、体育、文化、工业和城镇化等与旅游产业深度融合，形成"＋旅游"跨界产品体系。"康养＋旅游"，建成刘官胜境温泉、娘娘山温泉小镇；"地产＋气象＋旅游"，利用"360度激情·19度夏天"的凉都品牌，引进恒大足球小镇、上海宝宜国际社区等避暑旅游地产项目，吸引外省人购房从2016年的不足2%，发展到目前的29%；"农业＋旅游"，建成娘娘山、哒啦仙谷2个全国休闲农业与乡村旅游示范点；"体育＋旅游"，建设纬度最低的高山滑雪场和滑翔伞基地、乌蒙大草原国家生态体育公园等户外运动项目，荣获贵州省十佳体育旅游示范市；"文化＋旅游"，建成胜境古镇、盘县会议会址、综合训练营地等文化旅游项目；"工业＋

▲ 三线文化园

旅游"，充分利用 671 老工业废弃基地，改造成三线文化园；"城镇化 + 乡村 + 旅游"，县、乡、村"三级"同步规划实施，形成城区"一心四湖两公园"布局，建成羊场等 30 个特色小城镇，建成岩博、陆家寨等 69 个美丽乡村，建设西冲河统筹城乡发展乡村旅游综合体，推动城镇化率从 2016 年的 46.53% 增长到 2018 年的 49.51%。

三、全域旅游"盘州模式"的发展成绩

自 2016 年年初始，盘州全域旅游示范区创建三年以来，其旅游产业实现了"从无到有，由弱变强"的转变，实现了以全域旅游引领社会经济发展的新局面，走出了传统煤炭型城市通过全域旅游产业拉动县域经济实现高质量发展的新路径。这些变化，既是盘州作为传统工业城市转型发展的客观倒逼，也是盘州人民面对历史的主动选择。

（一）旅游产业实现"持续井喷"式发展

1.接待人数持续井喷

全市旅游接待量由 2011 年的 122 万人次增长到 2018 年的 1160.51 万人次，接待旅游过夜游客由不到 10 万人次增长到 153.62 万人次，旅游总收入由 6.84 亿元增长到 86.73 亿元，年均分别增长超过 35%、20% 和 45%，增速连续 5 年位居贵州省第一，旅游综合测评指数多年居全省第一，旅游产业实现名副其实的"井喷式"增长。

表 1-2　2011—2018 年盘州市旅游产业数据统计表

年份	接待人次（万人次）	增长率（%）	总收入（亿元）	增长率（%）
2011	122	—	6.84	—
2012	136	11.48	7.42	8.48
2013	180	32.35	10.25	38.14
2014	249	38.33	13.98	36.39
2015	337	35.34	18.87	34.98
2016	494.6	46.77	32.91	74.40
2017	801	61.95	54.31	65.03
2018	1160.51	44.88	86.73	59.69

▲ 盘州荣获全国休闲农业与乡村旅游示范点

2. 特色品牌不断增多

围绕"金彩盘州·世界古银杏之乡"的旅游品牌定位，推动旅游产业全业态、全链条和全要素发展，陆续建成妥乐古银杏、乌蒙大草原、哒啦仙谷、娘娘山、大洞竹海、刘官胜境温泉、九龙潭、虎跳峡、沙淤、高原画廊和三线文化主题园等 12 个高标准景区，其中 4 个纳入全省"100 个旅游景区"；全力开发建设格所河峡谷、新民梯田温泉、丹霞古镇、盘州古城和胜境古镇等景区；打造以农业产业为引领的娘娘山、哒啦仙谷和沙淤等农旅融合景区，计划通过"盘县会议"会址将盘州古城打造为红色旅游景区；推进城、乡、村"三级"同步规划实施，形成城区"一心四湖两公园"布局，建成羊场等 30 个特色小城镇，建成岩博等 69 个美丽乡村，实现产、城、景同步发展；建成金彩盘州全域旅游集散中心和 6 个景区游客接待中心，完善智慧旅游中心和车站、旅游公交、旅游大巴、汽车租赁等配套服务设施，全面实现旅游网络营销与旅游集散服务功能；建成 1 处国家湿地公园、4 家国家 4A 级旅游景区和 4 家省级旅游度假区的高等级景区集群，荣膺国家卫生城市、全国文明城市提名城市和全国最美生态旅游示范县，拥有 2 个全国休闲农业与乡村旅游示范景区、2 个历史文化名镇和 4 个传统村落，建成帐篷酒店、房车营地、稻田酒店和竹园溪酒店等一批特色酒店和民宿，打造温泉养生、低空飞行、滑雪运动、房车营地、溜索、风动体验、农事采摘和水上娱乐等旅游产品和业态，形成了全域旅游多元化品牌格局。

3. 行业治理不断规范

成立市四大班子主要领导任组长的旅游产业发展委员会，作为全市产业发展的最高领导机构，为全市旅游工作的最高协调、议事和决策机构；成立盘州市旅游发展和改革领导小组，下设资源保护与开发、规划管理、投融资改革、服务监管和宣传推广五个专项领导小组，分别由分管领导任组长，在旅游发展委员会领导下具体负责全市文化旅游产业发展政策发布、规划计划、项目审查、监督落实、工作协调、资源保护、投融资管理、服务监管和宣传推广等工作，全市文化旅游产业领导管理体制逐步成熟。构建完善综合监管机构，成立1个正县级管委会、1个副县级和3个正科级管理处监管重点景区发展。开拓沟通渠道，提高工作效率，出台领导挂帮景区机制，规定四大班子每月到挂帮景区指导工作的次数，实现文化旅游发展的上下沟通渠道通畅。文化和旅游部门作为全市旅游发展委员会和旅发领导小组的办公室单位，承担全市文化旅游产业发展的协调工作，提升了旅游部门的话语权。坚持标准化管理、规范化提升，出台《盘州市旅游景区管理细则》《盘州市农家旅馆（农家乐）管理细则》和《盘州市旅游酒店（宾馆）管理细则》等行业管理标准，全力推进旅游发展的规范化管理，构建起上传下达的有效行业治理体制。

（二）优化县域社会经济产业结构

县域经济是国民经济的基本运行单元，是国家政策直接落地的执行平台[①]。盘州是我国传统县域经济发展的典型代表之一，长期以来，以煤产业为代表的第二产业工业比重过高，造成了社会经济活力固化、城乡二元结构矛盾加大、居民收入差距拉大、公共服务普惠不足和生态资源环境恶化等问题。旅游产业作为我国改革开放以后市场化程度最高的产业之一，对于缓解经济下行压力、扩大内需、弥合收入两极分化、调整产业布局产业结构、解决环境压力和实现中国梦等作用更加凸显，是一个关联全局的重要产业，旅游业完全可以成为引领我国全面深化改革的破冰产业[②]。全域旅游的核心出发点是充分发挥旅游产业自身优势，实现以旅游业为优势产业优化地域发展结构，以全域旅游为抓手，发展壮大现代服务业，是一条推进县域经济产业结构调整的有效途径。

盘州把旅游业定位为国民经济的战略性支柱产业，多产业融合发展的润滑剂和催化剂，深度推进"+旅游"与关联产业融合发展，将旅游融入经济社会发展的全领域和全过程，推动以旅游带动的产业融合发展。将旅游产业作为调结构、稳增长和促民生等绿色产业来发展，加大旅游产业发展促进一、二、三产业快速发展，经济结构持续优化，从2012年的6.4%：73.5%：20.1%调整为2018年的10.16%：59.5%：30.29%，

---

① 钟艳. 以全域旅游推进县域经济产业结构调整［EB/OL］. http://www.ctnews.com.cn/art/2018/12/11/art_125_30168.html

② 戴学峰. 全域旅游：实现旅游引领全面深化改革的重要手段［J］. 旅游学刊，2016（9）：20-21.

▲ 盘州马鞍山梨花旅游文化节活动成功举办

二产下降 14 个百分点，三产上升 10.2 个百分点，三次产业比例的调整极大地激发了社会经济活力，带动相关产业实现快速发展。

（三）开启民智提升人民幸福感

1.提高了人民群众的素质

盘州市人民群众通过参与全域旅游发展并从中获得发展的机会，注重自我素养、素质的提升，不再随地吐痰，更加注重衣着整洁和环境卫生保护等方面。

就妥乐景区而言，在 2011 年旅游尚未全面开发之前，村民对村寨内环境的维护和清洁没有深层次的概念，村民随地吐痰、乱扔垃圾、随意穿着等现象比比皆是。伴随着 2016 年妥乐论坛的召开，大量游客进入这座古银杏村落，村民慢慢发现原生态的自然环境成为外来游客最大的吸引力，慢慢地在政府和管理公司的积极引导下，妥乐村民日渐懂得珍惜、爱护自己赖以生存的家园。

2.开启了人民群众的发展热情

人民群众积极参与到旅游开发活动中，开拓了发展的思维，原来的青山绿水成为了金山银山，院里的乡村老宅变成了精品民宿，原来的土特作物变成了旅游商品，原来的传统手艺成为最受游客欢迎的体验项目。群众的发展方向更加明确、老百姓更加珍惜、呵护地方的传统文化。

3. 拓宽了人民群众的发展路径

近年来煤矿产业下行，生态文明建设力度加大，盘州出现了百姓就业出路受限的普遍现象，中年人外出打工、青年人不愿返乡和老年人留守乡村成为广大乡村的现状，城乡二元结构差距加大。盘州在全域旅游中将"三变"改革全面推广，通过"资源变资产、资金变股金、农民变股东"为广大乡村发展寻找到了新出路，据不完全统计，全市至少有接近2万常年在外打工人群受到全域旅游发展的带动影响，不再外出打工。

乌蒙山小伙返乡记

乌蒙山的小陈是看到家乡旅游产业发展起来后返乡就业的典型代表，2015年贵州大学销售管理专业毕业后，和大多数的年轻人一样，怀揣着美好的梦想远离家乡来到了首都北京闯荡，在北京做了两年销售工作，每天两点一线奔波在住地和公司之间，尽管非常勤奋，但是一个人在北京漂泊生活，即使薪酬翻番增长，他始终感觉不到家庭的温暖。面对着北京的天价房价，更是感觉压力倍增，所以一直也不敢谈恋爱交朋友。在盘州全域旅游大发展的这两年春节返乡中，突然感受到了家乡原本煤尘漫天的景象一去不复返，尤其是节假日期间，家乡涌入了大量的外地客人，他们在乌蒙山上夏季避暑度假、冬季滑雪游憩，而家乡的乡亲们也在政府的扶持下，或经营家庭宾馆民宿，或从事土菜餐饮接待，或销售家庭土特产品，或到景区工作打工，实现了在家门口就业，恰逢乌蒙山景区新业态上马招聘工作人员，于是就义无反顾地辞掉了北京的高薪工作，来到了乌蒙山景区从事旅游接待讲解等服务，在交流的过程中，对于自己选择回到家乡并从事旅游工作，他说自己没有选错，家乡的空气好、景观好、待遇也好，而且可以守着家里的人，小陈幸福和充满希望的眼光告诉我们，盘州人对发展旅游产业的急切期望。

4. 提升了人民群众的幸福指数

发挥"三变"改革、联村党委模式，通过实施旅游扶贫战略，盘州累计带动超过3.6万人实现脱贫，占全市总脱贫人数的30%，实现人民群众共建共享成果，全域旅

游已经成为盘州脱贫攻坚的重要抓手产业。

（四）盘活盘州存量资源产业

全域旅游的发展对消化盘州房地产的库存产生巨大作用：提升了盘州房地产的平均价值，据相关统计数据显示，2016 年之前盘州房地产平均价格在 2700 元左右，同时房地产的库存量相当大，2017 年盘州房地产平均价格已经达到 3800 元，2018 年年底已经超过 4500 元，大量外地购房客的进入，首先消化了原来的库存量，同时拉动了土地的升值。房地产销售大幅度提升，先后吸引恒大、碧桂园和德远新天地等大型房地产企业进驻盘州，省内外的人员赴盘州的购房比例大幅度提升，从 2016 年购房总人数的 2% 提高到 2018 年年底的 29%。

全域旅游激活了广大农村闲置产业资源。通过农村内部改革创新，融入全域旅游发展思维，推出"资源变资产、资金变股金、农民变股东"的"三变"改革，激活了广大农村贫困地区土地、劳动力、资产和自然风光等要素，变"输血"为"造血"，实现"一次性扶贫"向"可持续扶贫"转变，成为全国示范新模式，为农村产业发展提供可借鉴、可复制的农村"三变"改革，带动盘州关联产业的升值，造就一批以盘县火腿和人民小酒为代表的特色产业，带动关联产业的长远发展。

（五）为资源型城市转型旅游发展提供借鉴经验

盘州作为全国 500 家市（县）级全域旅游示范区创建单位中少有的工业城市，围绕"跳出'煤'主导，摆脱'路径'依赖，'谋篇'全域旅游"的发展逻辑，走出了一条适合煤炭工业城市全域旅游发展的"盘州模式"。路径的核心就是围绕将盘州作为

▲ 盘州特色旅游商品

完整旅游目的地进行整体规划布局、综合统筹管理和一体化营销推广，以构建旅游业共享共建、全民参与和全面满足游客需求的发展模式为抓手，以实现旅游业向全社会、多领域和综合性方向融入经济社会发展的全局为目标，促进旅游业全区域、全要素和全产业链发展要素。

盘州全域旅游为全国工业城市发展全域旅游提供了模式上的可借鉴和可复制的范本，通过盘州以全域旅游为抓手的系统化改革创新，在全域旅游体制机制的构建、政策法规的创新、公共服务的完善、秩序监管的治理、资源环境的保护和国际品牌的打造等方面走出一条盘州特色的路子。通过将全域旅游与城市、乡镇、村寨、农业、工业、体育和文化的深度融合，进一步丰富和深化了盘州全域旅游的内容，创建了全域旅游创新发展的样本，同时进一步增强了盘州旅游的品牌价值。

（六）极大推动城市品牌及影响不断提升

1. 小城市吸引全世界的目光

盘州全域旅游创建的发展与中国—东盟妥乐论坛的举办可以说是同步进行，2016年中国—东盟妥乐论坛落户盘州那一刻起，就为这座小县城插上了面向国际腾飞的翅膀，让盘州跳出了一个偏远山区县城发展思维的局限性，以更开放的姿态站在国际舞台上尽情畅想未来发展空间。据不完全统计，自论坛举办以来，先后有东盟十国的政府官员、外交官员、知名行业商协会、企业家代表和国际知名人士1500余人出席论坛相关活动。国内外媒体对论坛相关事宜进行了2000余次宣传报道。盘州与东盟各国签订了涵盖加工、建材、电子产品和旅游文化等领域的经贸合作协议12份，合作金额约75亿元。妥乐论坛的成功举办，对盘州市产生了极大的影响。一是搭建了平台。妥乐论坛搭建起了盘州市和东盟国家的经贸、物流、企业交流和文化交流的高端平台，盘州市与东盟国家在产业与投资、能源与建材、农业与食品、健康与旅游、山地经济发展等方面形成共识。二是密切了人员往来。盘州市与东盟国家驻华使领馆、行业商协会和知名企业建立了良好的对接联络机制。部分东盟国家领事馆和商会代表、企业家分别来六盘水市、盘州市实地考察，就双边经贸交流合作、友好城市建设等事宜进行了交流、洽谈，并达成了初步意向。同时，盘州市组织有关人员到越南、

▲ 美丽中国盘州柬埔寨旅游推介活动

泰国和柬埔寨等东盟国家开展宣传推介，加深合作交流。三是开展了广泛合作。盘州市与部分东盟国家商协会及企业签订了战略合作协议，举办了多场东盟展销节和大湄公河次区域经济贸易旅游文化交流活动，与20余家东南亚国家旅行社推进旅游合作，建成贵州—东盟产业园，并引进30余家企业入驻。四是盘州市外向型经济指标不断增长[①]。与盘州市建立联络机制和友好关系的"一带一路"沿线国家和城市越来越多，盘州市的国际知名度和影响力得到了大幅提升。目前，妥乐论坛已与中国产业海外发展协会展开合作，妥乐论坛正逐步成为国际友好交流、国际产能合作、国际经贸交流和国际推介展示的重要"窗口"。

2. 综合经济实力不断优化提升

发展全域旅游以来，盘州社会经济实力不断升级，2016年盘州地区生产总值达520.2亿元，公共财政预算收入达49.18亿元，社会消费品零售总额达87.25亿元，城镇和农村居民人均可支配收入分别为24543元和8474元，在全省率先进入全国百强县和西部十强县，位列全国科学发展百强县市第95位、全国投资潜力百强县市

---

① 宋迪. 盘州：打造面向东盟"双向桥头堡"［N］. 六盘水日报，2018-11-09。

第80位。

2017年，盘州市经济社会发展呈现出"速度质量持续提升、结构调整协调推进、活力动力不断增强、民生福祉加快改善"的良好态势，地区生产总值完成578.4亿元，社会消费品零售总额完成97.89亿元，一般公共财政预算收入完成50.53亿元，城镇、农村居民人均可支配收入分别达到26752元、9347元，在贵州县域经济第一方阵排名第6位，较2016年上升2位。位列全国综合实力百强县市第89位、全国县域经济与县域基本竞争力百强县市第71位。

2018年，地区生产总值达596.4亿元，一般公共预算收入达51.81亿元，社会消费品零售总额达101.43亿元，农村、城镇居民人均可支配收入分别增长10.3%和9.3%，在全国县域经济基本竞争力百强县市中排名第69位，较2017年上升2位。在全省县域第一方阵增比进位中排名第5位，连续3年排名持续上升。

盘州发展全域旅游的三年，也是国家加大对小型煤矿整治和生态环境保护严格的三年，恰逢煤炭产业的低迷期，但是统计数据显示盘州城市经济实力仍然在不断提升，在全市、全省和全国的县域经济排名中不断提升，以全域旅游为抓手的盘州社会经济高质量转型发展初见成效。

▲ 李令波市长向印度尼西亚中华总商会赠送印制有银杏叶标志的纪念品

3. 城市的品牌荣誉持续增加

全域旅游创建中注重城市品牌的提炼和聚焦，盘州"世界古银杏之乡·金彩盘州"城市品牌已经名扬海内外，盘州的旅游知名度、影响力越来越大，重大项目接踵而至，旅游目的地吸引力越来越强，先后荣获国家卫生县城、全国文明城市提名城市和全国最美生态旅游示范县等特色品牌。

四、全域旅游"盘州模式"的借鉴经验

盘州全域旅游之所以能够在短期内实现井喷式发展，与盘州旅游紧紧抓住国家全力推进全域旅游产业发展的政策密不可分，与盘州深度理解国家全域旅游发展重在改革创新的核心要求密不可分，与盘州党政各级部门大胆革新、积极作为和敢想敢干的作风密切相关，与盘州审时度势抢抓机遇推动旅游产业密切相关。盘州在全域旅游发展中探索的经验，对于全国各地资源型城市、工业型城市和旅游后发地全域旅游发展具有重要的借鉴价值。

（一）全面深化改革创新是盘州全域旅游发展的动力

全域旅游示范区创建不是要各地区按照同样模式发展，而是要各地区按照自身特点突破不合理的体制机制，按照中共十八届三中全会、党的十九大精神指出的方向，破除体制机制弊端，突破利益固化的藩篱，为实现社会主义市场经济，让市场在资源分配中发挥决定性作用做出贡献。[①] 体制机制改革创新是推动盘州全域旅游发展的关键，建立"1344"全域旅游管服体系（建立统一管理机构、创新三种创建模式、规范四种服务体系、形成四种管理制度），打造工业型全域旅游升级版。

建立统一管理机构。一是成立旅游发展委员会：成立了由盘州市四大班子主要领导任主任，分管旅游的副市长兼任常务副主任，各有关副县级领导任副主任，各相关部门为成员的旅游发展委员会，作为全市旅游工作的最高协调、议事和决策机构，通过市委常委会、市政府常务会、人大常委会主任办公会和政协主席办公会等常态化专题研究部署全域旅游工作，推动全域旅游规划、重大项目和体制机制建设，落实乡

---

① 戴学峰. 全域旅游：实现旅游引领全面深化改革的重要手段［N］. 中国青年报，2018-04-12。

镇、部门"一把手"负责制。二是出台市领导挂帮机制：为加快推进全市旅游景区开发建设，制定《盘州市领导挂帮景区景点工作方案》，建立县级领导挂帮景区、人大督导机制和国土、发改等部门参与的联席会议制度；加强对全市重点旅游景区的建设、管理和运营进行督促推进。三是组建景区管理新机构：针对重点景区组建1个正县级管委会、1个副县级管理处和3个正科级管理处，成立旅游公安分局、旅游巡回法庭、工商旅游分局，并在各旅游景区成立旅游警察中队、旅游巡回法庭审判点和旅游市场监管点，建立旅游市场咨询服务点。四是构建"135"创建机制：组建市五创办，将创建国家全域旅游示范区工作作为重要创建工作，形成"135"创建工作机制，推进国家全域旅游示范区创建。"1"即一个平台，搭建一个诚信体系平台。"3"即一个五创，一个五管，一个五统一。"5"包括："五创"，巩固国家卫生县城、创建全国文明城市、创建国家全域旅游示范区、创建国家环保模范城市、创建国家循环经济示范城市；五管，管领导、管部门、管行业、管乡（镇、街道办）、管村（居）和社区；"五统一"，统一机构、统一标准、统一考核、统一督查、统一问责。

创新三种创建模式。一是创新旅游扶贫模式。借助娘娘山"三变"改革发源地优势，创新"三变＋旅游"改革，推动县域旅游景区融入"三变＋旅游"改革，引导农户利用资金、土地和劳动力等资源参与景区开发建设，带动群众增收致富；推出"1+6"扶贫攻坚模式，推进旅游扶贫示范改革，将保基乡作为旅游扶贫改革示范点深入推进旅游扶贫开发建设，推动英武镇、普田乡旅游扶贫项目开发建设；制定片区作战推动旅游扶贫，将全市划分为四大战区，由党委、人大、政府、政协分别督促推进开发建设落实，依托旅游扶贫推进景区开发建设，以四大战区全力推进全域旅游发展，快速推进旅游扶贫开发。二是创新融资开发模式。实行"211"开发模式，即一家平台公司和一家金融机构，以每年不低于1亿元的资金对一个乡镇进行帮扶，推进全市旅游景区开发建设。三是创新培训管理模式。创新导游培训就业方式，实行市场购买服务模式，吸纳专兼职导游进入导游库规范管理，服务于导游市场，建立集"训、赛、讲、试"为一体的导游培训新模式，将培训合格的导游讲解员纳入县域导游库进行管理，加强与旅行社、旅游景区等旅游企业合作，通过购买服务形式服务旅游市场，既解决旅游市场需求又解决就业问题。四是创新全域执法模式。成立旅游执法大队、管委会执法队，建立立体执法体系，市旅发办联合市公安局、市市场监管局、市消防大队、市交通运输局、市应急管理局、市住房城乡建设局和市城市综合执法局等单位，根据《旅游法》《贵州省旅游条例》和各类旅游企业管理相关标准，加强对旅游企业的督促检查和执法，形成旅游市场综合监管长效检查机制；各监管职能部门根据各自工作职责，形成对旅游市场经营活动的动态监管；景区管委会（处）组织各有关部门加强对旅游景区旅游经营活动进行监督管理，实现旅游监管常态化、全域化。

规范四种服务体系。一是构建标准化管理体系：在相关法律法规指导下，2016年8月，印发《盘县全域旅游标准化体系建设管理方案（试行）》，出台《盘县旅游景区管理细则（实行）》《盘县农家旅馆（农家乐）管理细则（试行）》《盘县旅游酒店（宾馆）管理细则（试行）》。2017年5月出台文件明确《盘县全域旅游景区核心区范围划定》《盘县全域旅游景区核心区管理细则》和《盘县全域旅游景区非核心区管理细则》等旅游景区管理细则，推进旅游景区规范化管理。二是建立完整的考核体系：出台《盘州市全域旅游创建实施方案》和《盘州市全域旅游工作目标考核办法》，将全域旅游创建纳入年终考核，举全市之力、集全市之智，形成了全域旅游、全域发展的强大共识。三是构建规范化监测体系：规范游客接待、旅游收入和入境游客等常规统计，形成有效监管统计体系，深入推进旅游统计体系改革。深入智慧旅游改革，加快推进智慧旅游云体系建设，依托金彩盘州游客集散中心和各旅游景区游客接待中心等基础设施，逐步完善智慧旅游建设，将旅游统计纳入智慧旅游平台监管；构建旅游统计监测体系，制定《盘州市全域旅游经济指标综合监测统计实施方案》，加强对旅游从业人员、GDP、旅游接待人次、旅游扶贫带动等各项主要考核指标的统计监测；建立旅游统计长效机制，规范旅游行业统计监测管理机制，形成各级各部门统计监测机构，定期调度全域旅游各项指标数据统计情况，使统计调度形成常态化。四是构建立体式集散服务体系：优化游客集散布局，建成"金彩盘州"全域旅游集散中心，推进各旅游景区游客接待中心项目建设，形成游客接待立体集散服务格局，构建立体交通新格局，构建"金彩盘州"全域旅游集散中心到各旅游景区"1小时内"通达交通系统；搭建智慧旅游平台，以"金彩盘州"全域旅游集散中心为核心，各旅游景区游客接待中心为基础，建设智慧旅游云平台，通过智慧旅游平台建设实现网络购物、电子导览和讲解服务，将各旅游景区门票、旅游酒店、农家乐和盘州特色旅游商品纳入线上销售，完善网络集散服务功能。

形成四种管理制度。一是优化旅游用地制度，不断探索提高旅游业用地市场化配置和节约集约用地水平，保障旅游用地需求，制定出台《全域旅游发展用地保障的工作意见》及旅游公共服务设施旅游用地保障机制和用地管理制度，融入"三变"改革和承包经营流转等方式，推动旅游项目开发建设；按照建设进度将旅游项目用地进行分批供地或先租后让方式推进旅游用地的综合改革，实现旅游用地的精细化利用和管理。二是推进产权制度改革，成立旅游文化投资有限公司，深化旅游景区产权制度改革，将国有旅游景区公司作为其子公司，制定《盘州市旅游景区所有权、管理权、经营权三权分离工作实施方案》，明确了旅游景区归国家所有，平台公司或者旅游景区公司享有经营权，各管委会、乡（镇、街道）履行监管职能，逐步厘清旅游景区管理体制机制，完善旅游景区管理制度，提升旅游景区管理水平。三是推行"多规合一"规划制度，按照城乡一体、全域管控、部门协作的要求，创新全域旅游规划编制，探索全域旅游总体规划、控制性详规、土地利用总体规划、生态环境保护规划和产业发展规划等规划紧密衔接，建立"多规合一"的规划编制机制，推进《盘州全域旅游发展规划》"多规合一"编制完成，指导全域旅游、土地利用、城镇建设、环保、农业、水利和林业等工作科学有序开展，相互促进、协调发展。四是建立优惠政策激励制度，通过制定旅游行业优惠政策，印制代金券、降低或减免景区门票和旅行社奖励等，制定相应优惠政策促进全域旅游发展，吸引游客来盘州旅游。

（二）立足推动盘州全域经济转型是全域旅游发展的基点

国务院关于全域旅游发展的指导意见把促进全域旅游发展作为推动经济社会发展的重要抓手，明确要求要从区域发展全局出发，统一规划，整合资源，凝聚全域旅游发展新合力。全域旅游的核心就是要立足国家战略需求，通过建立以文化旅游业为优势产业的区域社会经济发展新模式，充分发挥文化旅游覆盖面广、产业链长、关联度高和带动性强的合力特征，发挥其对保增长、扩内需、转方式、调结构、促就业和惠民生的重要作用。以文化为魂、旅游为体，通过文旅融合、产业培育，构建区域经济发展新动能。这种模式对目前许多自然、人文旅游资源丰富的国家级贫困县的乡村振兴和城镇化发展具有重要战略意义。

▲ 盘州"三线"建设文化情怀体验主题园区

立足于助推县域高质量经济转型发展大局，盘州把旅游业作为扩大内需、增加就业和拉动经济增长的一个重要方面进行扶持。从国家到省、市，加大供给侧结构性改革已成为经济领域的一个重大命题，其核心就是提高供给质量和供给效益，对盘州而言，落实到一二三产上，就需要不断做大一产、做优二产、做强三产，三产中具有战略性和引导性的产业就是旅游业。盘州从"三线"建设以来，始终围绕煤做文章，虽然历经数次改革，但始终没有跳出"单产业""重污染"的影响，受国际经济危机影响，盘州地区经济发展受到巨大冲击，曾经一度发展缓慢，影响国民生产总值的快速提升，甚至导致社会各行各业缓慢发展，逐步探索通过多产业融合发展，加快推进旅游经济产业结构调整。2016 年 7 月，习近平总书记指出"发展全域旅游，路子是对的，要坚持走下去"，指明了"西南煤都"盘州市战略发展的"新方向"，因此，近年来，盘州市按照"依托煤，不惟煤，跳出煤"的战略思想，"谋篇"全域旅游，把旅游置于经济发展大格局中审视，放到可持续发展的历史纵深中把握，走上"全域旅游"之路，引领绿色经济转型发展"新动力"。

（三）坚持国际引领，统筹市场营销，共塑"金彩品牌"

盘州紧紧围绕建设"国际山地大健康旅游目的地"和"建成东盟双向桥头堡和100 年不落后国际一流精品旅游大城市"的发展目标，借力中国—东盟国际产能合作——妥乐论坛举办契机，以国际化的视野推广建设"全域旅游·金彩盘州"的城市旅游品牌。一是走出国门做营销。构建国际"联合营销"机制，组织开展多形式、多层次和多领域的旅游宣传营销活动，连续三年举办中国—东盟国际产能合作——妥乐论坛，赴瑞士、法国、俄罗斯、新加坡、马来西亚、泰国、柬埔寨和越南等十余个国家和地区开拓国际旅游市场。二是紧盯目的地营销。立足避暑优势，围绕高铁沿线"火炉"城市开展宣传营销，赴北京、上海、重庆、长沙、昆明、广州、深圳、武汉和银川等 20 余个高铁沿线城市和"火炉"城市开展旅游营销推介。三是突出活动营销。推出"金彩盘州"全域旅游年卡畅游盘州；开展国际女子半程马拉松赛、国际滑翔伞邀请赛、全国木球锦标赛、东盟国际围棋赛等赛事和非遗音乐节、彝族火把节等活动，构建"部门 + 活动 + 媒体"的营销体系。四是创新营销方式。高铁冠名"盘州号"、开通"银杏号"火车旅游专列，与去哪儿、美团等网络建立营销联盟，出版《盘州全域旅游》期刊，编排贵州首部彝族歌剧《天穹的歌谣》，拍摄《大局》《三变》和《最美的青春献给你》等电影，摄制《三变促山变》《乡土——家在盘州》纪录片和《金彩盘州·云贵之心》旅游宣传片等，在中央和地方媒体滚动播出，推出抖音、微博和微信等营销方式；"全域旅游·金彩盘州"品牌被央视、旅游频道、《人民日报》和《光明日报》等主流媒体多次宣传报道，盘州旅游享誉国内外。

（四）发起并深耕"三变"改革创新，成为盘州打造主客共享全域旅游目标的重要抓手

盘州是"三变"改革的发源地。2012 年，娘娘山创造性地推出"资源变资产，资金变股金，农民变股东"的"三变"改革，激活了贫困地区的生产要素，盘活了偏远农村"沉睡的资源"，整合了发展力量，推动农村规模化、集约化和市场化的发展，成为盘州市乡村旅游发展的活力。"三变"改革连续三年写入中央一号文件，入选全国产业扶贫十大机制创新典型，2016 年全国扶贫现场会在盘州娘娘山景区召开。盘州市自2012 年以来将"三变"改革的思路覆盖到所有行政村、所有贫困户、所有农业园区和所有农民专业合作社，选择有条件发展旅游的乡村、环城市乡村带、大景区周边乡村、特色民族村寨以及沿交通干线乡村作为旅游产业化建设的优先区域，着力打造"一村一品、一村一景、一村一韵"，以景区带村，农旅结合发展，不断提升盘州美丽乡村的景观品质和旅游价值，实现旅游业与城乡一体化的深度融合。实施了包括"入股旅游经营性项目受益一批"在内的"六个一批"工程，吸纳群众参与景区开发建设和就业创业，打造了 80 余个旅游村寨，促进区域产业规模集聚和精准扶贫到村到户"两轮驱动"。

一是创新"三变 + 旅游"改革。通过"资源变资产、资金变股金、农民变股东"，成功盘活土地、资金和劳动力等闲散资源，形成全域旅游、全民参与和共建共享的发展格局，带动乡村振兴和脱贫致富，借助娘娘山"三变"改革发源地优势，推动保基

格所河大峡谷、乌蒙大草原、妥乐古银杏、哒啦仙谷和大洞竹海等旅游景区融入"三变+旅游"改革，引导农户利用资金、土地、劳动力等资源参与景区开发建设，带动群众增收致富。二是推出"1+6"扶贫攻坚模式。推进旅游扶贫示范改革，将保基乡作为旅游扶贫改革示范点深入推进旅游扶贫开发建设，推动英武镇、普田乡旅游扶贫项目开发建设。三是片区作战推动旅游扶贫（将盘州市划分为四大战区，由县党委、人大、政府、政协分别督促推进开发建设落实）。依托旅游扶贫推进景区开发建设，以四大战区全力推进盘州市全域旅游发展，快速推进旅游扶贫开发。四是建立"党建+扶贫+旅游"的组织模式。"三变"发源地娘娘山探索推出"1+8联村党委"模式，形成"平台公司+村级合作社+农户"的利益链接机制，涌现出陶正学、余留芬等改革先锋典范，陶正学荣获"全国五一劳动奖章"等荣誉，余留芬荣获中国"改革先锋奖章"等荣誉称号。深入实施旅游扶贫战略，全市有 26.06 万户 81.53 万人参与入股合作社，促进农民户均增收 3837 元，累计带动 3.6 万人脱贫，占全市总脱贫人数的30%，实现了人民群众共享发展成果。

"三变+旅游"是旅游扶贫方式的创新，对脱贫攻坚的加强有着重要的作用。"三变"改革从供给侧入手，使扶贫方式由"输血式"扶贫转为"造血式"扶贫，激发农村的内生动力，盘活存量，促进农村产业转型升级。盘州市大力实施的"旅游扶贫攻坚"战略，与"三变"融合发展，充分发挥了旅游惠民生、消贫困的引领作用。农村居民不等、不靠、不要，依靠自己的双手摆脱贫困实现富裕。

（五）创新投融资模式是盘州全域旅游快速落地的保障，要利用平台公司统筹资金供给

投融资模式是保障全域旅游落实的重要策略，盘州市为破解资金筹措投入短板，构建了"旅游搭建平台""资金专项引导"、旅游资产证券化的模式，打造多元化的旅游投融资机制。一是出台推进全域旅游发展的专项金融支持政策。先后制定了《盘州市深化全域旅游示范区创建金融服务的实施方案》和《盘州市属国有平台融资企业管理办法（试行）》，为盘州创新金融供给、支持全域旅游发展及创建提供了政策支持。二是市政府设立旅游发展专项引导基金。市级旅游专项资金每年投入超过 800 万元，市旅文投公司等涉旅平台年投入旅游项目建设和宣传推广资金更多达 20 亿元。统筹

交通、农业等超过 50 亿元投入旅游项目建设。三是建立政府融资平台。先后成立了 8 家市属国有投融资企业，涵盖交通、水利、能源和旅游等领域，将旅游资源注入宏财公司、旅文投公司等 8 家政府性公司，以旅游资产证券化、收费经营权质押、资产抵押、股权重组和 PPP 等模式，引入各类资本参与项目建设和运营管理，引导工业企业转向旅游业，2015—2018 年共筹集 170 亿元发展旅游产业。四是创新性探索实践"211"投融资开发模式。1 家金融机构和 1 家平台公司整合不低于 1 亿元资金帮扶 1 个乡镇实施项目、发展产业，推进旅游项目开发建设，破解旅游发展项目推进难问题，按照《盘州市县属国有平台融资企业管理办法（试行）》，规范县属平台公司融资的管理，推进旅游景区开发建设，旅游景区实施"211"开发建设模式，推进全市 15 个旅游景区开发建设。

（六）产业融合是全域旅游发展的根本，要统筹关联产业与旅游融合发展

产业融合是全域旅游发展的根本，盘州全域旅游中非常注重统筹关联产业与旅游融合发展，根据盘州产业基础优势，重点推进工旅、农旅、村旅和文旅等"＋旅游"新业态深度融合发展，以旅游为"媒"，有效地链接了一产和二产，促进了产品价值倍增，推动资源优势转化为经济优势，让农村通过旅游产业增收致富；促进了服务业、房地产快速发展，餐饮、娱乐业日益兴旺，旅游旺季客房爆满。

以打造国际山地大健康旅游目的地为目标，推进旅游与康养、地产、气象、农业、体育、文化、工业和城镇化等深度融合，形成"＋旅游"跨界产品体系。"康养＋旅游"，建成刘官胜境温泉、娘娘山温泉小镇，打造大洞竹海景区、娘娘山景区等国家级森林康养基地；"地产＋气象＋旅游"，利用"360 度激情 · 19 度夏天"的凉都品牌，引进恒大足球小镇、上海宝宜国际社区等避暑旅游地产项目，吸引外省人购房从 2016 年的不足 2% 发展到目前的 29%；"农业＋旅游"，建成娘娘山和哒啦仙谷 2 个全国休闲农业与乡村旅游示范点；"体育＋旅游"，建设纬度最低的高山滑雪场和滑翔伞基地、乌蒙大草原国家生态体育公园等户外运动项目，荣获贵州省十佳体育旅游示范县称号；"文化＋旅游"，建成胜境古镇、盘县会议会址、盘州市综合训练营地等文化旅游项目；"工业＋旅游"，充分利用 671 老工业废弃基地，改造成三线文化园；"城镇化＋乡村＋旅游"，县乡村"三级"同步规划实施，形成城区"一心四湖两公

园"布局，建成羊场等 30 个特色小城镇，建成岩博、陆家寨、海坝、贾西、高官等 69 个美丽乡村，建设西冲河统筹城乡发展乡村旅游综合体，推动城镇化率从 2016 年的 46.53% 增长到 2018 年的 49.51%。

（七）城镇村景是全域旅游发展的载体，要统筹城乡一体共绘一张蓝图

突破就景区开发谋划全域旅游的发展思维，将全域旅游的理念全面系统地落实进盘州城市、小镇、村寨、景区四级发展系统中，盘州市以"旅游兴市"为战略引领，高标准编制了《盘州市全域旅游发展总体规划》。出台土地政策、人才计划，做到资金、土地和人才三个集中到位，有效破解了限制旅游产业发展保障不足的瓶颈。

盘州市发展全域旅游是以将盘州作为完整旅游目的地进行整体规划布局、综合统筹管理和一体化营销推广为载体，以构建旅游业共享共建、全民参与和全面满足游客需求的发展模式为抓手，以实现旅游业向全社会、多领域和综合性方向融入经济社会发展的全局为目标，促进旅游业全区域、全要素和全产业链发展，最终把旅游业发展成国民经济战略性支柱产业。城旅融合，盘州市将中心城区作为城市旅游综合体，规划建设"四湖一湿地一中央森林公园"，建成东湖公园、西铺河湿地公园、南湖公园、中央森林公园等城市公园，形成了人在城中、城在景中的旅游新业态。

在城市规划委员会中，增加文化旅游部门的话语权，要求各项目在规划时必须考虑旅游功能业态载体。

五、盘州全域旅游的未来发展方向

以党的十九大精神为指导，深入贯彻习近平新时代中国特色社会主义思想，以满足人民日益增长的美好生活需要为出发点，以新时代为引领，贯彻落实新发展理念，应对新需求、抓住新机遇、谋划新定位、改革新机制、打造新产品、培育新业态、塑造新品牌、探索新模式、抢占新高地、拓展盘州旅游新格局。以贵州省建设国际山地旅游目的地为契机，通过创建全国全域旅游示范区，大力实施旅游兴市战略，加快旅游供给侧改革和体制机制创新，以改革创新为动力，以转型升级为主线，着力构建全域资源要素整合、全域空间整体优化、全域产业融合联动、全时全季覆盖拓展和全社

会共建共享的旅游业发展新模式，将旅游业发展成为盘州的战略性支柱产业，奋力开创幸福盘州建设新局面，全力打造"金彩盘州"。

（一）盘州全域旅游的发展目标

立足"两地、三区、一门户"的综合定位，打造两地：贵州首选新兴旅游目的地、中国旅游创新发展新高地；三区：全域旅游示范区、山地旅游示范区与旅游扶贫示范区；一门户：贵州西部门户，贵州西部会客厅。

持续推进盘州旅游实施"三步走"发展战略，将旅游业培育成为盘州重要的战略支柱产业，将盘州打造成为贵州的西大门与会客厅、云贵首选新兴目的地、中国特色山地旅游目的地，实现盘州全域旅游示范区、旅游扶贫富民示范区与创新发展示范区的三大示范发展目标。

表 1-3　盘州市全域旅游发展总体中长期目标体系

	指标	2018年	2020年	2025年	2030年
旅游发展目标	旅游总收入（亿元）	86.73	100	300	500
	旅游接待人数（万人次）	1160.51	1500	3000	4000
	游客人均停留天数（天）	2.0	2.5	2.8	3.0
	旅游总收入在GDP中的比重（%）	14.5	12	15	18
	旅游总收入在服务业中的比重（%）	30	34	37	40
	旅游业对新增就业的贡献（%）	—	17	18.5	20
	旅游业对财政税收的综合贡献（%）	—	8	9	10
	5A级旅游景区（家）	0	1	2	2
	4A级旅游景区（家）	4	7	10	12
旅游发展目标	国家（省）级旅游度假区（家）	4	5	7	9
	国家级旅游度假区（家）	0	1	2	2
	省级旅游度假区（家）	4	4	5	7
	星级饭店床位（张）	1235	2600	6000	10000
	旅行社数量（家）	13	20	40	60

	指标	2018年	2020年	2025年	2030年
生态环境目标	全市森林覆盖率（%）	58	60	61	65
	市区空气优良天数（天）	346	347	348	349
	PM2.5年均浓度（mg/L）	28	27	25	23
	城镇污水再生水利用（%）	40	45	50	60
	地表水检测断面功能区达标率（%）	80	83	87	90

（二）盘州全域旅游的产业定位

1.盘州市国民经济社会发展的战略性支柱产业

通过旅游业的快速、健康发展，推进旅游产业与其他产业融合创新发展的"全行业"融合理念；打造旅游场所、通道、环境和服务的高质量体验的"全过程"体验理念；实施淡旺季均衡发展、冷热点合理布局的"全时空"发展理念，最终推动旅游业成为盘州市国民经济社会发展的战略性支柱产业。

2.盘州市资源转型、新旧动能转换的新引擎

将旅游业培育成为盘州资源型城市转型与新旧动能转换的新引擎；培育成为现代服务业中的龙头产业，成为城市提档升级创新发展的新引擎；培育成为促进城乡共建共享的富民产业，成为乡村振兴的新引擎；培育成为促进生态环境优化美化的美丽产业，成为金彩盘州建设的新引擎；培育成为提高人民生活的幸福感和满意度的幸福产业，成为幸福盘州建设的新引擎。将旅游发展纳入战略全局，大力推进"+旅游"，推进城旅一体化、农旅一体化、文旅一体化和商旅一体化战略，实施旅游强市战略。

3.盘州脱贫富民的优势产业

盘州市属于国家级扶贫工作重点县，在原来的扶贫过程中主要依靠特色农业和重工业，现在的发展中着力将旅游产业打造成为扶贫富民的优势产业。围绕国家扶贫攻坚战略的实施，大力实施乡村旅游扶贫工程，推动建设一批乡村旅游扶贫工程，提升农业综合价值，支持建设10个国家或省、市级乡村旅游扶贫重点村，积极发展休闲

农业和山地民族乡村旅游，增加贫困乡镇旅游收入，努力将盘州打造成为"全国旅游扶贫富民示范区"。

4. 提高盘州当地人生活水平的幸福产业

充分发挥旅游产业对经济的拉动作用，推动旅游产业与其他产业的融合发展，促进当地人的就业，增加居民收入，既能够提升游客的幸福感，又能提升当地人的幸福感。

5. 塑造盘州魅力形象的美丽产业

旅游产业是"无烟产业"和"绿色产业"，对于改善当地的生态环境，提高生态效益具有极大的推动作用。发展旅游产业，是对"绿水青山就是金山银山"的实证。同时，打造"金彩盘州"主题形象品牌，对于塑造盘州的整体形象具有极大的提升作用。

（三）盘州全域旅游的空间布局

构建"一心、双城、一廊、六景、一环"的规划格局。"一心"即金彩盘州全域旅游集散中心；"双城"为盘州老城区、红果新城；"一廊"为连接盘州老城区和红果新城的320国道；"六景"分别是盘州古城、刘官胜境温泉、中央森林公园、哒啦仙谷、沙淤景区与九龙潭；一环：串联六大景区的旅游环线。

1. 龙头带动，多极支撑

盘州旅游要强化旅游精品意识，以点带面，形成点、线、面复合发展的格局。做大乌蒙大草原—娘娘山和妥乐古银杏—丹霞山的双轮龙头带动效应，依托格所河峡谷、大洞竹海、哒啦仙谷、沙淤景区、刘官胜境温泉和新民梯田温泉等重要载体形成盘州增长极，培养多极支撑结构，依托龙头和增长极的带动，形成旅游目的地的功能板块，构建盘州全域旅游大格局。

2. 城景互动，城乡一体

以红果新城、盘州老城区为双核，全方位拓展城市发展空间，通过城市景区化打造，将盘州市区全方位立体化打造成为生态宜居宜游的全域旅游目的地城市。同时，以刘官胜境温泉、双凤镇、丹霞山和妥乐古银杏等环城旅游空间为重点，构建环盘州市区旅游休闲游憩圈，真正实现景城呼应格局，相互支撑。

3. 整合联动，盘活存量

以盘州全域旅游路网体系建设为引领，构建完善的全域自驾和跨区域整合交通体系，打造便捷畅通的立体化交通网络，重点将周边旅游风景道升级、交通串联，主题整合、线路整合，做大做活旅游存量。立足盘州金彩特色，做特山地科考观光、运动康体养生产品，做响温泉度假品牌，大力发展户外运动、会展节庆产品，不断打造与整合特色鲜明、质量上乘、文化品位高和竞争力强的旅游产品，努力提升旅游品质化水平。

4. 创新驱动，突破增量

改革释放活力，开放资源拓展，创新抢占高地，坚持科学旅游观，改革行业管理体制，兼顾保护与发展，落实重点旅游项目的土地、金融和税收等优惠政策配给；创新激励政策，引导旅游新业态发展，塑造更加健康的旅游产业综合环境。通过创新管理体制、投资融资体制、人才培训体制和生态保护体制，全面构建盘州旅游发展升级版，通过新体制、新机制、新产品、新业态、新技术和新模式来构建全新的旅游发展模式，撬动新的旅游市场，拓展旅游发展空间，形成发展的战略平台和制高点。

5. 开放互动，共建共享

全面融入"一带一路"战略，建设一批跨省区、跨地市的旅游合作项目，形成优势互补、借力发展和差异化互动的区域合作格局，全面提升区域旅游吸引力。以产品为纽带统筹市县间旅游合作，整合优势旅游资源，联合相邻和旅游路线串联的盟市，推进相邻城市一体化发展，积极探索产业要素、基础设施和城镇建设等各领域的开放，通过开放整合资源，对接产品与市场；强化省内、国内和国际旅游合作，实现区域联动发展；推进与国家部委、大企业及大投资商、旅游科技企业及旅游院校等方面的战略合作，在合作共赢中谋求盘州旅游的大发展。

6. 统筹推动，多级共建

以市委、市政府为旅游统筹，进行乡镇、景区多级推动与部门协作，形成三级联动创建的发展局面。通过构建打造龙头景区、骨干景区和精品景区在内的旅游产品体系，形成"市里做龙头、旅游局抓骨干、各乡镇做精品"的三级联动旅游项目支撑体系。

（四）盘州全域旅游的产品打造

1.特色旅游小镇

立足盘州旅游资源和文化优势，积极申报"国家生态旅游示范区""国家休闲示范城市"和"国家级旅游改革创新先行区"等荣誉称号，鼓励和引导重点旅游乡（镇、街道）和村落，积极申报国家级或省级特色小镇、美丽乡村和历史文化名村等称号，着力打造哒啦仙谷爱情小镇、"霞客"禅意小镇、鲁番温泉小镇、娘娘山温泉度假小镇和坪地彝族乡民族特色小镇等，2019年，建设3～5处具有旅游功能的历史文化街区、主题旅游功能区或中央游憩区，打造3处以上具有旅游接待服务功能的旅游村落建设，建成3处以上具有旅游主导功能的特色小镇，"城镇化＋旅游"形成新的发展模式，在全国形成典型样板。

2.旅居营地

一是在乌蒙镇坡上村、石桥镇妥乐古银杏村、保基乡陆家寨、竹海镇十里坪和淤泥彝族乡麻郎垤等乡村旅游点规划发展一批乡村民居旅舍。按照贵州省地方标准《贵州省乡村旅舍等级评定与管理》的有关标准发展为乡村旅舍，对乡村旅舍进行改造。

▲ 娘娘山温泉别墅

▲ 稻田酒店

二是顺应自驾车旅游兴起趋势，依托乌蒙大草原房车营地、故艾蒙帐篷营地等特色营地，在盘州景区内主要公路干道的节点上和喀斯特国家公园、乌蒙大草原景区、大洞竹海、火铺杜鹃、沙淤现代农业园和七指峰森林公园等地规划建设一批汽车旅馆或房车营地。三是挖掘历史文化内涵，探索发展多种文化主题型的旅游住宿设施，如布依文化旅馆、地质科普旅馆和彝族文化旅馆等。四是配合探险旅游产品的开发，在格所河峡谷、乌蒙大草原、大洞竹海和火铺杜鹃林等旅游点建立帐篷营地。

3. 研学旅游

以盘州古城、张道藩美术馆、盘州博物馆（红二·六军团"盘县会议"会址陈列馆、范家公馆、文庙、碧云公园和张道藩故居及城隍庙）、盘州市丹霞镇国学馆等景区为重点，依托盘州的人类文明资源、红色旅游资源、历史人文资源、民族资源、民俗资源、山地资源和自然资源等构建集历史文化旅游产品、自然科普旅游产品、红色经典旅游产品、乡村旅游体验产品和游乐主题产品于一体的盘州研学旅游产品体系。

4. 康养旅游

围绕"医、养、健、管"发展大健康产业，开发避暑养生型、宗教文化养生型、山地度假养生型、温泉养生型和医养结合型等不同系列养生产品，有效平衡盘州淡旺季。一是避暑养生型，依托夏季独特的气候资源、品位较高的自然资源、绚丽多彩的文化资源、优越的亚高原户外运动条件和保存优良的生态环境等因素积极发展旅游和避暑经济。依托得天独厚的气候因素，万亩竹海、乌蒙大草原、娘娘山湿地公园、哒啦仙谷和新民梯田等资源，开发避暑产品，打造避暑旅游精品线路。二是宗教文化养生型，依托丹霞山护国寺、妥乐西来寺、盘州文庙佛教文化资源，打造集宗教文化养生体验、养生教育、休闲度假和养老等于一体的综合度假区。三是山地度假养生型，依托老黑山省级森林公园、七指峰省级森林公园、八大山、丹霞山和刀砍山等丰富的山地旅游资源，大力发展康养经济，形成山林养生、气候养生等为核心，以养生产品为辅助的健康餐饮、休闲娱乐和养生度假等功能的山地养生养老体系。四是温泉养生型，依托温泉这一独特的核心资源，发展"温泉+"特色产业，如"温泉+养生""温泉+会议"和"温泉+运动"等，形成健康、养生和休闲娱乐等温泉养生特色小镇。五是医养结合型，结合盘州气候特征打造旅游项目，引进国际国内知名药企在盘州建药材产业基地，依托医药产业打造"庭院生态养生养老，医养结合"为特色的新型养生公寓。注重提高居住环境和医疗服务整体水平，同时融入医养结合新理念，配备中医、西医和理疗科医师，推动健康养生、休闲度假等产业发展的医养型特色小镇。

▲ 国学亲子活动举办现场

5. 户外运动

依托盘州的山地、峡谷、峰丛、高原和古驿道等旅游资源，开发徒步、登山、骑游和探险等户外运动类的旅游产品和线路，优化提升体育基础设施，策划大型体育赛事活动，打造"寻秘盘州""古驿道上的盘州""徒步穿越盘州"等户外运动特色产品体系。一是山地型户外运动产品，依托丹霞山、老黑山省级森林公园、七指峰省级森林公园、八大山和刀砍山等山地旅游资源，以徒步、登山、攀岩、马拉松、摩托车和赛车等产品形成山地型户外运动产品套餐，打造山地攀岩中心、攀岩山地丛林穿越、徒步穿越盘州、全国摩托车越野锦标赛、夏季国际马拉松和全国汽车拉力锦标赛等山地型户外运动产品。二是水域型户外运动产品，依托格所河景区、白雨洞、洒雨河、响水三景、天生桥跨古河道伏流、东湖公园、木龙水库、虎跳河和竹海水库群等水域旅游资源，以漂流、舟渡、溯溪、游船、潜水、探洞和探险等产品形成水域型户外运动产品套餐，配置专业户外器材，聘请专业教练团队，为团队游客提供户外拓展训练，打造格所河漂流、白雨洞探洞、洒雨河舟渡、东湖公园游船、户外探险运动和素质拓展基地等水域型户外运动产品。三是草原型户外运动产品，依

▲ 刘官胜境温泉景区效果图

▲ 2018 年国际滑翔伞比赛在乌蒙大草原开赛

托乌蒙大草原、茅草地和华竹林坪子草原等旅游资源，以骑马、滑草、滑雪和滑翔伞等产品形成草原型户外运动产品套餐，打造一批乌蒙大草原生态体育国家公园系列活动、乌蒙大草原滑草场、乌蒙大草原滑雪场、乌蒙大草原滑翔伞邀请赛、乌蒙大草原徒步运动、山地马拉松赛和乌蒙大草原越野 T3 峡谷车王争霸赛等草原型户外运动产品。四是低空型户外运动产品，依托沙淤景区、新民梯田和乌蒙大草原等旅游资源，以滑翔、热气球、滑翔伞和直升机等产品形成低空型户外运动产品套餐，打造一批动力滑翔中心、热气球游览中心和乌蒙大草原滑翔伞邀请赛等低空型户外运动产品。五是民族体育运动产品，依托乌蒙大草原、哒啦仙谷、虎跳河等旅游资源，以斗牛、龙舟、独竹漂、竞技芦笙、板凳舞、踩高跷、射弩、摔跤、爬山、赛跑、打秋千、斗羊、斗鸡、斗雀和赛马等产品形成民族型户外运动产品套餐，打造一批牛王争霸赛、摔跤大赛、斗鸡大赛和赛马大赛等民族型户外运动产品。

6. 乡村旅游

加强城郊休闲度假、生态农业观光和民俗风情体验等不同类型的乡村旅游产品开发。挖掘打造森林公园、农业主题公园、观光生态农业园和市民体验式农业等不同内涵的旅游产品，推动旅游产品转型升级。丰富提升城市周边、公路沿线、景区附近以及与周边交界地带乡村旅游产品，打造一批农业观光、农事参与、民俗体验、休闲避暑和采摘垂钓等参与性和体验性强的乡村休闲旅游聚集区。拓展和提升观光型乡村旅游产品的休闲度假功能，满足不同层次的休闲度假需求；提升"农家乐"发展水平，突出乡村生活特点，大力开发农业文化，深度开发披蓑戴笠、荷锄扶犁等农事体验性旅游活动；培育采摘刺梨园、石榴园和核桃园、蓝莓园、猕猴桃基地等；培育苗族、布依族和侗族等特色民宿等旅游业态，营造乡土文化氛围。

7. 红色旅游

全市共有红色资源 31 处（红色遗址 28 个），其中被列为省级文物保护单位的有 2 处、全国爱国主义教育基地 1 处（红二、红六军团盘县会议会址）、省级国防教育基地 1 处（盘州市综合训练基地，2018 年 3 月获批），全国重点文物保护单位 3 个。结合爱国主义和革命传统教育，深入挖掘红色旅游文化内涵，不断丰富红色旅游发展内容，提升旅游景区整体吸引力和体验性，充分发挥盘州丰富的旅游资源优势，将盘州建设成为全国红色旅游胜地和热点地区。

▲ 双凤镇统筹城乡发展乡村旅游综合体效果图

第二章

旅游后发地区，有为政府引领全域旅游

　　自 2016 年起，盘州市政府按照《全域旅游示范区创建工作导则》的指导，逐步形成了以旅游发展委员会与旅游发展和改革领导小组为最高协调、决策和管理机构，以旅游部门为综合协调机构，以相关各部门与平台公司为专业分工、齐抓共管机构，并以乡（镇）、街道、联动党委、景区管委会（管理处）与景区公司、园区企业形成经营权、管理权分离的旅游项目共管机构，针对全域旅游公共服务、供给体系、秩序与安全、资源与环境和品牌营销等多个领域形成"强领导，促协调，共管理，优合作"的服务型政府管理体制。通过升级旅游管理级别、细化旅游治理权责、扩大旅游管理"单元"、真抓实干落实责任，重视新技术、大数据应用，实现盘州市旅游业"井喷式"发展，引领盘州市旅游跨越自发生长的粗放式发展阶段，成为"优质旅游"发展典范。以有为政府的强力领导为动力，实现后发赶超，跨越发展。

　　盘州市作为传统煤矿工业城市，在经过多年"以煤为纲"的单一产业经济引领发展之后，城乡二元结构矛盾日益突出、居民收入差距巨大、公共服务普惠严重不足、资源环境岌岌可危，社会经济呈现出煤炭产业"一业兴而百业衰"的局面，社会资本大量流出，本地居民大量外流。2011—2013 年，受国家宏观经济的影响，煤炭下游行业需求疲软，煤炭库存高企，煤炭市场惨淡，给盘州市产业经济带来重创。盘州市委、市政府领导深刻认识到过度依赖单一产业发展的弊端，及时转变思路，积极探索盘州改革发展之路。正当此时，"全域旅游"发展理念在2015年8月的全国旅游工作研讨班上正式提出，并迅速席卷全国，当时的盘县生态旅游局领导将"国家全域旅游示范区"创建工作提案提交县委、县政府，获得主要领导的认可，在深入研究"全域旅游"发展理念的精神与内涵的基础上，县委、县政府主要领导迅速统一思想，按照"依托煤，不惟煤，跳出煤"的战略思想，"谋篇"全域旅游，把旅游产业置于盘州市社会经济发展大格局中审视，放到全面深化改革的历史纵深中把握，以"全域旅游"工作为突破口，促进"黑色经济"向可持续发展的"绿色经济"转型。

随着我国旅游业进入"全域"时期，旅游建设必将由"点式开发"走向"全域共建"，由"要素组合"走向"产业融合"，旅游业与相关产业的深度融合是旅游业发展的必然趋势。由于旅游业关联管理部门多，产业深度融合面临多产业、多主体和多部门的对接与融合，旅游业的发展在强调市场主导配置资源的同时，政府在很长一段时期扮演着重要角色，合理的旅游管理体制与高效有序的运行机制成为旅游发展的重要保障，"有为政府"与"有效市场"的有机融合成为中国旅游业健康快速发展的重要经验。《国务院关于加快发展旅游业的意见》（国发〔2009〕41号）明确规定，"要按照统筹协调、形成合力的要求，创新体制机制，推进旅游管理体制改革。支持各地开展旅游综合改革和专项改革试点，鼓励有条件的地方探索旅游资源一体化管理"。《国务院关于促进旅游业改革发展的若干意见》（国发〔2014〕31号）提出，"加快政府职能转变，进一步简政放权，使市场在资源配置中起决定性作用"。以国务院名义发布的《"十三五"旅游业发展规划》中，将"推动综合管理体制改革""规范市场秩序，加强旅游综合执法"作为创新驱动，增强旅游业发展新动能的重要创新模式，并在"深化改革完善旅游发展保障体系"一章中首先论述"推进旅游综合管理体制改革"，鼓励"成立由地方政府牵头的旅游业发展领导协调机构""改革旅游业统计制度"，凸显体制机制建设的重要性。

旅游综合管理体制机制改革必须遵循旅游产业发展的内在规律。盘州市委、市政府领导深刻认识到旅游产业发展的区域环境的外部依赖性、跨行业联动的综合复杂性和市场需求变化的多元多样性等关键问题，深知"全域旅游"建设是一项复杂的系统工程，认为"一定不能把旅游作为单项来抓，一定抓不好，永远抓不好，旅游它是一个抓手，它是一个很复杂的体系，一定要把包含旅游每个元素的这个体系统筹起来……"（路振副市长采访稿）。在深入研究国家政策要求、现实发展需要、先发地区经验的基础上，盘州市委、市政府积极贯彻《关于开展"国家全域旅游示范区"创建工作通知》中对"健全综合的旅游管理体制"的创建要求，跳出旅游看旅游，跳出部门管旅游，以"统筹协调"为推进"全域旅游"治理体制机制改革的核心，推动旅游产业治理向党政统筹转变、向区域统筹转变、向部门协调转变、向职能整合转变，通过改革全域旅游发展的领导体制、旅游综合管理的协调机制和旅游市场监管的综合执法机制，为盘州市全域旅游高速度、高效率发展保驾护航。

纵观盘州市旅游发展和"国家全域旅游示范"的创建，以科学有效的旅游综合治理体制机制改革为特色的"有为政府"发挥着火车头和助推器的作用，引领盘州旅游从无到有，从粗放到优质，从景点到全域的"井喷式"发展。盘州旅游自上而下的改革发展、跨越发展可谓现代旅游业快速崛起的样板，为其他地区发展全域旅游提供了"盘州样板"。

一、党政统筹，设计部门协作的全域旅游管理体系

2016年起盘州市委、市政府贯彻系列文件精神，对标《全域旅游示范区创建工作导则》，开展现代旅游综合治理体制机制改革，于2016年8月成立旅游发展委员会，2017年2月设立旅游景区旅游市场监管分局，2017年3月设立旅游市场监督管理分局，2017年4月成立大洞竹海、古银杏景区、哒啦仙谷等景区管理处，2017年8月成立旅游发展和改革领导小组，2017年8月设立旅游巡回法庭，2017年9月设立旅游警察大队，逐步形成了以旅游发展委员会与旅游发展和改革领导小组为最高协调、决策和管理机构，以旅游部门为综合协调机构，以相关各部门与平台公司为专业分工、齐抓共管机构，并以乡（镇）、街道、联动党委、景区管理处与景区公司、园区企业形成经营权、管理权分离的旅游项目共管机构，针对全域旅游公共服务、供给体系、秩序与安全、资源与环境和品牌营销等多个领域形成"强领导，促协调，共管理，优合作"的服务型政府管理体制。

▲ 盘州市旅游管理体制结构图

旅游发展委员会

- 旅游发展和改革领导小组
  - 委员会办公室（旅游部门）
  - 领导小组办公室（旅游部门）

政策保障

- 旅游规划与管理专项组
  - 规划保障：发改局、国土局、旅游局、环保局、住建局、规划局
- 旅游资源保护和开发专项组
  - 用地保障：国土局
- 旅游投融资改革专项组
  - 资金保障：平台公司、财政局、投资促进局、国税、地税、地税局
- 旅游服务监督专项组
- 旅游宣传推广专项组

公共服务

- 交通服务：交通局、旅游局/文体旅、经信局
- 集散服务、咨询服务、旅游厕所服务：景区公司、产业园、乡（镇）村党委、街道、管委会、联村

供给系统

- 旅游服务供给：水务局、农业局、旅游局/文体旅、森林安全局、……
- 吸引物、旅游餐饮、旅游住宿、旅游娱乐、旅游购物、产业聚合：景区公司、产业园、乡（镇）党委、管委会、联村、街道

秩序与安全

- 地质灾害防治中心、安监局、旅游局/文体旅、市监局、公安局、住建局、交警大队、消防大队、节能减排监察大队、环保局、卫计局、交通局、监督所、卫生、……
- 市场监管、文明志愿服务、安全制控、旅游风险救援、服务质量管理、景区公司、产业园、乡（镇）党委、管委会、联村、街道

资源与环境

- 水务局、环保局、住建局、科技局、扶贫、旅游局/文体旅、生态文明、城乡建设局、环境整治、资源环境、社会环境、乡（镇）党委、管委会、联村、街道、……

品牌影响

- 市电视台、外宣办、旅游局/文体旅、品牌建设、渠道建设、价格促销、节事活动、品牌推广、景区公司、产业园

技术保障

- 智慧中心、统计局
- 人才保障：人社局、教育局

二、综合治理，实施真抓实干的旅游体制机制改革

（一）升级旅游管理级别，促进统筹协调发展

旅游产业作为综合性产业，多部门、多行业的协调成为旅游管理的关键所在，传统以旅游局为核心的旅游管理体制无法实现对旅游相关综合性行业的协调管理，存在"大产业、小部门""小马拉大车"的问题，也是传统旅游治理体系亟待解决的"瓶颈"。盘州市主要领导深知旅游业的综合性产业特点，在发展之初就明确了党政领导的统筹决策在旅游业中的地位和作用，2016年盘州市着力创建"国家全域旅游示范区"以来，当时的盘县县委、县政府高度重视旅游发展工作，将旅游工作纳入常委会重要讨论议题，2016年2月27日县常委会召开关于研究全域旅游发展工作专题会议，会议强调"要坚持县委统筹、政府主导、市场化运作，形成县四大班子统筹、分管领导具体负责、旅游部门和景区（园区）管委会主抓、相关部门积极配合、融资平台强力支持、全民共同参与的工作格局"，并责成县长、副县长分别牵头负责相关事宜。市委、市政府领导对撬动盘州市全域旅游发展的龙头景区建设高度关注，实地考察并了解了景区建设、发展难题。2016年3月13日关于到乌蒙大草原调研的专题会议、2016年5月2日关于到普古娘娘山景区调研的专题会议、2016年5月18日关于研究普古娘娘山景区建设的专题会议和2016年6月5日关于沙淤园区和哒啦仙谷产业发展的专题会议等都体现了县委、县政府对旅游景区的关心与重视。在乌蒙大草原调研会议上，就景区建设、景区管理、景区活动和景区产业发展等重点问题作出指示，并统筹交通局、水务局、农业局、森林公安局和生态旅游局等政府部门，解决景区发展问题，保证5A级景区创建工作顺利进行，协调景区与周边乡村产业发展关系。

党政领导直接抓旅游、直接抓景区建设的经验为盘州的旅游综合管理体制机制改革奠定了良好基础。时值全国上下开展旅游部门"局改委"体制机制改革，各地纷纷开展"局改委"工作，但很多地区的改革流于形式，新瓶装旧酒，只改名称不改职能。盘州在"局改委"工作中充分立足产业基础薄弱的现状，不改变生态旅游局名称与职能，而是在生态旅游局之外，成立市党政统筹领导的"旅游发展委员会"，牵头抓"全域旅游"总体推动与融合发展，形成"委＋局"的旅游管理格局，以旅游发展委员会为平台，形成多方主体参与的联席会议议事、决策模式，通过高规格的协调、

议事和决策机构建设，破除旅游产业协调发展障碍。

在全域旅游综合管理体制机制改革中，盘州市政府通过提升旅游管理行政级别，成立直接向市委、市政府领导汇报的旅游协调与全域旅游创建办公室，开创领导挂帮景区制度等一系列促进党政统筹参与旅游业管理的体制机制，保证旅游产业综合治理有序。

1. 完善顶层设计，强化党政领导

为进一步加强旅游产业的党政统筹作用，盘州市逐步形成了以旅游发展委员会为统领，旅游发展和改革领导小组进一步划分职权，明确直接责任领导，以旅游发展委员会办公室、旅游发展和改革领导小组办公室、创建"国家全域旅游示范区"办公室为职能部门的旅游综合治理结构，将"党政统筹，部门协调"工作制度化。

（1）成立旅游发展委员会，行使最高决策权

2016年8月，中共盘县委员会办公室、盘县人民政府办公室联合印发《关于成立盘县旅游发展委员会的通知》，成立了以县委书记、县长、县人大主任、县政协主席为主任，分管旅游政府副县长兼任常务副主任，各有关县级领导为副主任，各相关部门主要领导、平台公司董事长、景区产业园管理单位领导和乡镇街道主要领导为成员的旅游发展委员会，下设办公室在县生态旅游局，政府分管领导兼任办公室主任，旅游局局长兼任办公室副主任，统筹推进全域旅游产业发展。

盘县旅游发展委员会（现盘州市旅游发展委员会，以下简称委员会）是全市旅游产业发展的议事协调机构，以落实打造"大健康旅游目的地城市"和创建"国家全域旅游示范区"战略部署，优化旅游发展顶层设计，推动旅游产业转型升级，协调处理旅游发展中的重大问题为主要职责，明确各成员单位职责，设立委员会办公室，形成委员会全体会议、委员会专题会议、办公室主任会议相结合的委员会会议制度，形成常态化旅游统筹管理机制。

党政主要领导挂帅的旅游发展委员会的设立进一步确定了旅游产业在盘州市社会经济发展中的优先发展地位，形成以旅游发展委员会为统筹协调机构，各部门各司其职的发展局面。

（2）设置旅游发展和改革领导小组，进一步划分职权，落实责任

2017年8月，经市委、市政府领导同意，成立盘州市旅游发展和改革领导小组，

设立旅游发展和改革领导小组办公室，并根据政府部门职责成立旅游资源保护与开发、旅游规划管理、旅游投融资改革、旅游服务监管和旅游宣传推广五个专项领导小组。盘州市旅游发展委员会发布《盘州市旅游发展和改革领导小组工作职责及会议制度》，明确领导小组负责审查全市旅游发展政策性文件；研究、审议发展规划、年度计划和重大旅游项目；指导、协调、监督政策落实和规划推进；协调涉及多地方、多部门的重大问题；协调区域旅游合作问题。专项组分别就旅游

▲ 盘州市领导调研旅游现场施工建设

资源保护和开发、旅游规划管理、旅游投融资管理、旅游服务监管和旅游宣传推广等旅游发展的重要环节进行指导、协调。

（3）建立办公室常设部门，保证会议决策有序落实

办公室主要职责包括拟定盘州市旅游发展委员会文件，制定、创建工作实施方案和目标考核细则；每季度向市委、市政府提请召开专题会议研究全域旅游工作；按月梳理创建工作开展情况，并向市领导汇报；并负责督促旅游行业监管工作、旅游景区建设工作、申报创建工作和智慧旅游平台搭建工作等。

2.开拓沟通渠道，提高工作效率

（1）建立挂帮机制，打通快速通道

2018年2月，盘州市旅游发展委员会出台《盘州市四大班子领导挂帮旅游景区实施方案》，要求挂帮领导每月到挂帮景区指导工作不少于2次，每月参加1次所挂帮旅游景区工作会议，挂帮领导协调解决景区重大问题，对于市委、市政府下达的具体工作任务采取挂帮市领导包任务督促推进、分管（联系）市领导按分工履行职责的

工作方式，保证任务按时保质完成。

（2）推行管委会（管理处）制，提升沟通效率

截至目前，盘州市先后成立了古银杏风景名胜管理处、哒啦仙谷旅游度假区管理处、乌蒙山旅游度假区管委会、大洞竹海风景名胜管理处、娘娘山国家湿地公园管理处和沙淤农业产业园区管委会，分别管理盘州市7大重点景区。管委会（管理处）作为政府管理旅游景区的基层管理单位，能够有效对旅游景区建设、经营开展监督和指导，并向旅游管理部门及时反馈景区发展问题，通过政府间部门对部门的沟通方式下达上级任务，反馈景区问题，从而降低企业与政府的沟通成本，提高工作效率。

（二）细分旅游治理权责，构建共治共管机制

旅游作为综合性产业其管理呈现多部门性，管理部门涵盖了旅游、交通、文物、宗教、林业、农业、国土、交通和工商等众多部门，"食、住、行、游、购、娱"传统旅游六要素分别受到卫生、工商、交通和安监等多个部门的管理，旅游景区建设的资源也多被文化、农业、林业和文保等多个部门掌管，旅游项目管理"权责不统一""多头管理"和"主管机构弱"等问题长期存在于旅游行政管理之中，造成资源利用效率低，旅游环境提升缓慢。如何划分旅游管理部门的责权与职能，如何促进旅游行政管理机构的有机融合成为困扰旅游综合管理体制机制改革的难题。

产业联动、业态融合是旅游产业健康发展的必然要求，也是全域旅游得以撬动区域可持续发展的基础。旅游产业的综合性和外部性决定了要想实现全景、全时、全业、全民的全域旅游发展，既要遵循旅游产业发展规律，也要遵循相关产业发展规律，这就要求在旅游发展中各部门必须扬长避短、优势互补、通力合作，灵活推进"+旅游"发展，在行政管理中形成"专业部门+旅游部门"的综合管理机制，相关部门与旅游部门充分尊重彼此职权与特长，共同促进产业联动、业态融合，才能让"+旅游"发展的道路越走越宽、越走越稳。因此，旅游行政管理部门必须转变固有"管理"思维，以"统筹协调"和"专业服务"为己任，切实转换职能，适应旅游业综合产业的发展特点。树立"综合产业综合抓，综合产业综合管"的发展理念，形成旅游管理由旅游部门管理转变为"多部门管理，旅游部门协调"的现代旅游治理体制。

▲ 2017 年盘县（现盘州市）"四创"暨全域旅游创建工作誓师大会

盘州市积极探索现代化旅游治理体系，在形成以旅游发展委员会为综合协调、决策机构的基础上，将发展旅游产业、创建"国家全域旅游示范区"相关的 7 个方面，44 项工作分解到全市 34 个部门，并以生态旅游局为综合协调部门，负责旅游发展委员会办公室日常工作、协调各项市场综合监管、联合执法、项目建设等工作，真正做到"1+X"的多部门齐抓共管的旅游管理体系。

1. 责任分解，专业分工

以委员会为领导，明确各单位工作职责，将旅游发展责任纳入部门职责范围内予以明确，发改局做好景区景点项目审批、备案，财政局保障旅游专项工作经费，保证旅游发展资金持续投入；国土资源局确保景区景点项目建设开发用地，规定办理相关土地审批手续；住建局做好景区景点住建领域建设项目行政监管工作；公安局负责旅游景区防暴应急、治安秩序维护；林业局做好景区绿化和旅游通道沿线绿化及技术指导服务工作，加强森林及湿地资源保护管理工作；市场监管局做好旅游行业市场监管，对旅游行业企业食品安全等情况做好执法检查；农业部门做好休闲农业旅游，以此类推。

相关部门通过新设旅游部门、抽调人员负责旅游相关工作等保证旅游事务处理落实到人，例如成立"旅游巡回法庭"、建立旅游工商分局、组建旅游警察队伍等，将由旅游部门管理的"小马拉大车"形式转变为多部门各司其职、协作治理的良好局面。

▲ 成立旅游巡回法庭和旅游警察队伍

盘州市政府将旅游发展委员会办公室设在生态旅游局（现市文体广电旅游局），由一位副市长任办公室主任，旅游局局长任副主任，负责全市旅游发展日常工作，协调落实委员会关于旅游市场综合监管、联合执法工作，推进全市旅游项目建设、提升旅游服务质量等。盘州市旅游部门职能在旅游发展委员会授权下切实转变旅游职能，由行业管理向产业协调转变。

2. 联合管理，共抓共管

在各部门各司其职，强化旅游管理职责的同时，盘州市积极完善多部门联合执法机制。2018年3月，盘州市出台《盘州市旅游联合执法工作实施方案》，要求坚持"谁主管、谁负责、谁牵头"的原则，一般由主管部门提出方案，经有关单位会商同意之后组织实施；涉及跨行业、跨地区或问题特别严重的，可交由盘州市人民政府牵头组织实施；负有旅游安全及市场监管职责的部门应经常分析主管（监管）行业领域的安全生产及市场秩序形势，认为需要启动联合执法行动的，应牵头或交由盘州市旅发办组织开展联合执法。2018年4月，旅委办出台《盘州市旅游联合执法检查工作方案》，要求"把旅游安全管理责任和自觉维护市场秩序责任落实到具体部门和责任人，形成完善的统一领导、分工负责、齐抓共管的全域旅游市场及安全保障体系"，盘州市旅游管理逐步形成"综合协调，联合管理"的良好局面。

2018年7月30日，印发《盘州市2018年暑期旅游"三治一联"专项行动方案》，为强化盘州市暑期旅游市场"三治一联"管理专项行动的组织领导，全面推进旅游安全、市场秩序、文明形象和旅游市场联系互动工作顺利实施，特成立暑期旅游市场"三治一联"专项行动工作小组。实施旅游安全专项整治行动、旅游市场秩序专项整治行动、旅游文明形象专项整治行动。领导小组负责此次专项整治行动的统一调度和指挥，市直各责任单位做好协调联动工作，形成旅游、市场监管、公安、交通、发改、消防、卫生等部门联合整治工作长效机制，严格落实督促检查，不放过一处问题，不漏一处死角，扎实开展专项行动。充分利用网络、电视和微信等媒体及平台，对开展专项行动过程中存在的突出问题跟踪报道，对各种问题企业、个人进行曝光，实时向群众发布专项行动情况和涉旅典型案例查处情况，将专项行动落到实处。

（三）扩大旅游管理"单元"，深化景区三权分离

大型景区、景点常常处于多个行政区划范围内，并在更大范围内产生辐射带动作用，各单位在经济利益驱使下投入旅游建设与管理中，往往造成重复建设、投资过度和监管乏力等问题，妨碍旅游发展。全域旅游顺应散客旅游时代市场需求而来，强调推动旅游从景点旅游向全域旅游转变，在全域旅游视角下，旅游项目的开发与管理不能仅仅局限于景区，旅游吸引物所依托的乡村、小镇、综合体和城区等应同时纳入开发、管理范围，实现区域一体化发展，避免同质竞争、地方保护和"搭便车"等行为扰乱旅游市场秩序。盘州市委、市政府积极探索景区治理的破局之路，深入贯彻全域旅游发展理念，在旅游资源优势地区，形成以旅游发展为核心的区域

▲ 旅游市场联合执法检查，市场监管部门检查持证经营、景区酒店厨房卫生等情况

整合协调管理体制机制，利用景区管委会、联村党委等管理机构和机制创新，形成区域发展的"旅游单元"，破除内部行政区划形成的障碍与隔阂，实现旅游统领的区域协调发展。

1. 乡镇领导参与的景区管委会模式

盘州乌蒙大草原景区是盘州市第一批建设的重点景区，也是目前盘州旅游的龙头景区，乌蒙大草原景区面积约 133 平方公里，涉及四个乡镇行政范围，即盘州市坪地乡、乌蒙镇和水城县的营盘乡、鸡场镇四个乡镇，为促进乌蒙大草原一体化开发建设，协调景区发展，乌蒙山旅游度假区管委会由坪地乡、乌蒙镇的党委书记兼任管委会副主任，通过管委会会议工作机制，保证各项规划、管理工作责任落实推进，也让"五统一"原则在基层的景区管理单元上得到充分落实。

2. 联村党委统筹的乡村旅游集群模式

盘州娘娘山旅游度假区是"三变"改革的发源地，近年来在农旅融合，共建共享发展的探索中成绩瞩目，娘娘山旅游景区不局限于"一村一品"的乡村旅游发展，进一步复制和扩大"三变"改革规模，将一个村的"旅游乡村"逐步打造成八村联动的"乡村旅游度假区"，在这一发展中，与联村党委会的整合、协调管理密不可分。

中共普古娘娘山联村党委会

组织设置：

组建普古娘娘山联村党委，下设 8 个村党支部与银湖合作社党支部共 9 个党支部，党委委员 11 名，党委书记 1 名，副书记 1 名。

隶属和职责：

普古娘娘山联村党委在乡党委的领导下，主要对区域内的社会管理、资源利用、产业发展等涉及多方的事务进行综合协调，不承担具体的行政管理职能，各村原来的行政审批、社会管理、党组织关系隶属保持原运行机制不变。

目的：

1. 促使普古乡下辖范围内 8 个村辖区内的党组织交流、协作更加方便。

2. 按照"党政共商、发展共抓、环境共治、难题共解、资源共享、和谐共建"的原则，解决八个村的群众发展产业难、收入来源少等突出问题。

意义：

1. 充分发挥银湖合作社的带动作用，吸收 8 村人民群众参与入股到合作社，帮助人民群众就业，帮助增收创收。

2. 发挥银湖合作社的产业带动作用，8 村可结合本村的实际，根据合作社的需求，争取上级的产业政策，动员人民群众布置并实施好产业，带动人民群众致富奔小康。

3. 以普古娘娘山高原湿地生态农业示范园区项目开发为契机，在同等条件下，将项目开发的一些工程交给 8 村实施，带动产业发展。

4. 通过 8 村资源共享，快速推动普古娘娘山高原湿地旅游资源的开发。

创新模式：

采取支部、合作社、产业和驻村干部 4 个 "1+8" 模式。

"支部 1+8" ——娘娘山联村党委。

"合作社 1+8" ——8 个村级合作社作为银湖种植养殖农民专业合作社的分社。总社负责统一规划、布局、经营，建立 "总社 + 分社 + 农户" 机制，形成 "总社牵头抓管理、分社负责抓实施、群众参与抓生产" 的格局。

"产业 1+8" ——以 "生态旅游、健康养生、设施农业、农产品加工、特色养殖、会务培训、餐饮住宿、民族文化开发" 8 种产业为支撑，整合 8 村资源，按照 "一村一特" 的发展思路，大力发展农旅产业。

"驻村干部 1+8" ——创新联村驻村工作队，向六盘水市派驻 1 名第一书记、1 名

▲ 娘娘山旅游度假区

驻村干部，向盘州市派驻 6 名第一书记，向乡派驻 23 名干部，组建联村驻村工作队。由联村党委协同管理。

通过 4 个"1+8"模式，推动基层组织连手、基础设施连建、扶贫产业连片、美丽乡村连线，实现全域产业、全域生态、全域旅游、全域扶贫、全域治理。

（四）真抓实干落实责任，建设引领型有为政府

基于新公共管理理念，将市场激励机制引入政府公共管理中，借鉴企业管理技术与方法，通过对公共政策的责任进行明确区分，设定明确的绩效标准衡量方法，更重视目标而非过程等方法，形成目标导向、绩效导向的管理机制，促进管理效率和效益的显著提升，促进服务型政府建设。

盘州市在旅游综合管理体制机制改革中，贯彻新公共管理理念，扎实推进目标责任制与绩效考核制，在细分旅游管理责任与创建"国家全域旅游示范区"工作细分到各部门、各级公务人员，形成一级抓一级、一级促一级，层层有分工、层层有责任的发展局面。盘州市将创建"国家全域旅游示范区"工作纳入盘州市年度目标考核管理，颁布奖惩政策，形成有效激励，充分调动各级公务人员主观能动性，确保全域旅游工作任务高效落实。

1. 逐级落实责任，完善督查推进

细化管理框架，明确职责权限。将旅游监管职责分解到各相关部门，明确协调机构设立、分工及运行的标准，使每一项旅游工作内容和协调任务落实到具体单位和个人，确保各个流程、环节和部门之间都有良好的衔接与配合。例如，2017 年 2 月 23 日印发《盘县发展和改革局旅游安全价格监管实施方案》中，为强化旅游景区价格监管，在妥乐古银杏、乌蒙大草原、娘娘山湿地公园、哒啦仙谷和云上竹海 5 个景区分别设立价格监督检查站，隶属于盘州市市场监督管理局，主要任务是加强对景区商品服务、农家乐、住宿、停车场、酒店和地方特色服务等明码标价工作的指导和宣传，抓好节假日期间价格监管以及强化日常监督。2017 年 8 月 16 日印发《盘州市人民法院关于成立旅游巡回法庭的通知》，在景区的游客接待中心办公地点设盘州市人民法院旅游巡回法庭诉讼服务接待点，及时高效地解决旅游过程中发生的纠纷，切实保障

▲ 金彩盘州"湘约长沙"旅游文化推介会

游客和旅游经营者的合法权益，规范旅游市场秩序，推动全域旅游示范区的创建工作。2017年3月及9月，出台《关于盘县市场监督管理局市场规范管理股加挂盘县市场监督管理局旅游市场监督管理分局牌子的通知》和《盘州市公安局治安警察大队加挂旅游警察大队牌子等相关事宜的通知》文件，推进旅游市场监管。

监督任务执行，提高工作效率。一方面，坚持落实党政主要领导亲自部署抓落实，召开各种工作调度会、动员部署会、培训会和推进会10余次，主要解决全域旅游创建中的困难和问题。另一方面，形成常态化监督机制，对每次旅游相关会议决策进行任务分解，落实到具体部门，并由市委、市政府督查室，旅游发展委员会办公室，旅游发展与改革领导小组办公室对会议决策事项进行情况进行月度统计与汇报，督促各责任部门落实工作。

狠抓景区建设，形成多级挂帮。为推进盘州市重点景区有序建设，盘州市开展四大领导班子挂帮景区工作，同时市旅游局对全市旅游景区景点实行包保责任制，包保以盘州市旅游局各股室为单位，每个股室负责包保2个景区，局领导对所分管股室包保景区全面负责、各股室负责人对本股室包保景区全面负责，指导和服务景区有序建设，保证景区建设速度与质量。

▲ 旅游市场检查现场情况

2.设置考核指标，完善奖惩制度

2017年3月2日印发《盘县创建"国家全域旅游示范区"对经济社会综合贡献考核的实施方案》中，为加快盘州市旅游产业的转型升级，推动旅游业由"景区旅游"向"全域旅游"发展模式转变，构建新型旅游发展格局。通过全域旅游验收标准的重点考核指标，重点测算旅游业对当地经济发展的综合贡献、旅游业对当地就业的贡献、年游客接待人次、旅游业对当地扶贫和富民增收的贡献率等，形成重点工作及责任分解系统，由相关责任单位负责。

2017年2月26日印发《盘县生态旅游局全域旅游景区最大承载量应急预案》中的保障机制中提到"旅游景区最大承载量应急协调处置工作实行领导负责制和责任追究制度。对工作突出、做出重要贡献的单位和个人予以表彰和奖励，对玩忽职守造成损失的单位和个人给予相应处罚并追究其责任"。2018年10月10日印发《盘州市信用联合警示和失信联合惩戒实施办法》中，坚持"谁主管、谁负责；分类别、分批次逐步实施；法治底线、问题导向"的原则，制定实行联合惩戒机制，其中明确规定了施予联合惩戒的严重失信群体包括失信被执行人、省级各职能部门发布的"黑名单"以及红色警示行为人在警示有效期内发生严重失信行为，按照失信联合惩戒标准认定的"黑名单"。同时明确指出相应惩戒措施，包括限制享受政策支持、限制审批或准入、限制参与公共资源交易、限制表彰评优、限制人员招录或任职、限制融资或高消费、撤销资格或荣誉称号、实施重点监管等类别。

（五）重视新技术、大数据应用，成就智慧管理先驱

1.利用先进技术，强化智慧管理

贵州作为全国大数据工程建设的先行者，为盘州市开展智慧旅游，推进智慧管理奠定了良好基础。通过全域智慧旅游中心的打造，开发了管理、服务、营销和物联四大系统，实现了"一部手机游盘州、一部手机管旅游、一个引擎卖旅游和一朵旅游云迈入数字经济"的智慧旅游模式。由智慧旅游中心技术负责人处了解到，智慧旅游平台的建设，主要包括大数据中心、调度指挥中心和游客体验中心三个部分。大数据中心主要围绕"交通＋旅游"，接入交通、气候、治安和客流等数据，针对游客行前、行中和行后全过程周期数据，从游客属性特征、消费偏好、目的倾向、口碑舆情和产业效益等方面进行。调度指挥中心主要通过物联网建设将整个景区的人流、车流的相关数据集成进来，为景区的管理者和行业主管部门提供客流疏导和人流疏导的依据。同时在游客体验中心可以体验到盘州早年各景区的民族民俗文化生活场景，感受盘州当下精彩生活的缩影。

围绕旅游服务、旅游营销和旅游管理等方面建设智慧化旅游服务系统。其中，旅游服务主要针对自助旅游者提供旅游咨询、展览、导游、导览、导航、分享评价和实时信息推送等智能化服务系统和功能，包括为自助旅游者提供关于食、住、行、游、购、娱等相关的旅游咨询服务；为自助旅游者提供自助导览，便捷查找附近的景区、酒店、美食、车站、停车场和厕所等资源信息；为自助旅游者提供景区智能导游，通过 3D 建模结合手绘技术，为游客提供直观、便捷的景区景点、设施等资源点位分布说明与行走线路规划；为自助旅游者提供线路导航，系统根据旅游者当前位置与目标点绘制线路，并计算出两者之间的距离，借助 GPS 为自助旅游者提供实时导航；为自助旅游者提供分享评价，游客可对自己感兴趣的话题进行分享，并参与评论；为自助旅游者提供实时信息推送，涵盖旅游资源、旅游攻略和旅游安全等多方面的内容。

2.重视旅游统计，数据指导决策

中国旅游研究院院长戴斌在 2019 年中国旅游研究院（文化和旅游部数据中心）地方和企业数据合作网络工作会上强调了数据统计工作的重要性，说"数据是国之公器，

▲ 盘州全域旅游智慧平台大数据中心

要对数据的生产与使用有敬畏心"。数据分析是科学决策、引导产业发展的基石，相较于工业化、标准化生产的制造产业，数据对受消费者偏好影响更为密切的体验服务经济的指导作用更为显著，旅游作为典型的体验经济，其发展对旅游数据的需求更为强烈，随着互联网技术的普遍渗透，其对数据的要求也越来越高。盘州市委、市政府高度重视旅游大数据建设工作，积极完善科学的统计制度与统计方式，构建旅游大数据统计系统，推进旅游数据共建共享，让数据成为指引旅游产业跨越式发展的利器。

与时俱进，构建大数据全域智慧统计体系。伴随网络信息设备的普及，人们的行为数据伴随互联网生成并记录，形成海量数据，大数据时代也为旅游统计带来从思维到方法的改变。贵州省积极培育发展大数据产业，着力建设"大数据"大省，为大数据技术服务盘州市旅游统计工作做足了技术准备，夯实了现实基础。盘州市政府充分认识大数据分析对旅游产业发展的指导意义，积极搭建全域旅游大数据分析系统，实现对人流量、车流量和舆情口碑等数据的搜集、存储、分析和反馈，为更加科学、准确、有效开展营销推广、巡更管理和流量控制等提供数据支撑。通过全域旅游、智慧旅游中心的打造，景区可以通过与在线旅游企业的合作以及大数据分析，获得游客归属地来源、年龄分段、消费内容和旅行时间等信息，从而更清晰地找出城市的旅游定位，将盘州旅游推上更高、更广阔的舞台，让盘州旅游更"智慧"。

统一口径，推进旅游统计标准化建设。在大旅游统计体系的构建过程中，加快推进旅游统计标准化建设始终是重中之重。盘州市相关领导部门按照《统计法》和《旅游调查统计制度》要求，结合盘州市实际情况，制定出《规范和完善全市旅游统计工作实施方案》。为进一步提高盘州市旅游发展质量、推动旅游产业转型升级，集思广益解决旅游统计"横向不能比，纵向不能加"的问题，进一步优化旅游统计指标体系，建立以公安旅店业信息管理系统数据为基础的旅游统计核心指标体系，强化旅店业管理和涉旅数据运用，推进服务、管理与打击整治工作相结合，进一步提升政府职能部门服务管理能力。标准化建设的同时加大落实力度，按照《盘州市国家全域旅游示范区验收细则指标体系责任分解表》要求，具体落实到市发展和改革局、市工业和信息化局、市农业农村局、市文体广电旅游局及市交通局，于一定时间节点前分别收集报送相关产值增速计算表于盘州市统计局。

合作共赢，构建多部门协同调查机制。在我国统计工作中，对旅游者的统计学界定以国家统计局和国家旅游局做出的相关概念界定，"海外游客是指来我国大陆观光、度假、探亲访友、就医疗养、购物、参加会议或从事经济、文化、体育、宗教活动，连续停留时间不超过 12 个月，且主要目的不是通过所从事的活动获取报酬的外国人、华侨和港澳台同胞"，"国内游客是指任何因休闲、娱乐、观光、度假、探亲访友、就医疗养、购物、参加会议，或从事经济、文化、体育、宗教活动而离开常住地到我国境内其他地方访问，连续停留时间不超过 6 个月，并且访问的主要目的不是通过所从事的活动获取报酬的人"。由于旅游者目的多样，其动线组织、居住方式和交通方式各异，单纯对某一指标的统计不能体现旅游者情况，需要综合分析交通、酒店和景区等多项数据，因此，这种调查没有统计部门的指导和其他业务主管部门的配合是难以实施的。基于以上诉求盘州市政府专门成立盘州市规范和完善全市旅游统计信息管理工作领导小组，负责研究部署、组织推动各项工作。由盘州市人民政府副市长任组长，市公安局局长任副组长，成员有市人民政府办公室副主任、市旅游局局长、市公安局副组长、市交通局、经信局、统计局及相关市直机关单位和各旅游景区运营平台及公司主要领导负责人。领导小组下设办公室在旅游局，由旅游局局长兼任办公室主任，负责统筹做好旅游统计工作并督促各成员单位拟定工作实施方案，成立旅游统计工作组，并组织实施。为最大力度地落实盘州市旅游统计工作，在领导小组的统筹部署下，相关各部门统一目标，职责明确，前后涉及 11 处机关单位、2 处交通站点和景区公司。例如市委办、市政府办、市接待办负责将各行业、各单位的会务接待纳入旅游统计范围；市旅游局负责对接各职能部门、各景点景区、企事业单位相关事宜沟通协调；市公安局负责对全市旅馆住宿企业（经营者）开展摸排统计，收集并整理各旅馆、住宿企业的基本信息数据情况等。

扩大样本，解决数据欠缺深度挖掘问题。旅游产业涉及多环节、多产业，具有"一业兴百业旺"的特性，旅游消费所引发的投资、进出口、政府采购和就业等活动是由跨部门、跨行业的一系列交易细目所组成的，这使得旅游产业边界的界定，以及旅游统计、数据分析和宏观计量都变得更加不易。如果不能以专业统计和数据分析为基础，对旅游经济运行体系进行定量化的全息画像和多元透视，就无法为国家对旅游经济的宏观调控和微观监管提供有效的决策支持。为了更为科学地体现旅游业对地方经济发展的带动作用，需要旅游及相关产业提供多维度的统计数据。盘州市在组织传统旅游抽样调查管理系统问卷填报、旅游景区（点）旅游指标统计表填报、景区来团统计表填报等统计工作的基础上，积极探索"+ 旅游"产业产值增速数据统计工作，由市发展和改革局、市工业和信息化局、市农业农村局、市文体广电旅游局、交通局报送大健康、工业、农业、文化、交通等产业融入旅游相关投资、收入、就业等数据，不断完善旅游统计的科学性、全面性。

加强执法，提高旅游统计数据质量。依法统计是获取旅游统计数据，提高统计数据质量的重要途径。为认真贯彻落实省委《关于深化统计管理体制改革提高统计数据真实性的实施意见》精神，确保旅游数据的真实性，市旅游局、市公安局组成督查小组，对全市 9 个 A 级旅游景区采取随机抽样调查的方式，以工作开展、旅游花费抽样调查、旅游总人数、旅游总收入、旅游统计台账建设及存在的问题为中心展开督查。由市公安局和旅发办作为主要部门展开的督查考核工作有序进行。公安局于规定期限前制定对公安系统的考核机制和辖区内住宿单位数据录入工作考核制度，并定期组织开展住宿单位数据录入工作核查，对不按时或不按规定录入数据，或录入数据存在严重问题的住宿单位，依法依规予以处理。市旅发办每月对各部门、各单位数据录入工作进行督查，对工作开展不力的部门或单位予以通报问责。与此同时，每月召开一次调度分析会议，及时研究解决旅游统计工作中存在的问题，多管齐下，多措并举，狠抓落实，确保旅游核心指标统计工作的有质有量进行。

3. 红黑名单，信用互通

人无信不立，业无信不兴。旅游业的消费异地性、产品无形性和需求多样性等特点，让旅游市场的监管、旅游产品质量控制难度加大，只有强化企业自律，监督企业信誉才能从根本上控制和提升旅游产品质量。盘州在创建国家全域旅游示范区这条道路上着重布局旅游行业信用建设，在旅游乱象治理中引入信用调控机制，可谓正当其时。

上行下效，狠抓落实。2017年，盘州市旅游局成立盘州市诚信旅游工作小组，负责盘州市诚信旅游工作的组织实施，并指导各旅游景区、乡（镇、街道）开展诚信旅游工作。2018年，盘州市发展和改革局成立旅游景区价格诚信经营管理工作领导小组，由盘州市发改局局长任组长，盘州市发改局价格监督检查室主任任副组长，领导小组下设办公室及价格监督检查室，具体负责有关旅游景区价格诚信管理日常事宜。上行下效，效果明显。各旅游景区与景区内旅游企业签订诚信经营管理承诺书，举行诚信旅游承诺签名活动。利用"5·19"中国旅游日、"质量月"等重要时段节点开展以"诚信经营"等为主要内容的宣传活动。在全市旅游行业开展服务质量评价工作，评定一批"服务达标""盘州优质服务"的旅行社、旅游饭店、旅游区（点）。充分利用"贵州旅游信用信息系统"，建立诚信"红黑名单"制度，把恪守诚信者列入"红名单"，把失信违法者列入"黑名单"，定期向社会公布。2018年10月10日印发《盘州市信用联合警示和失信联合惩戒实施办法》中，坚持"谁主管、谁负责；分类别、分批次逐步实施；法治底线、问题导向"的原则，以网格为单位，建立诚信互助小组，网格员任组长；网格内以十户为单元，建立诚信互助单元，单元长由网格员指定。

红黑合力，抱诚守真。盘州市文体广电旅游局建立行业旅游服务游客诚信旅游"红黑名单"制度，对旅游景区、旅行社、星级酒店、导游员诚信缺失及不文明行为进行曝光和惩戒。每年在全市组织开展"优秀诚信旅行社""最佳星级饭店""最佳旅游景区""文明导游员"评定工作，建立旅游业红榜，并向社会公示，加强舆论宣传，以优秀带动全市旅游业的诚信建设。对诚信旅游企业和旅游从业人员中的好人

好事进行专门、持续报道，积极组织媒体开展诚信旅游采访报道活动，树立企业诚信品牌和旅行社良好形象，增强社会公信度。结合旅行社年度考核情况，对连续两年排名在后3位的旅行社进行警告，并在全市旅游诚信"黑名单"中进行公示。对旅行社承包、挂靠等形式转让经营权、旅游企业发布虚假旅游广告，导游人员擅自改变团队计划，私拿回扣、索要小费，星级宾馆、A级旅游景区降低服务质量等违规行为做出处罚的旅游企业要定期进行曝光，列入旅游行业诚信"黑名单"。对列入信用"黑名单"以及存在严重失信行为的旅游企业，取消评先评优等荣誉资格，并要求旅游企业开展自查自纠，对服务质量差、管理混乱的旅游企业责令限期整改并强化退出机制。

三、盘州全域旅游体制机制建设经验

盘州全域旅游是一种自上而下的产业转型，需要有为政府的大力推进。在盘州全域旅游发展之初，就确立了"四套班子齐抓共管"的大旅游发展体制机制，通过"完善顶层设计，强化党政领导""开拓沟通渠道，提高工作效率""细分旅游治理权责，构建共治共管机制""扩大旅游管理'单元'，深化景区三权分离""真抓实干落实责任，强化监督考核机制"，实现了盘州旅游三年大变样。

完善的顶层设计、明确的责任分工、高效的规划落实成为全域旅游盘州模式成功的核心。随着未来盘州旅游产业不断成熟，在行业自律方面将进一步加强，更多的工作交给市场，为此，盘州正在为下一次转型探索方向。

第三章

创新政策与规划，共绘全域旅游发展「一张蓝图」

　　盘州在社会经济高质量发展转型中逐步认识到了旅游业对于国民经济发展的带动作用，明确将其定位为国民经济战略性支柱产业进行培育。同时做好顶层设计，把解决大众日渐高涨的旅游热情和消费需求与产品供给和服务水平不能满足需求的矛盾作为基本出发点，以发展全域旅游、全民参与旅游、规范发展旅游、品质化打造旅游和旅游综合效益最大化为原则，加快推进盘州市旅游供给侧结构性改革、旅游转型升级等，高标准、高水平、高质量做好规划编制工作，高效率推进，高水平实施。除了规划先行之外，扩大投融资渠道、筹集旅游发展资金也是发展盘州旅游业的重中之重。加大先期开发基础设施建设资金投入的力度，出台旅游相关发展优惠扶持政策，每年安排一定数额的引导扶持资金，改善旅游投资环境，成立专门机构，吸引外资和民间资金来盘州市投资开发旅游，这些都是盘州市在资金保障方面的众多举措，取得了瞩目的效果。

　　在与旅游相关的众多要素之中，土地是旅游开发最基本、最重要的要素之一。随着旅游业发展速度越来越快，国家开始关注和重视其在发展过程中遇到的用地供给不足问题，出台一系列文件，优化旅游业用地的政策环境。盘州市积极响应国家政策，在旅游用地方面做了积极的尝试和探索。当前，随着盘州全域旅游的蓬勃发展，风格

▲ 红果新城东湖美景

迥异的景区景点、日渐完善的旅游基础设施和类型丰富的全域旅游新业态，吸引了越来越多的省内外游客前来旅游度假。发展旅游，高素质人才是基础和保障，也是发展活力和动力，瞄准旅游人才队伍建设，狠下功夫，着力提升领导班子的旅游指挥能力和旅游从业人员的业务水平和技能。

一、规划先行，提升盘州旅游业地位

盘州市委、市政府高度重视全域旅游业发展。积极推行"多规合一"，建立"多规合一"的规划制度。在编制城市规划、土地利用规划、生态环境保护规划和产业发展规划等规划时，以城乡发展一体化、全域范围统筹管控、不同部门间相互协同合作为基本原则，要求各规划充分融入旅游元素，实行"旅游元素一票权"，即编制这些规划时如果没有融入旅游元素，则不能通过城规委会的评审。在规划层面，充分体现和保障旅游业在全市发展中的地位和作用。

（一）通过城规委会强化旅游部门地位，确保旅游与相关规划的融合落地

盘州市城规委会强调每个项目必须体现发展旅游的思维，将其作为城规委会评审的必要条件，以便将旅游与其他规划结合起来，如果缺少发展旅游的思维，城规委会

将不予批准通过。同时，规划中涉及的旅游元素在项目建设过程中也要实实在在建设出来，绝不能只停留在规划层面，否则规划办验收不予通过。

"我们现在正在进行城市规划修编工作，现在的主城区有一条约 88 公里的大环线，沿着这个环线，从每一棵树就要把旅游元素考虑好，88 公里就是一个樱花大道。樱花种类比较多，国内国外都比较多，每一段种什么品种的樱花都要提前规划，让每一个角落真正成为一处风景"，盘州市分管旅游工作的路市长在访谈中介绍道。对主城区道路进行旅游化打造，是对规划落到实处的具体行动。这种"规划 + 落实"的路径，提升了规划的执行力，保证了"多规合一"不只存在于文件中，而且要体现在具体的落地实践中。盘州旅游与相关规划的融合落地，为盘州全域旅游发展营造了良好的发展环境，让盘州的旅游不断焕发新的生机和活力。

（二）实行"多规合一"管理并联审批制度，加强部门协作

1. 完善领导机构，推行多规合一

为做好"多规融合"的协调和领导，盘州市成立了以常务副市长为组长，分管副市长为副组长，相关各部门负责人为成员的市"多规融合"改革试点工作领导小组，在市自然资源局下设办公室，具体负责多规融合的改革试点工作。

盘州注重发挥有为政府的作用，从领导层面推动"多规合一"工作，打造"多规合一"信息服务平台，实现不同部门之间信息互通有无、各种业务高效协同、率先实现"一站式"高效并联审批，取得了很好的效果。

2. 实行并联审批，加强部门协作

提高不同部门之间的协同合作默契度，打破传统串联审批模式下的部门界限，尽量压缩减少和梳理清楚审批事项的前提条件，以牵头部门为统领，协调其他部门的工作任务。在每个审批阶段，申请材料由牵头部门统一处理，牵头部门同时负责组织其他审批部门进行并联审批、监督和协调审批的进展，在规定的时间内完成内部审批流程并统一通知项目建设单位审批结果。

并联审批改变了部门之间讲分工多、讲协作少，多部门审批事项习惯于串联审批的低效方式。不同职能部门之间不再互设前置条件，避免了同一份审批材料重复审核

的现象，大大缩短了审批时间，提升了审批效率。

二、建立健全金融政策为后盾，强调平台公司先行发力

创新投融资开发模式，盘州市创新"211"开发模式（即一家平台公司和一家金融机构，以每年不低于 1 亿元的资金对一个乡镇进行帮扶），按照原县委、县政府出台的《盘州市属国有平台融资企业管理办法（试行）》，规范平台公司融资的管理，实施"211"开发建设模式，推进全市旅游景区开发建设，在短短的两年时间内完成了对全市所有重点景区的基础设施、服务配套的建设，为后续全域旅游的井喷式增长奠定了良好基础。

（一）成立政府平台公司，集聚财力保障旅游发展

盘州市先后成立了 8 家市属国有投融资企业，涵盖交通、水利、能源和旅游等领域，是政府在投资领域发挥作用的有力抓手。国有公司在盘州市旅游发展中起到了举足轻重的作用，以贵州盘州旅游文化投资有限责任公司为例（以下简称盘州旅文投公司），其在娘娘山景区的发展过程中起到至关重要的作用。娘娘山景区是煤矿老板返乡创业的典型案例，前期经营发展良好，市相关部门领导非常重视。然而旅游行业是一个长线投资的行业，一两个亿的投资对于民营企业已然是一笔巨款，然而对于旅游投资来说却是九牛一毛。随着时间的推移，娘娘山景区发展遇到关口，

▲ 娘娘山联村党委会议

2014—2016 年景区资金跟进方面出现了问题，制约了景区的发展。在娘娘山景区发展遇到困境的时候，盘州旅文投公司本着肝胆相照、患难与共的态度对其进行了资金扶持，雪中送炭，成功帮助景区解决了资金短缺问题。如

今娘娘山景区已经被评选为国家 4A 级旅游景区，实现了跨越式发展。正如盘州旅文投公司韩总所说："助力娘娘山景区发展仅仅是我们在盘州旅游中发挥作用的一个缩影，我们深知自己肩上的使命，今后也会继续不遗余力地为盘州旅游发展添砖加瓦。"

盘州市国有公司在政府集中力量办大事方面提供了很好的借鉴意义。对于后发地区应立足自身发展实际，成立一家或多家旅游投融资公司，将地方优质旅游资源汇集到成立的旅游投融资公司，一方面壮大平台公司的资产规模，提升公司竞争力；另一方面，利用国有公司的资金等，将资源开发成旅游景区，助推地方旅游景区开发建设，促进当地全域旅游发展。

表 3-1　盘州市市属国有投融资企业分类表

类别	企业名称	定位和业务范围
综合类别	贵州宏财投资集团有限责任公司	城市综合运营商；涵盖投融资、城乡基础设施建设、社会事业等
基础设施和产业投资类企业	贵州盘州市盘兴能源开发投资有限公司	煤及煤产品投资开发、电煤供应、煤矿设备销售、煤层气、电力等能源投资
	盘州市交通投资开发有限责任公司	城市公共交通、城乡公交、收费公路管理、交通工程施工管理等
	盘州市水利投资有限责任公司	骨干水源工程水利水电基础、城镇供水设施建设，城区供水经营管理、地方小水电开发与经营管理等
	盘州市古城开发管理有限责任公司	文化旅游业投资建设、盘州古城开发等
	贵州省盘州市农林开发投资有限责任公司	农业、林业投资开发与管理、园林绿化、农林业产业化、扶贫产业等
	贵州盘州旅游文化投资有限责任公司	旅游文化资源开发、旅游交通投资开发、文化服务等
金融类企业	盘州市地方企业信用担保有限公司	融资性担保贷款服务；诉讼保全担保等履约担保业务、担保业务咨询及财务顾问等中介服务

（二）开创"五转变"发展模式，创新拓宽资金渠道

通过三年半的发展经历和横向纵向比较同类公司的发展历程，盘州旅文投公司总结出"五转变"的发展模式，包括资源转资产、资产转资金、资金转项目、项目转产业和产业转资源，五个方面形成闭环。目前，盘州旅文投公司的发展处在资源转资产、资产转资金和资金转项目的阶段。

1. 资源转资产

由政府来推动，向国有公司注入优质资源。以做旅游行业为例，盘州市在国土面积和海拔落差方面的优势孕育出丰富的动植物资源和地形地貌，构成了盘州旅游资源库。平台公司则用资本市场的眼光去发掘这些资源的价值并进行包装，达到资本市场认可的条件，即资源变资产。妥乐古银杏村、乌蒙大草原、大洞竹海都是在盘州这样的地貌特征中孕育出来的景点，都是通过国有公司将资源转化为资产的典型案例。

2. 资产转资金

资产转资金的转变过程其实也是融资贷款的过程，盘州旅文投公司经过了"三步走"的历程。第一步通过融资租赁、信托等期限短、成本高的方式，对资源禀赋有优势但前期融资能力较弱的景区，如乌蒙大草原、妥乐古银杏风景区等进行投资，使这些景区的品质明显转变和提升，具备自身造血的能力。通过这一步，逐步得到银行的认可，第二步就是发展银行贷款，发展银行贷款总的来说成本比资本市场的资金低，期限长，解决了一部分短融长投的问题，置换了一部分成本比较高的资金。第三步就是发债券，解决公司下一步发展资金需求的问题。

3. 资金转项目

在资产转资金的过程中，盘州旅文投公司获得了可观的投资资金，将它们投入到相应的项目中去，为项目建设提供资金支持，实现资金转项目这一过程。

4. 项目转产业

等项目陆续建设完毕以后，就开始项目转产业环节，不是让单个的项目去单打独斗，而是要形成农业产业、旅游产业并肩作战，形成产业集群。

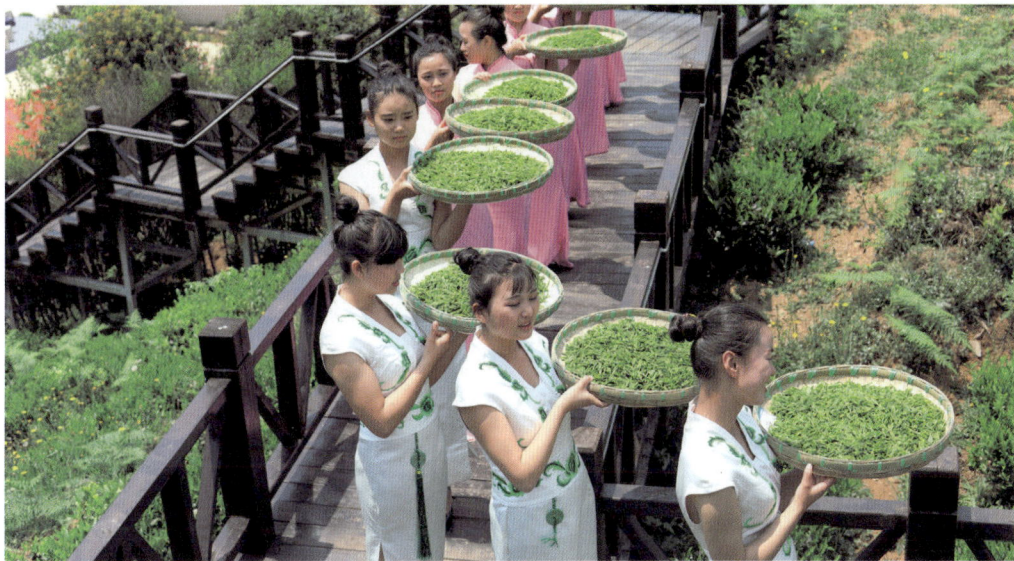

▲ 碧云剑手工制茶技能大赛

5. 产业转资源

等到项目转产业的目标实现以后就进入产业转资源，把盘州旅文投公司投资建成的项目和产业变成盘州市下一步发展的动力和源泉，从而形成整个产业的闭环，实现可持续的循环经济模式。

6. 经验借鉴

到目前为止，盘州旅文投公司的总资产是88.2亿元，负债率是59.3亿元，处在比较良性的状态。进入2019年以后，大量投入的项目资产会在本年度批量地转为固定资产，进一步做大分母，有效地降低公司的负债，为下一步发展积累了后劲。由此可见，"五转变"的发展模式是一个良性可持续发展的思路。对于旅游资源丰富、开发资金相对匮乏的地区来说，提供了一种"来钱"的思路，具有宝贵的借鉴意义。

三、土地保障，多种渠道同步管理

盘州市不断探索提高旅游业用地市场化配置和节约集约用地水平，保障旅游用地需求。盘州市优化旅游用地制度，制定出台《全域旅游发展用地保障的工作意见》《关于加强旅游业用地供应管理的实施方案》及旅游公共服务设施旅游用地保障机制和用地管理制度，融入"三变"改革和承包经营流转等方式，推动旅游项目开发建设。按照建设进度将旅游项目用地进行分批供地或先租后让方式推进旅游用地的综合改革，实现旅游用地的精细化利用和管理。

（一）创新用地保障，合力助推旅游产业发展

1.增减挂钩指标报批旅游用地

国土资源部颁发《国土资源部城乡建设用地增减挂钩管理办法》（国土资发〔2008〕138号），提出城乡建设用地增减挂钩指标。所谓城乡建设用地增减挂钩，是指依据土地利用总体规划，将若干拟整理复垦为耕地的农村建设用地地块（即拆旧地块）和拟用于城镇建设的地块（即建新地块）等面积共同组成建新拆旧项目区，通过建新拆旧和土地整理复垦等措施，在保证项目区内各类土地面积平衡的基础上，最终实现增加耕地有效面积，提高耕地质量，节约集约利用建设用地，达到城乡用地布局更合理的目标[①]。

盘州市利用这一政策，积极协调旅游用地，保障旅游业发展。争取上级每年单列新增建设用地计划指标，确保重点项目落地。加大实施土地增减挂钩，允许挂钩指标省内异地交易，实现指标有偿调剂使用。加快农村土地综合整治，盘活低效闲置用

▲ 沙淤农业园区效果图

---

① 王鹏翔. 城乡建设用地增减挂钩试点工作政策与实践解读［J］. 城市地理，2016（5X）：80.

地，实施城镇低效用地再开发，创新工业用地出让方式。探索节约集约的用地新模式和耕地保护新机制，争创国土资源节约集约模范县。盘州市 2019 年度第一批次旅游服务设施用地使用 2019 年度易地扶贫搬迁还贷增减挂钩结余指标 105 亩，为盘州市旅游服务设施用地预留了指标。妥乐古银杏风景区和哒啦仙谷景区通过增减挂钩指标途径报批了旅游用地，如今两个景区都是国家 4A 级景区，增减挂钩指标政策为景区发展提供了坚实后盾，为其他类似景区旅游用地的解决提供了很好的参考意义。

2. 积极保障旅游业发展用地供应 [①]

有效落实旅游重点项目新增建设用地。按照资源和生态保护、文物安全、节约集约用地原则，在与土地利用总体规划、城乡规划、风景名胜区规划和环境保护规划等相关规划衔接的基础上，加快编制旅游发展规划。对符合相关规划的旅游项目，按照项目建设时序及时安排新增建设用地计划指标，依法办理土地转用、征收或收回手续，积极组织实施土地供应。加大旅游扶贫用地保障 [②]。

盘州市根据项目的建设时序、重要性、紧迫性等因素进行项目分类，对于旅游重点项目优先落实用地指标，积极组织实施土地供应，做到了"旅游有主次，市里有保障"。

3. 规划修编时旅游用地优先

六盘水市是国家新一轮土地利用总体规划编制的试点城市，目前已完成《六盘水市土地利用总体规划（2006—2020 年）》实施评估（征求意见稿），该《评估报告》预测到 2035 年六盘水市国土空间开发强度为 8.83%。预计盘州市能新增建设用地约 11000 公顷。在启动盘州市新一轮土地利用总体规划编制时，将把全部旅游项目用地上图入库，增加旅游用地指标。

该创新做法改变了以往土地利用总体规划对旅游规划部门规划等闲视之的局面。从编制土地利用规划之日起，旅游用地就被纳入规划的目标中，大大提高了旅游用地在土地利用规划体系中的地位。政府主导将旅游用地纳入土地利用总体规划体系的做

---

① 国土资源部 住房和城乡建设部 国家旅游局关于支持旅游业发展用地政策的意见 [EB/OL]. http://f.mnr.gov.cn/201703/t20170329_1447082.html

② 国土资源部 住房和城乡建设部 国家旅游局关于支持旅游业发展用地政策的意见 [EB/OL]. http://f.mnr.gov.cn/201703/t20170329_1447082.html

法，提高了旅游和国土部门相互协调的效率，保障了旅游用地的供应。

4. 工矿废弃地优先转为旅游用地

在符合土地利用总体规划和其他相关规划，满足生态环境保护要求的前提下，对使用荒山、荒地、荒滩及石漠化等土地建设的旅游项目，优先安排新增建设用地计划指标，出让底价可按不低于土地取得成本、土地前期开发成本和按规定应收取相关费用之和的原则确定。对复垦利用垃圾场、废弃矿山等历史遗留损毁土地建设的旅游项目，可按照"谁投资、谁受益"的原则，制定支持政策，吸引社会投资，鼓励土地权利人自行复垦。政府收回和征收的历史遗留损毁土地用于旅游项目建设的，可合并开展确定复垦投资主体和土地供应工作，但应通过招标拍卖挂牌方式进行 [1]。

政府收回或征收的历史遗留损毁土地，可以通过招拍挂方式，合并确定新的土地使用权人和复垦投资主体 [2]，吸引社会资本投资开发，变废为宝。三线文化园用地原来是工厂废弃地，把它盘活以后土地性质不发生变化，依旧是国有土地，但是可以直接用在旅游规划上。通过将工矿废弃地游线转为旅游用地，不需要通过增减挂钩指标，直接调整过来，专用在旅游报批上。通过这种形式使得工厂废弃地"变废为宝"，为解决好工矿废弃地再开发利用提供了思路和出路，对促进区域经济发展、解决旅游用地供给不足等方面都提供了良好的示范效果。政策利好的情况下，可以预测，以后许多荒滩废弃地将会摇身一变成为游客竞相追捧的桃源胜地。

5. 依法实行用地分类管理制度 [3]

旅游项目中，属于永久性设施建设用地的，依法按建设用地管理；属于自然景观用地及农牧渔业种植、养殖用地的，不征收（收回）、不转用，按现用途管理，由景区管理机构和经营主体与土地权利人依法协调种植、养殖、管护与旅游经营关系 [4]。

依法实行分类管理，不仅有助于减少建设项目土地流转的规模和成本负担，而且

---

[1] 国土资源部　住房和城乡建设部　国家旅游局关于支持旅游业发展用地政策的意见［EB/OL］. http://f.mnr.gov.cn/201703/t20170329_1447082.html

[2] 国土资源部　住房和城乡建设部　国家旅游局关于支持旅游业发展用地政策的意见［EB/OL］. http://f.mnr.gov.cn/201703/t20170329_1447082.html

[3] 国土资源部　住房和城乡建设部　国家旅游局关于支持旅游业发展用地政策的意见［EB/OL］. http://f.mnr.gov.cn/201703/t20170329_1447082.html

[4] 国土资源部　住房和城乡建设部　国家旅游局关于支持旅游业发展用地政策的意见［EB/OL］. http://f.mnr.gov.cn/201703/t20170329_1447082.html

▲ 双凤古城规划效果图

有利于保证当地人不因旅游项目的发展而失去土地，并且可以参与项目的管理、分享项目的效益。盘州市通过实行旅游用地分类管理制度，在一定程度上实现了土地差别化管理，为旅游用地管理提供了新的思路，有效地促进了旅游供给侧改革。

6.多方式供应建设用地

旅游相关建设项目用地中，用途单一且符合法定划拨范围的，可以划拨方式供应；用途混合且包括经营性用途的，应当采取招标拍卖挂牌方式供应，其中影视城、仿古城等人造景观用地按《城市用地分类与规划建设用地标准》的"娱乐康体用地"办理规划手续，土地供应方式、价格、使用年限依法按旅游用地确定[①]。景区内建设亭、台、栈道、厕所、步道、索道缆车等设施用地，可按《城市用地分类与规划建设用地标准》按其他建设用地办理规划手续，参照公园用途办理土地供应手续。风景名胜区的规划、建设和管理，应当遵守有关法律、行政法规和国务院规定。鼓励以长期租赁、先租后让和租让结合方式供应旅游项目建设用地。

盘州市在旅游用地方面给予优惠政策，提出栈道等旅游设施用地不需要报批，因地制宜，更能符合盘州市的土地现状。

---

① 国土资源部 住房和城乡建设部 国家旅游局关于支持旅游业发展用地政策的意见［EB/OL］. http://f.mnr.gov.cn/201703/t20170329_1447082.html

（二）加强旅游业用地服务监管，严格旅游业用地管理

1. 做好确权登记服务

依据《不动产登记暂行条例》等法律法规规定，按照不动产统一登记制度体系要求，不断增强服务意识，坚持方便企业、方便群众，减少办证环节，提高办事效率，改进服务质量，积极做好旅游业发展用地等不动产登记发证工作，依法明晰产权、保护权益，为旅游业发展提供必要的产权保障和融资条件[①]。

2. 建立部门共同监管机制

风景名胜区、自然保护区、国家公园等旅游资源开发，建设项目用地供应和使用管理应同时符合土地利用总体规划、城乡规划、风景名胜区规划及其他相关区域保护发展建设等规划，不符合的，不得批准用地和供地。新供旅游项目用地，将环保设施建设、建筑材料使用、建筑风格协调等要求纳入土地供应前置条件的，提出条件的政府部门应与土地使用权取得者签订相关建设活动协议书，并依法履行监管职责。及时总结旅游产业用地利用实践情况，积极开展旅游产业用地重大问题研究和探索创新[②]。

3. 严格旅游业用地供应和利用监管

严格旅游相关农用地、未利用地用途管制，未经依法批准，擅自改为建设用地的，依法追究责任。严禁以任何名义和方式出让或变相出让风景名胜区资源及其景区土地。规范土地供应行为，以协议方式供应土地的，出让金不得低于按国家规定所确定的最低价。严格旅游项目配套商品住宅管理，因旅游项目配套安排商品住宅要求修改土地利用总体规划、城乡规划的，不得批准。严格相关旅游设施用地改变用途管理，土地供应合同中应明确约定，整宗或部分改变用途，用于商品住宅等其他经营项目的，应由政府收回，重新依法供应[③]。

---

① 国土资源部 住房和城乡建设部 国家旅游局关于支持旅游业发展用地政策的意见［EB/OL］. http://f.mnr.gov.cn/201703/t20170329_1447082.html

② 国土资源部 住房和城乡建设部 国家旅游局关于支持旅游业发展用地政策的意见［EB/OL］. http://f.mnr.gov.cn/201703/t20170329_1447082.html

③ 国土资源部 住房和城乡建设部 国家旅游局关于支持旅游业发展用地政策的意见［EB/OL］. http://f.mnr.gov.cn/201703/t20170329_1447082.html

四、引凤回巢，创新人才政策，共创盘州全域旅游新未来

全域旅游示范区创建要求中，创新人才供给是重要要求，"缺乏职业新的吸引力和提升的路径""来自其他部门的竞争"和"教育供给、实践和培训的不足"成为旅游产业人才面临的共同难题。旅游业的发展潜力与前景是非常可观的，但是不容易获得，要想从中分得一块蛋糕就必须付出一定的努力。为了应对这一挑战，盘州市注重"外部引进与内部培养"相结合，多渠道培养人才、引进人才、提高人才素质水平，以保证他们能与市场需求和技术进步相匹配。

（一）壮大行业队伍，凝聚行业力量

1. 与学校合作共同培养行业人才

突出旅游管理与服务人员培养，盘州市职业技术学校每年培养输送旅游专业人员100人以上。盘州市职业技术学校旅游服务与管理专业和盘州旅文投公司以充分发挥盘州市旅游市场，激发和培养高标准的旅游服务人才，实现有志青年的家乡就业的愿望和"全域旅游、全民参与"的旅游发展目标为出发点，强强联手培养旅游人才。双方通过合作建立职工培训基地、成立专业教学指导办公室、校间人员互聘和校企合作开发课程等手段，实现"创新教学、人才兴旅"的人才培养模式。通过以企业为依托，建立实训基地、制定相关制度规范校企合作工作，明确各自职责，建立校企合作考核指标、奖惩措施和健全实训基地管理制度三大保障措施为校企合作的有序进行保驾护航。

校企合作，培养旅游应用型人才。一方面，学校秉承"面向行业、依托行业、服务行业"的教学理念，以旅游市场需求为导向，确立特色鲜明的人才培养目标，为盘州市旅游发展培养具有强烈服务意识、优秀服务技能以及过硬旅游专业知识的一线应用型人才。另一方面，旅游企业或政府邀请学校老师为企业员工和乡镇旅游从业者进行培训，从而为盘州旅游贡献智慧。另外，为了支持盘州市旅游事业的发展，在"国家全域旅游示范区"创建工作中，2016—2017年，盘州市教育局从在职教师中选拔普通话在二级甲等及以上的青年教师202人，在盘州市职业技术学校进行了两期兼职导游培训，充实了盘州市的旅游专业人才队伍。

2. 以项目公司形式吸引人才

依托"三变"改革，按照村民自治自愿的原则，以村为单位成立专业合作社。合作社引入"三变"改革，成立一个承接项目的公司。以保基乡为例，保基乡人力资源匮乏，特别是能带领群众脱贫致富的能人更少，于是采取向社会购买服务的方式，引进人才，与民营企业帝贝集团（大学生智囊团）合作。帝贝集团向保基乡每一个村合作社派一名"211"大学毕业生任合作社理事长，负责项目规划设计、运营、市场运作等。同时，合作社积极鼓励知识青年回乡进入农业项目公司创业，为当地经济社会发展贡献力量，在家乡发光发热。很多年轻人在这种模式的吸引下回到家乡，有的种植刺梨、有的种植元宝枫、有的专注于特色农产品加工。盘州景区运营管理的人员中，从外地返乡创业人员占了不小的比例，人口（才）外流的问题在一定程度上得到了缓解。

3. 以"中国贵州人才博览会"招揽旅游人才

中国贵州人才博览会已经连续举办了6年，每年都吸引大量高层次人才和专家参加大会相关活动，已成为广大高层次人才和专家展示知识能力、实现人生价值的优质平台。第七届中国贵州人才博览会于2019年4月27—28日在贵州贵阳如期举行，该博览会已成为引进高层次和紧缺急需人才的盛会。盘州市高度重视博览会，认真开展旅游人才需求采集、向社会发布旅游人才需求，积极为全市旅游发展招徕人才。

（二）提升旅游从业人员水平，优化旅游软环境

1. 以旅游扶贫提升贫困人口旅游服务水平

2018年以来，按照贵州省、六盘水市大扶贫的战略计划，盘州市结合全市扶贫的目标，通过加强旅游景区项目建设，稳步扩大旅游业的影响范围，引导群众积极加入旅游业的开发建设，并努力提升乡村旅游扶贫能力[1]。加强旅游技能服务培训，针对提高贫困地区人口旅游接待服务的技能水平和增加贫困地区人口的就业机会两大目标，加强旅游扶贫培训并制订培训计划，把旅游扶贫培训工作落到实处，实现旅游扶贫培训全覆盖[2]。多次举办以旅游扶贫为目的的从业人员培训工作，取得了显著成效。

---

[1] 王勇. 着力提升乡村旅游扶贫带动能力［N］. 六盘水日报，2018-04-12（B1）.
[2] 王勇. 着力提升乡村旅游扶贫带动能力［N］. 六盘水日报，2018-04-12（B1）.

2017 年 11 月 29 日，乌蒙大草原旅游扶贫"马帮"从业人员培训在乌蒙滑雪场举行，乌蒙大草原"马帮"从业人员及坪地乡、乌蒙镇有意向从事"马帮"工作的村民近200 人参加了培训。此次培训会由盘州市文体广电旅游局、六盘水乌蒙山旅游度假区管委会、盘州市总

▲ 2018 年全域旅游扶贫暨旅游行业从业人员培训开班仪式

工会、坪地乡、乌蒙镇、乌蒙大草原景区等联合举办，旨在提升乌蒙大草原"马帮"从业人员综合素质和服务技能，规范"马帮"市场，为游客营造安全有序的旅游体验环境，带动贫困人口实现增收脱贫，助力脱贫攻坚。通过此次培训，"马帮"从业人员综合素质得到了很大提升。参加培训的从业人员纷纷表示今后要注重为游客提供安全、文明、优质的服务，同时在经营过程中注意保护好草原的生态和环境卫生，"马帮"成为草原上的一道亮丽的风景线，为乌蒙大草原塑造了良好的旅游形象，吸引了更多的游客来盘州旅游。正如路振市长所说，现在生活在乡村的人，如果有游客问路，村民首先会用普通话说"你好"；另外从衣着服饰上也发生了变化，现在人们会更加注重自身衣着是否干净，皮鞋擦得亮不亮等细节问题。这些正是由于旅游的发展以及盘州市频繁举办针对乡村旅游从业者、贫困人员等旅游经验者的培训活动而产生的积极效果。

2. 以形式多样的培训让职业人员更专业

盘州市为认真贯彻落实党的十九大及中央、省市进一步加快旅游产业发展的有关精神和要求，积极规范全市旅游行业从业标准，不断提升全市旅游服务质量水平和核心竞争力，积极组织对导游、酒店服务人员等旅游从业人员进行培训，以此提升旅游从业人员的综合素质和服务能力，进一步推动全市旅游行业健康有序发展。

盘州市旅游人才创新表现在创新培训管理模式。一是创新导游培训就业方式，实行市场购买服务模式：吸纳专兼职导游进入导游库规范管理，服务于导游市场。建立集"训、赛、讲、试"为一体的导游培训新模式，采取讲座、实操、拓展训练和现场讲解等形式强化对导游讲解员的培训，将培训合格的导游讲解员纳入县域导游库进行

管理，加强与旅行社、旅游景区等旅游企业合作，通过购买服务形式服务旅游市场，既解决旅游市场需求又解决就业问题。二是培训不同景区地域特色菜系厨师：结合盘州地域特色，根据不同旅游景区不同民族文化，对各旅游景区旅游酒店、乡村旅馆（农家乐）的厨师进行精准培训，推出了全竹宴、银杏宴、牡丹宴等地方特色菜系。

2017 年为迎接"2017 年妥乐论坛——中国—东盟国际产能合作"召开，盘州市创新性地以考核代培训的形式进行全域旅游讲解员培训，提升盘州各景区讲解员的思想意识、业务技能和服务质量。本次培训共计 85 人次，人员招募分为"网上招募＋景区讲解员推荐"两种方式，以"理论＋实操"的考核方式进行。以此次考核培训为契机，规范盘州各景区讲解员持证上岗，打造盘州旅游新形象，传递盘州旅游"好声音"，取得了良好成效。

（三）建立专家智库，为旅游发展提供外力支持

盘州认识到旅游系统要注重旅游智库建设，用好柔性人才政策，让智库专家通过不同渠道，发挥服务决策、引导舆论、集成智慧、培养人才和交流平台等作用。建立旅游智库工作制度，支持智库专家的研究工作，把专家"金点子"转化成创意产品、政府决策作为重要任务，旅游发展的顶层设计、重要战略和重大决策等要广泛听取专家建议及意见。

盘州市聘请北京华汉旅规划设计研究院 10 多名专家建立规划人才专家库，标志着盘州市旅游行业拥有了一个高质量的智库，开启了全市旅游决策咨询和智力支持专业化、规范化的新局面。智库专家对盘州市《岩博彝人谷生态旅游观光园景区（详规）》《岩博彝人谷生态旅游观光园景区总体规划及重点区域修建性详细规划》《"万亩梯田"旅游开发项目总体规划》等景区景点的规划进行评审，提出了宝贵意见，促进了盘州市全域旅游的发展，努力把专家智库建设成为旅游联系交流的桥梁纽带，在交流互鉴中不断提升盘州市旅游发展的质量。

▲ 国家全域旅游预验收专家组到盘州调研

"我们这几年在做什么？做基础产业，做基础设施，做服务业，现在和将来我们在做城市品牌。这四大项我们抓起来得到实惠了，盘州现在发展就非常迅猛了。"2019年4月12日下午，盘州市人民政府副市长路振在与本次编撰小组成员座谈时这样说道。盘州，厚积薄发之城，迸发出不可小觑的力量。2018年12月4日，中国社会科学院发布《中国县域经济发展报告（2018）》，盘州位列全国综合竞争力百强县（市）第56名。

"从2017年，把旅游作为发展质量的一个抓手这个观点，在盘州这片土地上没有任何争议，从老百姓到干部到领导各个层面，包括我们盘州在外面工作的人，都认为盘州对了，这条路走对了。"在谈到关于盘州市近年旅游发展的转变之路时，路振副市长眉宇间洋溢着对这片蓬勃之地的浓浓自豪感。2011—2017年，短短七年时间，盘州在"以旅游为抓手推动县域经济"这条路子上走出了属于盘州人民自己的"盘州自信"。

自此，盘州这座贵州西南小城仿佛被按下了"快进键"……

盘兴高铁开工建设，刘官至粑粑铺快速通道建成通车，两刘线基本建成，盘州成功创建省级"四好农村公路"示范县；盘州官山机场获国家批复，英武水库等重大项目进展顺利；普定至盘关、玉舍至普田2个高速公路项目纳入《贵州省新时代高速公路建设五年决战实施方案》；平川北路、金秋南路、胜境大道延长线、北环大道、西环大道、纵三跨沪昆高速大桥和竹海东路上跨铁路桥等市政道路建成通车；恒大、碧桂园集团等城市综合体项目快速推进，城市发展承载能力、辐射带动能力进一步增强，城镇化率达49.51%，区域性节点城市初显雏形。

"景点旅游主要依靠的是旅行社来接待团队客人，全域旅游主要是依赖于公共服务来服务散客。"北京联合大学旅游学院教授李柏文认为，现阶段对全域旅游公共服务提出明确要求，主要用意在于构建面向散客的旅游接待与供给体系，应对大众化和自助化的旅游发展趋势。"完善和发达的旅游公共服务体系，有助于解决我国旅游业发展过程中长期存在的最后一公里问题。"[1] 2017年政府工作报告中"全域旅游"一词首次被写入其中，在此之后"主客共享"一词在全域旅游中的意义被更多学者所研究，有学者提出"主客共享"的休闲目的地不仅要为外来游客提供优质的服务，还要充分考虑"生于斯、长于斯"的本地居民的利益。居民可以从休闲中享受高品质的生活，且居民本身也是游客体验的兴趣点，两者不再是非此即彼的关系[2]。

▲ 煤海新城

---

① 王洋. 加强公共服务，让人民群众更有获得感[N]. 中国旅游报，2018-04-03.
② 吴尹. 全域旅游之主客共享——以浙江千岛湖为例[J]. 旅游纵览（下半月），2018（5）.

一、"贵州最靓西大门"之交通开放密码

在盘州，山从来都不是望眼欲穿的无奈，而是沧海桑田变幻中大自然赐予的希望。1638 年，明代著名旅行家徐霞客前往盘州，便有了"然是城文运，为贵筑之首……非它卫可比"的辞藻流传于世。20 世纪 30 年代，盘州历史文化名人张道藩力主将 320 国道贵州西段经过盘州，奠定了盘州"贵州西大门"的地位。截至目前，境内通车里程达 6300 公里，其中：高速公路 174 公里、国道 248 公里、省道 552 公里、县道 1202.7 公里、乡道 1660.5 公里、村道 2462.8 公里，实现乡（镇、街道）、行政村通沥青（水泥）路、通客车率 100%，公路密度达 155 公里 /100 平方公里。以高速、国省道为主的"五横四纵"主骨架公路网已形成；沪昆高铁，南昆、水红、盘西铁路在主城区交会；低空飞行项目投入使用；农村公路纵横交错、联结千家万户；产业公路承载希望、延伸未来。畅达八方的立体交通新格局使盘州地域"时空距离"不断缩小，实现主城区 30 分钟、境内 60 分钟、周边节点城市 90 分钟的通达目标，带出了盘州发展的"加速度"，沪昆高铁、盘兴高速和即将建成的城际高铁、官山机场，更是为盘州融入"一带一路"对接东盟提供了良好的交通条件。

（一）盘州航空的开"盘"之势

1. 盘州的首座民用支线机场

2017 年是盘州航空业的开"盘"之年。

2017 年 3 月，取得南部战区对盘州民用机场项目选址的初步意见。

2017 年 4 月，中国民航局以民航函〔2017〕488 号正式对盘州民用机场选址进行了批复，同意将滑石场址作为贵州盘州民用机场的推荐场址。盘州官山机场环境影响评价第一次信息公示。

2017 年 6 月，在盘州召开了盘州民用机场预可行性研究（立项）报告评审会及现场踏勘。

2017 年 11 月，取得民航局综合司关于盘州民用机场的复函，同意盘州民用机场命名为"盘州官山机场"，英文名称"PANZHOU GUANSHAN AIRPORT"。

2018 年 1 月，机场项目立项请示报告上报至国务院、中央军委，国务院批转国

家发改委承办审查。

2018 年 2 月，在北京召开了项目立项二次评估会，并于 3 月形成正式评估报告报国家发改委。

2018 年 11 月，中央军委联合参谋部对项目审查意见反馈至国家发改委。

2019 年 4 月，取得《国务院中央军委关于同意新建贵州盘州民用机场的批复》。

盘州官山机场场址位于盘州市鸡场坪镇，距盘州市新城直线距离 26 公里、公路距离 34 公里，该项目于 2017 年 1 月纳入《中国民用航空发展第十三个五年规划》中，2017 年 2 月纳入《全国民用运输机场布局规划》中，机场性质定为国内民用运输支线机场，飞行区等级为 4C。主要建设内容为：新建一条长 3000 米、设置双向 I 类仪表精密进近系统的跑道，6 个 C 类机位站坪，8000 平方米航站楼，7000 平方米停车场，以及通信、导航、气象、供水、供电、航油等配套设施。

官山机场的建设，一是有效改善我国西南地区的交通条件，完善盘州市综合立体交通运输体系；二是增强国防建设，促进军民融合发展，同时可有效提高盘州市应急救援能力；三是有利于推进中国—东盟国际产能合作妥乐论坛暨中国对外投资洽谈会妥乐分会成果应用，切实助推盘州市产业转型升级；四是有利于盘州市旅游等资源的开发和产业结构的调整，加速经济社会的快速发展。

2. 平台搭建

为推进支线机场项目建设，盘州市委、市政府分别于 2016 年 12 月和 2017 年 2 月批准成立盘州市航空产业投资开发有限责任公司（以下简称"航投公司"）和盘州市官山机场有限责任公司（以下简称"机场公司"），两个公司合署办公，即"两块牌子一套人马"。航投公司主要负责机场建设及临空产业区建设的所有资金框架搭建及筹措，重点做好机场前期资金（不纳入机场建设部分）筹措、产业区基础设施建设投融资管理及产业的引进管理等工作；机场公司主要负责争取机场建设专项资金、贷款贴息补贴等机场建设运营补助以及机场建设运营工作。

3. 全域发力

临空产业经济规划区。盘州机场已纳入相应规划，是贵州省"一枢十六支"民用运输机场布局的支线机场。市航投公司以机场建设为核心，同时规划了临空产业经济区，紧密依托机场并服务于航空运输产业，保障盘州官山机场高效运作的重要配套服务产业。临空产业区包含航空物流、健康医疗养老、通用产业、生态旅游、电子商务、航空高新产业、大数据产业及文化创意等相关产业。

航空物流。通过引进国内知名航空物流企业进行合作，将航空物流产业打造成覆盖滇、黔、桂，辐射东南亚的西南航空物流基地。预计 2021 年实现航空物流实体化运营，2025 年盘州官山机场货运吞吐量为 3000 吨，2035 年达到 8000 吨。

健康医疗养老。主要通过引进国内知名健康医疗养老企业进行合作，结合哒啦仙谷现有资源，新建一个集老年公寓、健康体检中心、运动疗养中心、家庭疗养酒店和服务中心为一体的健康疗养休闲中心，全力打造"旅游—保健—疗养"的健康产业链，充分利用和整合哒啦仙谷、交通优势、凉都优良的气候资源，建立国家级的健康医疗养老产业。

通航产业。主要通过整合盘州市现有通航资源，做大做强通航公司，完善配套通航产业，2018 年整合市属通航企业入驻临空产业区开展通航业务，形成覆盖全市的通用机场体系和辐射周边的通航网络。完成贵州通航示范基地建设，配套建设通用航空俱乐部、航空教育培训基地等通航配套产业。立足盘州市，覆盖六盘水，辐射贵州全省及西南地区，放眼全中国开展通航业务，形成盘州市"水陆空"立体旅游模式，迈向国际一流旅游精品大城市。

生态旅游。根据哒啦仙谷原有生态、旅游等优势，整合资源，形成贵州生态旅游基地，重点发展生态农业，与临空产业区健康、医疗、养老互动发展，打造成全市生态农产品提供基地。

相关配套产业。临空产业区根据业务发展需要，结合自身优势，按照关联性的紧密程度，实施引进、布局航空运输维修服务业、航空旅游、会展经济和高新技术产业等产业。

（二）织密盘州铁路网

1. 区位条件

国家综合运输通道的重要结点。盘州位于滇、黔、桂三省

▲ 盘州航空执行救援任务

（自治区）接合部、六盘水市西南部，是贵州通往云南的西大门。国家《"十二五"综合交通运输体系规划》中提出了"五纵五横"综合运输大通道的布局方案，盘州处于上海至云南瑞丽的横向运输大通道之中，是贵阳至昆明通道上的一个重要节点。

"西电东送""黔电送粤"和"黔煤外运"运输通道上的重要电源点和输出基地。盘州作为全国重点产煤县之一，素有"西南煤都"之称，煤炭远景储量达380亿吨，探明储量达127亿吨，约占贵州省煤炭储量的15%，占六盘水市煤炭储量的60%，经过半个多世纪的发展，盘州已经成为全国重点产煤县和重要电源点，是长江以南最大的产煤地。

盘州是六盘水经济区、滇黔桂经济区贵州西部经济带的重要组成部分。盘州地处滇、黔、桂三省（自治区）接合部，在资源禀赋、产业发展和文化传统等方面与区内其他城市有着密切联系，在经济、文化、科技、旅游和基础设施建设等众多领域有着合作的坚实基础。凭借贵州西部通往云南的门户、贵昆通道上的重要结点和六盘水市经济发展"双极"之一等优势，成为滇黔桂经济区贵州西部经济带的重要组成部分。

2. 盘州的"高铁时代"

"盘兴铁路开工建设，是六盘水市和黔西南州经济社会发展中的一件大事、喜事。该项目的建设，对于贯彻落实国家脱贫攻坚战略部署，促进区域经济一体化，加快建设

▲ 盘州市公路交通网络建设

▲ 盘州高铁站（左）与普安县高铁站（右）

内陆对外开放新高地，促进六盘水市和黔西南州经济社会发展，优化完善国家铁路网布局等具有重要意义。"沪昆客专贵州公司盘兴铁路建设指挥部指挥长吴青山说道。①

2014年12月26日，贵广高铁建成通车，贵州开启了"高铁时代"。自此，贵阳市至黔南州都匀市不超过60分钟。

2016年12月28日，贵阳至昆明段通车，标志着沪昆高铁全线通车。自此，贵阳市至盘州市只需90分钟。

2018年1月25日，渝贵铁路正式投入运营。自此，贵阳市至遵义市不超过1小时。

2018年12月28日，盘州至兴义铁路开工仪式在兴义市清水河镇举行。

2019年年底，成贵高铁将正式通车，这也意味着贵阳市至毕节市的高铁也即将通车。

自此，"市市通高铁"在贵州这片土地上变成现实。盘兴高铁就是这最后一环，而盘州作为盘兴高铁的北起点，向南经保田镇至兴义南站，全长98.3公里。全程在盘州市境内设置盘州站、保田站两个站点。盘兴铁路的建设完成后，盘州市将顺利搭乘沪昆客运这条专线融入国家高铁网，具有十分重要的现实意义。

（三）深耕"旅游最后一公里"

1. "农村组组通、通村村"

2018年"四好农村路"暨农村"组组通"公路建设观摩会在盘州举行，"盘州经

① 邢贵龙，韦欢.盘州至兴义铁路开工建设［N］.黔西南日报，2018-12-29.

▲ 盘州英武镇落细村景区公路

验"在全省推广，并成功创建省级"四好农村路"示范市，在农村公路"组组通"建设过程中，盘州市始终坚持"建设＋扶贫"和"养护＋扶贫"的原则，在公路建设和养护方面的工人优先录用当地建档立卡贫困户，让更多群众就近就业，在公路建设过程中进一步提升群众获得感。早在2016年盘州市就提前谋划农村"组组通"公路建设，并完成2874公里的项目入库，2017年8月31日贵州省启动农村"组组通"公路建设大决战时盘州市已完成300公里的建设任务，2018年盘州市实现100%村民组通硬化路。

目前，盘州市已建成25个农村客运站，乡镇客运站拥有率达97%，开通客运班线98条，覆盖100%的乡镇府驻地，可直达5个省份和10多个中心城区。开通盘州市农村公交线路8条，投放农村公交车42辆、计划投放通村村客运849辆。盘州市内通往各景区公路达二级以上标准，抵达各乡村旅游点的旅游公路均达到国家公路标准规定四级以上标准。

18厘米与30兆帕组成的群众幸福路

"厚度18厘米，强度30兆帕以上。"在盘州市普古乡水坝村"组组通"建设公路

▲ 通往海坝乡村旅游点公路

的边坡上，几个用红色油漆写下的字样清晰可见。18厘米指混凝土路面厚度，30兆帕则是混凝土强度。

"盘州建设的'组组通'公路，全部采用这项标准，而且聘用当地的群众当监督员。"盘州市交通运输局局长范友忠介绍，这种方式简单易懂，群众一看就知道路面是否达标。

据统计，贵州省"组组通"公路开展建设以来，沿线受益群众967.1万人，涉及建档立卡贫困群众180余万人，助推农村产业发展500余万亩、乡村旅游村寨突破3500个；带动群众增收81.2亿元，其中带动贫困群众增收27.1亿元。[①] "产业有了新出路，生活有了新变化、农村有了新面貌、旅游有了新突破。"张胤说，路通了不仅改变了边远贫困地区的交通状况，也为乡村带去了人气与财气，成为群众获得感最直接的来源之一。"组组通"硬化路不仅解决了山民出行难问题，其衍生效应也不断显现：承载着乡村发展的未来，唤起了村民回乡发展产业脱贫致富的信心。

如今，一条条通组路在贵州山间盘旋起伏，将镶嵌在青山绿水的村村寨寨串点成线，成为群众的幸福路。

---

① 张恒.【组组通　通幸福】"最后一公里"凝聚百姓心［N］. 中国党刊网，2019-01-24.

2. 通景道路交通

目前，盘州基本形成了"五横四纵一环线"交通骨架，实现"金彩盘州"全域旅游集散中心到乌蒙大草原、哒啦仙谷景区、妥乐景区、丹霞景区、大山丫新民梯田温泉等10个旅游景区"1小时"内通达。其中妥乐古银杏、乌蒙大草原、娘娘山国家湿地公园和哒啦仙谷等旅游景区（省级旅游度假区）均已开通景区专线道路，按照国家2级以上公路标准建设完成，已投入使用，极大地提升了景区的进入性。现已实现红果1小时内通达曲靖、六盘水、兴义等周边城市，2小时到达昆明、贵阳、毕节等省内外重要城市，至南宁的最快运行时间缩短至3小时以内。

盘州现在正在建设的"88公里樱花大道"，目前已建设完成40多公里，逐步完善街区的景观化、城市公共服务设施的休闲化，取代传统旅游景点景区的功能，突破"景点"与"非景点"的对立，实现从"点"到"面"的延展。

3. 景区内部交通

盘州现已成立旅游车队，共有客车22辆，600余座，开通了六盘水市、红果城区和盘州高铁站至各旅游景区、乡村旅游点旅游专线交通车；盘州古城、刘官胜境温泉、九龙潭和沙淤景区开通了城市交通车，各景区开通旅游观光车，优化旅游公共服务运输方式，解决旺季公共交通出行"最后一公里"的问题。

▲ 娘娘山景区通景公路

▲ 沙淤景区通景公路

二、"盘州智慧旅游"之运营操盘四部曲

盘州市全域旅游大数据运营服务平台项目被贵州省大数据发展领导小组评为"大数据与实体经济深度融合省级标杆项目"。盘州市全域旅游大数据运营服务平台是贵州省"万企融合"大行动旅游行业入选的十个标杆项目之一，也是六盘水市唯一一家荣获服务业（旅游）标杆的项目。盘州全域旅游大数据运营服务平台以一部手机管旅游、一部手机游盘州、一个引擎卖旅游和一朵旅游云迈入数字经济时代的"四个一"工程为主要骨架。

（一）"一部手机游盘州"

盘州全域智慧旅游项目主要围绕旅游服务、旅游营销和旅游管理等方面进行建设。其中，旅游服务主要针对自助游旅游者提供旅游咨询、导览、导游、导航、分享评价和实时信息推送等智能化服务系统和功能。通过"盘州游服务"和"金彩盘州"等微信公众号平台即可实现。

"盘州游"服务是贵州金彩盘州旅游电子商务公司研制开发的综合旅行服务平台，

▲ 乌蒙大草原景区内旅游公路

旨在为用户提供更便捷、更高性价比的出行服务。盘州游服务以旅游发展为核心，利用自身的景区旅游资源结合盘州底蕴深厚的民族文化打造盘州特有的出行旅游，为游客提供旅游的"食、住、行、娱、游、购"一站式综合服务，为游客出门旅行提前做好出行规划。盘州游服务目前提供盘州境内多家酒店、民宿、客栈和酒店式公寓在线预订服务；提供多条出境旅游线路，并提供租车、订购旅游商品和农特产品等一站式服务；覆盖全县多家付费景点门票，线上预订一键预约。同时在盘州游服务上，可以方便快捷地规划行程，分享旅行见闻，发现更多精彩；专享酒店，免押金、免查房、免排队，随时查看热门旅游目的地攻略，旅游指南、行程游记、景点和美食购物全掌握。

例如：智能导游与电子讲解（妥乐古银杏之乡、娘娘山湿地公园、哒啦仙谷景区、乌蒙大草原景区）；玩转盘州（盘州景区、美景美文、旅游视听、3D畅游盘州、盘州微商城）；我要预订（盘州特产、酒店预订、民族服饰、所有商品）。

（二）"一部手机管旅游"

盘州市智慧旅游平台的建设主要包括三个部分，通过完善调度指挥中心、大数据中心及游客体验中心的建设主推盘州市旅游的智慧全域管理。

智慧调度指挥中心主要是通过物联网建设将整个景区的人流、车流的相关数据集成进来，为景区的管理者和行业主管部门提供客流疏导和人流疏导的依据。为游客在处理一些投诉事件和求助事件时及时响应，给游客提供一个安全舒适的旅游环境。

大数据中心全数据信息采集，依托于统一的、多维度的和多层次的盘州旅游大数据综合展示，为盘州智慧旅游平台运营商、旅游监管部门提供直观、清晰的旅游大数据分析结果。通过集成云数据中心提供的旅游区域内全产业数据信息，对区域内所有游客数据、景区接待数据等进行智能分析，为辅助全域旅游建设的监管、经营、服务和决策提供数据依据和决策支持。

旅游监测指挥平台是盘州市全域旅游市场综合协调、旅游投诉统一受理、旅游案件联合查办和旅游应急集中指挥的场所，平台实现对入境客流、车流情况，城市交通和景区道路拥堵路况，酒店住宿和旅游投诉情况，旅行社和集散中心旅游大巴运营情况等信息的采集和全面监控，并与智慧景区管理平台、大数据中心等数据实时对接，且预留了标准协议接口，能够实现省、市、县数据互联互通、开放共享，能够辅助管理人员做好对交通拥堵的疏导、对旅游投诉事件的处置、对旅游大巴车辆的调度、对突发应急事件的指挥、对联合执法人员的管理；并在景区层面上，强化景区对游客的接待与疏导、车辆的安置与调度、景区安全巡检与应急救援、景区卫生保障和服务提升等需要景区管理者履行调度指挥职能相结合，形成旅游管理部门和景区"上传下达，下情上悉"的管理模式，从而有助于充分发挥旅游主管部门和景区管理者在加强旅游市场监管、规范旅游市场行为、维护旅游市场秩序和保障旅游市场生态等方面的作用。

盘州市智慧景区管理平台从加强景区管理、做好景区运营、提升景区服务、维护景区安全等方面为主要出发点进行建设，辅助景区做好游客的接待与疏导、车辆的安置与调度、景区产业的运营与管理、景区卫生保障与环境治理、景区服务质量与游客体验度提升等工作。通过各系统平台的汇总，形成行业管理平台、产业管理平台、应急指挥执法平台、舆情监测平台、视频监控平台、项目管理平台以及营销管理平台。

其中行业管理平台是面向旅文投用户使用的业务系统，为旅文投管理好旗下景区、酒店、餐饮和农家乐等产业提供便捷的管理工具和科学的管理手段。平台从产业的客流接待和经营收入情况、产品服务的口碑和投诉情况、各产业的客户关系管理等方面进行分析，为旅文投相关决策提供辅助依据。

应急指挥执法平台是旅游联合执法部门现场执法时所使用的移动端系统平台，通过成立以旅游局为主导，工商、税务、公安、消防和交通等多部门为成员单位的旅游联合执法领导小组，有助于加强旅游市场监管，规范旅游市场秩序，打击旅游违法行为，维护旅游市场生态。执法人员现场执法时可通过联合执法 App 远程实时回传现场图像、音频、视频等证据，涉及复杂案件时支持在线会商决策，以群策群力、联合协同的方式实现对多类型违法行为案件的统一闭环管理。通过案件沟通室完成公安、物价、工商以及旅游等部门间的及时衔接与沟通，迅速解决问题。

舆情监测平台主要是为了实现盘州市全域涉旅舆情信息的及时抓取、科学分析、实用统计、语义判定和报告总结等，帮助旅游主管部门研判盘州整体舆情形势和发展态势。并实现盘州市与周边城市（钟山、六枝、水城）的竞合分析，比对各市、县之间相同监测项目在不同舆情类别上的优、劣势，帮助主管部门梳理后续监管工作的重心及侧重点。

视频监控平台包括景区视频监控、集散中心视频监控、停车场视频监控。营销管理平台紧密围绕"营销"这一核心，按招商引资、旅游行业联盟、游客关系管理、渠道建设、品牌管理、精准营销和促销管理等维度进行建设。为盘州旅游企业与个人提供合作渠道；为盘州旅游行业联盟提供线上支持平台；为线下资源找到线上传播渠道，为线上渠道找到线下旅游资源；为线上线下旅游企业提供业务渠道建设服务。

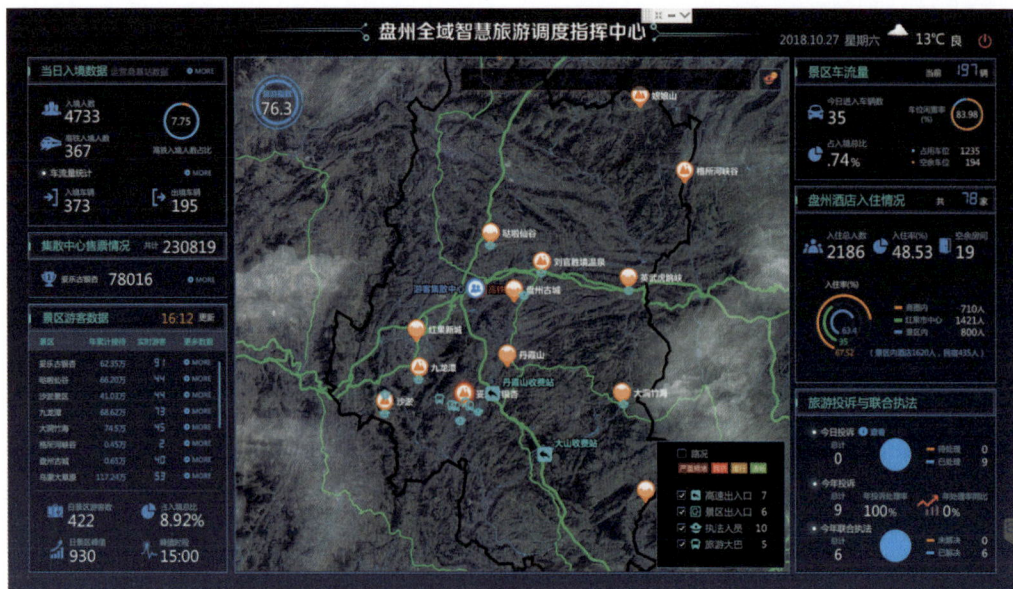

▲ 盘州市全域智慧旅游调度指挥中心平台

（三）"一个引擎卖旅游"

盘州智慧旅游是一个开放的大平台体系，对外对接智慧城市天网系统，"互联网＋旗舰企业 BAT"（百度、阿里、腾讯），第三旅游电商企业 OTA（携程、同程、去那儿、驴妈妈、嘀嘀民宿等）。同时盘州正在创建自己专属的旅游 App 软件。对于为何不与大型旅游平台合作，路振副市长给出了这样的解释，"携程、美团这种受众群体广泛的平台是有强大的优势，但其针对的是一二线旅游资源的整合，对于我们盘州这种情况无法做到细微服务，我们盘州自己做的引擎即使未来被其他大平台收购，也是我们盘州准确细微的旅游咨询软件"。

盘州智慧旅游为游客和涉旅企业提供统一的电子商务平台，结合手机应用和盘州官网，为游客提供便捷的旅游服务，为涉旅企业提供与游客直接沟通的渠道，为政府提供星级信用服务评价。

（四）"一朵旅游云迈入数字经济时代"

2017 年的两会，作为数字经济最为成功的践行者——腾讯董事会主席兼首席执行官马化腾提出建议案，倡导大力发展数字经济，实现中国经济创新增长的新动能。与此同时，数字经济首次写入《2017 政府工作报告》，被视为撬动中国经济高速增长的新动力。

盘州旅游大数据概览，将实时统计盘州智慧旅游平台的当前运营概要数据和当前旅游资源数量，具体数据项包括累计客流量、累计在线交易额、在线可预订商品总数、景区数量统计、酒店数量统计、农家乐数量统计和旅行社数量统计等。"通过一朵旅游云迈入数字经济，通过发现数字的价值来为市委、市政府的决策参考，对于企业提高以后的投资水平有很大的作用。"盘州市旅文投总经理韩超说道。

三、"金彩幸福盘州"之全民共建共享

幸福小故事："金彩盘州，全域旅游"小小旅游卡

这一张小小的盘州旅游卡是盘州市近年来全民共建共享旅游业的一个缩影。在与

旅文投韩总交谈中他提到："我们也做了一个小小的实践工作，我们制定了一个'金彩盘州，全域旅游'卡，就是实现观光型景区全年度无限次入园，体验性景区打折包括体验性项目优惠的一系列活动。我们做了两个价位，一个是绿卡99元，这个相对目标人群是市民，通过发行这张卡使市民进景区就像进公园一样，是不要钱的。还发行了一张199元的金卡，区别在于金卡里面含一晚房费，目标消费人群就是外地游客，含一晚房费相当于优惠政策，如果得到客人的认可想要反复住宿还可以打八折，其实就是对'城市才是真正的游客集散中心，景区就是城市配套的公园'这句话的现实写照。"

（一）"全域化"咨询服务网络

1. 旅游标识信息系统

旅游信息咨询全面化建设的格局，为游客提供权威、全面、精准、确切和可靠的旅游信息，构建和完善全市旅游公共服务体系。现有盘州全域旅游信息系统集聚推介全域旅游新产品、新路线、新景点，游程信息天气询问、住宿咨询、旅行社服务情况问询及应注意事项提醒等方面的咨询服务。包括与各旅行社签订合作协议，为散客、自驾游等旅客提供旅游信息服务。

2. 第三方服务商合作

借助美团、携程等大型服务商的同时，通过互动方式进行民宿、农家乐的预订，游客可通过官方App系统中的"嘀一下"按钮，发出民宿或农家乐预订需求，附近商家可抢单，游客可从众多商家中挑选最合适的商家，前往消费。

3. 全域覆盖"i盘州"

随着互联网时代的迅速发展，人们日常的生活也越来越离不开网络。与时俱进的盘州在全域i盘州的全面覆盖，在全市重点景区、商场、户外公共休憩区、公园和公交站等户外区域设置免费Wi-Fi开放区域，采取限时免费开放的形式，方便旅游者进行自助查询；同时配备手机充电器及固定式充电线，满足游客手机充电需求。同时各大商场、商店内部实施Wi-Fi全覆盖，为旅游者提供便捷的上网服务。

4. 运营支撑系统

商家加盟审核运管人员通过运营支撑系统的商家加盟审核功能，实现对商家加盟申请的审核，保证加盟商家的资格真实性和经营合法性。

二维码分发基于二维码分发系统，系统对每个注册商家生成唯一二维码，商家打印后，可自行张贴于店内，引导游客在购买商品后通过扫码支付（支付方式包括微信支付、支付宝支付）。

商家信用监管运营人员定期采集游客投诉信息和商家评价信息，对服务质量差、服务信誉低的商家，做出对应的警告、歇业整改和加入黑名单等不同程度的处罚。

（二）"全方位"交通服务设施

1. 多彩贵州，最美高速

为不断提升贵州省高速公路服务工作质量，满足社会公众出行需求，自2014年11月以来，全省开展"多彩贵州·最美高速"创建活动，参照交通运输部两年一评的标准，坚持"统一领导、分级实施、严格标准、宁缺毋滥"的原则，省新时代"多彩贵州·最美高速"创建工作联席会议办公室组织有关单位，对全省已开通运营的高速公路服务区、收费站的服务质量进行了考核评定，命名省级示范服务区6对、省级优秀服务区16对；省级示范收费站22个、省级优秀收费站42个；"多彩贵州·最美高速"文明大道10条；"多彩贵州·最美高速"创建工作先进单位50家。其中盘州市在"最美"高速服务区、收费站、文明大道等各项中荣耀夺目。

▲ 盘兴高速

表4-1 2018年"多彩贵州·最美高速"系列

2018年"多彩贵州·最美高速"省级示范服务区	
优秀服务区	鸡场坪服务区威板高速（S77）六盘水市—盘州市
优秀收费站	民主收费站威板高速（G60）六盘水市—盘州市 盘州东收费站威板高速（G60）六盘水市—盘州市
2018年"多彩贵州·最美高速"创建工作先进单位	
六盘水市盘州市"多彩贵州·最美高速"创建办	
2018年"多彩贵州·最美高速"文明大道	
威板高速（S77）盘兴段所属六盘水市黔西南州，路段内收费站包括：盘州东、丹霞、民主、大山、保田、普田、清水河、品缅，路段内服务区（停车区、独立加油站）包括丹霞服务区、保田服务区、马岭停车区	

2. 全域覆盖，科学树标

在全域旅游集散中心或重要旅游公路交叉口，设置全域全景图；游客集中场所设置旅游导览图，旅游公路设置旅游交通标识，重要景点景物设置介绍牌。

运用全域旅游思维，改造公共导览标识。统一颜色、规格、内容、形式和语言类型，构建协调统一的全域旅游标识体系。通过高悬、墙挂和地面标识三种形式，从人体舒适角度出发，科学设置旅游导览标识。

旅游标识无死角覆盖。盘州在旅游咨询中心、交通站点、游客服务中心、停车场、高速公路或重要旅游线路的出入口、岔路口等游客公众场所建立旅游标识信息系统，在旅游信息标识不足区域重点加强，满足旅游导览需求。

旅游标识全域化引导。按照全域旅游发展思路，将旅游景区与旅游服务场所引导标识、社区生活标识有机整合，实现旅游导览信息全域化。

旅游标识智慧化提升。针对变动性旅游信息提示标识，采取"传统标识+智慧显示"的方式，随时调整指示信息，方便游客及时获取信息。

3. 生态停车，智慧出行

2018年，中国国内自驾游已经达到5.8亿人次，对于日益增加的自驾游客量，盘州全面提升市内停车场的建设，建设智能化停车场，为本地市民及游客的出行和游玩提供便利。

▲ 大洞竹海景区内旅游公路

　　盘州市首个生态环保机械式立体停车场位于盘州市党政大楼，整个停车场采用分布式光伏发电，利用太阳能。同时在日常运行光照不足的情况下，利用充电桩来保证正常运行。下一步将与电网公司进行合作，将多余电量返给电网公司，合理有效使用。盘州市规划 3 ~ 5 年共建设 137 个这样的立体停车点，其中红果主城区 81 个点。建设完成后，车位将达 5 万个。停车场采用多层机械式升降横移智能立体停车设备，既解决了高峰时段存取车流大的问题，又保障了高密度停车要求，同时也兼顾了大型越野车的停放要求。

　　自盘州市首个生态立体停车场建成并使用以来，实际停车数翻了 10 倍，总停车数量达 223 台，该设备共分为三个库，其中一号停车库 6 层共停车 68 台，二号停车库 6 层共停车 62 台，三号停车库 6 层共停车 93 台，整个停车场能停放重达 2.5 吨车辆，停放车辆长度达 5.2 米，宽达 2.2 米，高度达到 1.98 米的大型越野车辆，空间利用率也提高了 70% 以上。

（三）"全领域"旅游厕所革命

1. 厕所革命，成效显著

四年多以来，盘州市树立"小厕所、大民生"的理念，推动旅游厕所建设和管理，会同国土、住建、交通等部门、各乡镇街道以及各涉旅平台公司，通力协作、齐抓共管，合力推进旅游厕所革命的规划、建设和管理各项工作。盘州市共建设旅游厕所 230 余座，其中，纳入国家旅游厕所系统管理 114 座，获得 2A 级旅游厕所称号 14 座，A 级旅游厕所称号 36 座，获得六盘水市"十佳旅游厕所"称号 3 座。盘州市共投入资金 9000 余万元，基本实现旅游厕所全域布局，旅游景区、旅游集散区域、旅游线路沿线等重点区域覆盖 A 级旅游厕所，遇到重大节假日开展专项督查，确保节假日厕所正常、干净使用，形成常态化的管理机制，至今未接到过旅游厕所的投诉，旅游厕所革命推进成效显著，助力了全域旅游基础配套设施的全面升级。

2. 脱贫攻坚，改善民生

盘州市参照《旅游厕所质量等级的划分与评定》国家标准，结合地方文化特色，对照 A 级旅游厕所建设标准，推动新建、改建旅游厕所建设，每年制订旅游厕所建设计划，并将旅游厕所纳入"十件民生实事"来推进，采用先进技术和设备，保证厕所设施完备、功能实用、外观整洁、内部干净；充分考虑特殊人群的需要，充分体现对儿童、老年人和残疾人等特殊人群的人文关怀，根据原国家旅游局的要求，有序推进第三卫生间的建设。并针对各厕所项目积极开展旅游厕所建设专题培训，指导项目业主按照标准建设旅游厕所，并积极开展项目督查，确保旅游厕所按时保质完成建设。

盘州市对旅游厕所实施定人、定点、定坐标挂牌管理制度，对全市旅游厕所进行编号挂牌管理，明确旅游厕所管理主体责任，建立旅游厕所相关管理制度，落实"一厕一人"负责制，做好旅游厕所的日常维护和清洁工作，确保设备正常使用；将旅游

▲ 大洞竹海景区旅游厕所外部景观

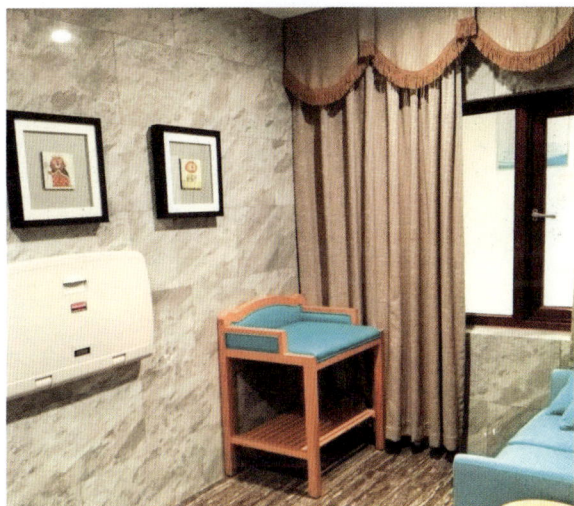

▲ 妥乐古银杏景区旅游厕所配套母婴室

▲ 大洞竹海景区厕所等级牌

厕所管理工作纳入年度全城旅游工作目标考核，营造干净、规范、安全的厕所环境；积极探索设立和完善旅游厕所管理公益岗位，优先安排贫困人口就业，推进旅游扶贫。目前，全市有旅游厕所管理人员达 130 余人，其中贫困人口 70 余人，有效带动 50 余户贫困人口脱贫致富。

3. 精心设计，缔造良品

盘州市按照景区景点、旅游交通沿线、游客集散点和乡村旅游点 4 类因地制宜地作出规划。在妥乐古银杏、乌蒙大草原、娘娘山国家湿地公园、大洞竹海、格所河大峡谷等旅游景区景点游客集散、交通换乘等区域合理建设旅游厕所，按照"一景一特"的要求，认真做好旅游厕所的规划设计，结合地方特色文化打造别具一格的旅游厕所；按照每隔 30 分钟车程必须建设 1 座旅游厕所的要求，统一对水妥路、亦资孔至火铺连接线、金色大道（洞上洞至妥乐）、S217 界牌至羊场公路（保基至羊场）、雨普路延长线、南星至新民公路、雨普路等重点景区连接线沿线以及交通集散点做好规划布局，加快推进旅游厕所的建设。国家 A 级旅游景区厕所按照国家 A 级旅游景区、旅游度假区等的建设标准，根据景区发展需要，加大旅游景区厕所建设、改造。2018 年，完成全市 A 级旅游景区、旅游度假区、旅游集散中心等旅游标准化厕所的新建任务。

其他旅游厕所除国家级旅游景区外，全市各森林公园、水利风景区、乡村旅游景

▲ 盘州市全域旅游创建景区厕所

区、游客聚集点等区域厕所，其设计、建设与改造要与当地文化元素、地域特色相融合，按照标准化旅游厕所标准，采取新建或改造完成建设任务。

4. 智能科技，个性管理

一是大力推广信息技术、材料技术和能源技术在旅游厕所中的运用，实现"小厕所也能高科技"。例如，运用"互联网＋"信息技术，厕所管理智慧化程度显著提升，特别是针对"找厕难"这样的实际问题，借助信息系统探索推出了厕所精准定位和动态导航的"中国全城旅游厕所导航系统"，让游客用手机就可以一键搜索到附近2公里范围内的所有厕所。

二是积极探索个性化、市场化和社会化的建设管理机制，吸引更多企业参与厕所建设和运营管理，探索通过委托模式、认养模式等多种"以商建厕、以商养厕、以商管厕"的灵活方式，持续提升厕所市场化运作和经营管理水平，积极开拓厕所及其依托场地空间的衍生功能，探索"厕所＋商铺＋售票点＋停车点"等模式，推广承包经营、企业冠名赞助、商业广告特许经营、企业出资政府回购等模式；探索引进专业化、集团化、连锁经营的厕所管理公司参与厕所管理，由此推动厕所建设和管理的长效化、常态化管理，实现了厕所管理责任到位、免费使用、干净卫生等日常养护的基本要求。

（四）"多层次"旅游集散体系建设

目前，盘州市建设了19个旅游接待中心，其中8个已经投入使用，在建完工的

11 个中以"金彩盘州"全域旅游集散中心投资金额最大，其占地面积达 31132 平方米，建筑面积 42713.56 平方米，分别建设游客中心、票务中心、导游服务中心、摆渡车服务中心、旅游医疗救助中心、旅游会展中心、贵州旅游大数据——盘州市终端服务中心、旅游管理中心、文化旅游众创中心及停车场等基础设施。

"金彩盘州"全域旅游集散中心与盘州高铁站无缝连接，游客到达盘州后，可以直接进入集散中心，可以在这里购买到各景区的门票，可以直接通过配套服务旅行社客车直接到达各个景区，还可以享受到酒店的优质服务以及购物。"金彩盘州"全域旅游集散中心不可比拟的区位交通优势和完善的集散体系，从根源上做到了全域旅游的"集"与"散"。

"金彩盘州"全域旅游集散中心在外观建筑上极具代表性，从不同的角度诠释了盘州旅游。集散中心的外墙，是深浅不一、错落有致的曲线，它代表了贵州典型的喀斯特地貌；墙体上的洞穴，也就是集散中心的入口，代表了全国重点文物保护单位——盘州大洞古人类遗址，在 30 万年以前，盘州的土地上就有古人类生存的痕迹，"北有周口店，南有盘州大洞"。从空中俯瞰整个集散中心，整体建筑结构就像一把钥匙，盘州市位于贵州西部，被称为贵州西大门，而盘州市全域旅游集散中心，就是打开这座大门的钥匙，让盘州市的旅游、文化、风土人情走向全国、走向世界。

▲ 盘州市全域旅游集散中心

在内部功能上,"金彩盘州"全域旅游集散中心涵盖了智慧旅游指挥中心、票务中心、旅游会展中心、导游服务中心、旅游交通服务中心、旅行社、餐饮服务区、旅游特产商城和旅游酒店等;真正实现了旅游集散、住宿餐饮、旅游咨询、购物和智慧的功能服务体系,大大提升了盘州旅游服务能力。

在集散中心的票务中心内,游客不仅可以在票务中心购买到盘州市境内所有景区的门票、景区内部交通票、演出票、出行高铁票和机票等,还能享受到现场咨询、热水供应、共享充电宝和免费医药箱等便捷服务。

该中心还充分融入"互联网＋游和购"理念,建设旅游特色产品一站式展览和电商一条街,这里不仅有盘州的特色产品,同时也有东盟十国特色商品。盘州市为落实《妥乐共识》,在集散中心内建设有东盟产业园,发挥区位优势,积极融入"一带一路"战略、强化与东盟国家合作,建设了集展览、商贸、餐饮、休闲于一体的会展服务区。产业园不仅架起了盘州市与东盟各国交流合作的桥梁,也让盘州市民不用踏出国门,就能体验和接触到来自东盟各国的产品。

"金彩盘州"全域旅游集散中心建设项目荣登2017全国优选旅游项目名录,2017年全国旅游投融资促进大会上,国家旅游局会同国家开发银行等12家金融机构共同遴选推出了680个优选旅游项目,主要包括景区提升改造项目、生态旅游项目、乡村旅游项目、旅游综合体、旅游小镇及休闲度假旅游项目等,"金彩盘州"全域旅游集散中心建设项目荣登该优选旅游项目名录。此次遴选推出的680个优选旅游项目主要是综合考虑项目成熟度、开工条件、市场前景、示范引领和带动作用,"金彩盘州"全域旅游集散中心荣登《2017全国优选旅游项目名录》,有力地激发和推动了盘州旅游业的快速发展。

盘州，从偏居西南一隅的"煤城"到如今昂首阔步迈向东盟"双向桥头堡"和"100年不落后国际一流的精品旅游大城市"。从重重大山中的默默无闻到在妥乐这样的小山庄举行世界性论坛，成为中国与东盟建立对话关系25年来，第一个主办中国与东盟之间大型国际论坛的县级城市。辉煌成绩的背后，改革创新是动力源泉，协调发展是内在保障，国际思维则提升了盘州全域旅游乃至全面建设的发展格局。

盘州的国际思维，大致有两个方面：一是坚持生态文明建设可持续发展理念，在凝聚民心、改善民生的基础上，大力保持本土文化的原真性，重视人与自然的协调，走了一条与当下中国"拆旧修新"完全不同的道路，将人文生态作为盘州旅游事业乃至未来可持续发展的核心要素。二是大力实施"走出去"与"引进来"战略，全力推进与东盟国家产能融合发展，将城市品牌、文化交流、产业升级与旅游产业推进"更广阔的天地"中，对外开放从国内走向国外。与此同时，以国际标准作为自身发展的"最低"标准，以"三领一超"的要求，矢志不移地打造国际精品，重视国际标准，引领国际潮流。

世界潮流，浩浩汤汤。

妥乐论坛的持续召开，奏响了盘州融入"一带一路"大发展的最强音。人文生态的不断优化，保障了盘州未来百年的发展动力。更高标准的旅游设施正在使盘州成为世界瞩目的国际型旅游目的地。

一、国际品牌，妥乐论坛在东盟唱响金彩盘州的城市品牌

（一）妥乐论坛的发展历程

1. 2016年首届中国—东盟国际产能合作妥乐论坛达成《妥乐共识》

2016年11月16—17日，由中国—东盟商务理事会和盘州市人民政府共同主办的中国—东盟国际产能合作妥乐论坛（以上简称"妥乐论坛"）在贵州省六盘水市盘州市妥乐村召开。中国和东盟国家政府官员、著名专家、业界巨擘、企业家代表和新闻媒体代表等303人出席论坛，本次论坛主题是"融入海上丝绸之路，增进国际产能合作"。与会的中外嘉宾就国际产能合作、服务机制构建和项目对接合作等进行了探讨。论坛在平等、开放、协商、共赢的原则下，与会代表达成如下共识：

一是深化互利合作是双方的共同愿望。中国—东盟产能合作具有深厚基础，对于促进双方经济增长、贸易往来、投资合作和产业转型升级具有重大的现实意义和深远的战略意义，符合彼此发展战略利益，是双方共同的愿望。在遵循商业原则、国际惯例的基础上，注重发挥各自的比较优势，开发潜力、深入合作，不断提升产能合作水平。

二是加强产能合作是双方的共同行动。双方愿通过产能合作加强经贸关系，激发双方业界的积极性和创造性，共同探索推进新形势下中国—东盟产能合作的模式、机制和渠道，从产能契合度高、合作愿望强和基础条件好的行业领域入手，增强合作实效，力求在更高起点、更广领域和更深层次上全面加强双边及多边产能合作。

三是建立交流机制是双方的共同需要。妥乐论坛是中国贵州省积极融入海上丝绸之路建设，增进贵州省与东盟国家产能合作、经贸交流的重要平台之一。定期举办中国—东盟国际产能合作妥乐论坛有利于双方增进了解、加强合作和共同融入海上丝绸之路，更好地利用中国与东盟两个市场，拓展发展空间、释放发展潜力，实现对内对外开放相互促进。

四是实现互利共赢是双方的共同目标。在2016年9月召开的中国—东盟领导人会议暨中国—东盟建立对话伙伴关系25周年纪念峰会上发布的《中国—东盟产能合作联合声明》，将推动双方产能合作进入新阶段。中国与东盟在产业与投资、能源与建材、农业与食品和特色旅游等方面具有广阔的合作前景，积极合作，推动双方产业优势互补发展，实现共同繁荣。

2. 2017年妥乐论坛，全面升级，深化开放

2017年11月9日，第二届中国—东盟国际产能合作妥乐论坛在盘州市妥乐村隆重开幕，本届论坛的主题为"融入海上丝绸之路，增进国际产能合作"。

中国入世首席谈判代表、博鳌亚洲论坛原秘书长龙永图，中国国际经济交流中心副理事长兼常务副主任、中纪委委员、政协十一届全国委员会委员魏建国出席开幕式并做主旨演讲。中国产业海外发展和规划协会秘书长和振伟，国家商务部亚州合作司副司长李少彤，六盘水市人大常委会主任黄金，六盘水市委副书记、市委政法委书记魏雄军，六盘水市委常委、常务副市长付昭祥，六盘水市委常委、盘州市委书记付国祥等出席开幕式。在开幕式上，老挝川圹省委常委、副省长刊宝，越南驻华大使馆公使衔参赞阮得成，马来西亚驻南宁总领馆总领事黄奕瑞，泰国驻昆总领馆总领事鹏普·汪披塔亚分别致辞。盘州市与老挝川圹省倍县签订了友好城市合作备忘录。

▲ 2017 年妥乐论坛嘉宾合影

龙永图在做主旨演讲时指出，"一带一路"合作的关键环节是国际产能合作，这对东盟国家具有重要意义。六盘水市和盘州市把论坛的主题确定为产能合作是极具发展眼光的，希望论坛紧紧抓住中国和东盟合作外交战略，紧紧抓住国际产能合作促进国家经济可持续长远发展的重要方向，加强和东盟之间的合作，积极融入21世纪海上丝绸之路，聚焦山地特色农业、装备制造业和加工业，根据东盟十国的具体需求主动进行对接，和东盟国家形成"合唱"的态势，形成新的项目合作机制，使平台更具活力，实现互利共赢。

第二届妥乐论坛的主办方是六盘水市人民政府、贵州省商务厅以及贵州省能源局，承办方是中共盘州市委员会和盘州市人民政府，这是积极贯彻国家"一带一路"建设战略部署、深入落实《中国—东盟国际产能合作联合声明》的具体举措。此次论坛在2016年首届论坛的基础上增加了大数据与智能装备制造合作论坛，与原有的产能与投资合作论坛、能源与建材合作论坛、农业和食品合作论坛、山地特色旅游合作论坛共同构成了五大分论坛。参会的各国嘉宾围绕这五大分论坛展开深入探讨，充分利用中国—东盟合作发展的广阔前景，让普通民众在双方合作的过程中得到利益。本届论坛的举办，大力推进了贵州与东盟国家在农业、能源、旅游、科技、文化、装备和智能制造等产业领域的深度合作，促进贵州与东盟国家经贸交流和双向投资，打造

▲ 2017年妥乐论坛产能与投资合作论坛

贵州面向东盟外贸进出口基地，发挥六盘水面向东盟开放的"双向桥头堡"作用，进一步提升贵州对外开放的总体水平。

3. 2018 年妥乐论坛，"融入'一带一路'，推动全面建设"

2018 年 11 月 9 日上午，妥乐论坛——中国—东盟国际产能合作暨中国对外投资洽谈会妥乐分会在盘州市妥乐会议中心隆重开幕。此次论坛以"融入'一带一路'建设，增进国际产能合作"为主题，由六盘水市人民政府、贵州省农业农村厅、贵州省商务厅、贵州省工业和信息化厅、贵州省能源局、贵州省投资促进局、中国贵阳海关和中国产业海外发展协会主办，中共盘州市委、盘州市人民政府承办。

贵州省副省长卢雍政，中国对外联络部原副部长周力，国家商务部对外投资和经济合作司商务参赞刘民强，民建中央经济委员会副主任、经济学家马光远，贵州省商务厅厅长季泓，中国产业海外发展协会会长胡卫平，六盘水市委副书记、市长李刚，六盘水市人大常委会主任黄金，六盘水市委副书记魏雄军，柬埔寨西哈努克省副省长潘本维纳，老挝川圹省委常委、川圹省农林厅厅长波恩宏，老挝川圹省委常委、省投资厅厅长波恩，泰国沙墩省政府副省长沙达·维塔雅沙利衮，秘鲁驻华大使馆公使衔参赞杰米·卡萨弗兰卡，乌克兰南方市市长诺瓦斯基·弗拉基米尔，盘州市委副书记、市长李令波等出席开幕式。

2018 年第三届妥乐论坛在原有的国际高效农业合作论坛、国际产能与投资合作论坛、国际康养与文化旅游产业合作论坛等分论坛的基础上新增了不同国别的投资推介、商协会会长年会和"一对一"商务洽谈，有助于更大范围、更加充分的交流合作，使妥乐论坛更加充满发展的前景。本次论坛现场签约项目 15 个，资金达 295.4 亿元。论坛期间，有来自 19 个不同国家的 35 名政府官员、40 名专家学者和近 300 名行业商协会代表围绕国际产能合作等重大议题畅所欲言，既有观点的碰撞，又有智慧的交流，取得了丰硕的成果。

近年来，妥乐论坛在贵州对外开放中的地位和作用日益凸显，经过三年辛勤耕耘，在新老朋友的共同努力下，妥乐论坛得到了广泛的响应，传递出中国加快对外开放的自信和力量，也体现出对六盘水面向东盟和"一带一路"各国开放的充分肯定和极大的鼓舞，贵州的开放之路将越走越宽。坚持把融入"一带一路"建设、增进国际产能合作为方向，顺应全球经济一体化的发展进程，妥乐论坛作为重要平台既因论而起又因干而兴，越来越成为商业合作的源头活水，妥乐论坛这个平台越做越大，依托论坛，一批重点合作领域日益聚焦，一批重点工程项目开始落地，这次论坛签订的项目涉及数字城市、旅游康养、新材料和新能源等，必将为贵州经济高质量发展注入强大的动能，也必将为国家和中外企业家产能合作开辟新的天地。

（二）妥乐论坛引发的"巨变"

1.妥乐论坛，开启对外开放的新篇章

妥乐论坛，是一扇对外的"窗户"。"窗口"打开，外向型经济实现"爆发式"增长。至今，已经有近 200 家东盟客商在盘州建立信息库，面向东盟十国招商引资现代农业、新型工业、电子信息产业、现代服务业和新医药大健康产业等项目 200 余个，总投资超过了 2000 亿元；在盘州投资的外企项目有 2 个，总投资 19.2 亿元；有 8 家盘州本土企业和海外企业有长期稳定的经济贸易往来，合作项目数十个，涉及贸易金额在 25 亿元左右。2017 年，盘州市外贸进出口总额比 2016 年翻了一番，达到 2674 万美元，同比增长 128.4%；实际利用外资 6876 万美元。开放给盘州带来巨大的影响，形成了"盘州自信"。

▲ 盘州于海上丝绸之路中国—新加坡论坛现场进行推介活动

妥乐论坛开放合作的效应在企业加速走出去上更是十分凸显，华德宏凯公司在2016年的妥乐论坛上成功签约，2017年公司生产的LED手电筒、应急灯和探照灯等各类小家电产品远销20多个"一带一路"沿线国家，遍及五大洲。盘州利用电子商务渠道打通与东南亚国家的贸易渠道，打造区域跨境电商集散地。

日前，红果经济开发区已经有约150家企业入驻，总投资近300亿元，产业格局以矿装备制造产业、电子信息产业和大健康产业为主。许多企业的产品借助妥乐论坛的东风远销东盟国家，市场发展前景广阔。

2.妥乐论坛，促进盘州旅游的大交流

旅游的交流更是广泛深入。2016年12月，盘州迎来了俄罗斯、韩国和马来西亚等国家的旅游机构、旅行社代表以及国内700余家旅行社代表踩线考察。2017年，六盘水与东盟国家在旅游方面的交流更是通过"中国—东盟旅游合作年"的开展而不断深化和扩展。盘州先后迎来了泰国、印度、斯里兰卡和俄罗斯等16个国家考察冬季旅游，越南、泰国、老挝和菲律宾等国考察旅游资源、文化发展，南非、纳米比亚、马拉维和赞比亚等非洲国家考察新农村建设、旅游发展情况，奥地利和法国等国考察旅游和工业发展情况。除了考察，更迎来了上千名来自泰国和柬埔寨的游客赴盘感受"异国情调"。

▲ 法日旅行商来盘考察

2017年的第二届妥乐论坛上，形成了《2017年妥乐论坛——"中国—东盟国际产能合作"山地旅游发展计划》。该《计划》指出，与会双方将在互为旅游目的地建设、互推精品线路、互送客源和旅游推介等方面加强交流合作，推动两地旅游资源共享；开展全

▲ 2017金彩盘州国际女子半程马拉松赛

方位旅游合作，签订景区开发合作协议，实行门票相互优惠；建立旅游合作新机制，促进双向投资，建立长效机制及常态化联系机制，形成一批高质量的合作成果，又一次推进了盘州与东盟国家在旅游产业上的深度合作。在山地特色旅游合作论坛上，盘州市旅游局与泰国旅游出境协会签订了《全域旅游战略合作协议》，贵州盘州旅游文化投资有限责任公司与泰国东钰国际旅游贸易公司签订了《旅游企业战略合作协议》，进一步加强了双方的合作与交流。①

2018 年 7 月，"一带一路"暨东盟十国媒体大型采访活动走进六盘水，来自 30 余个国家和地区的 80 余名国内外媒体记者齐聚盘州，充分领略中国凉都的独特性和魅力，这次活动还加强了盘州与"一带一路"沿线国家及东盟各国之间的经济贸易往来，促进了双方在投资、贸易、山地农业、教育、康养和旅游等方面的交流合作，促进市场共享，实现共赢。

凭借妥乐论坛的影响力，盘州市积极整合旅游资源、融入国内精品旅游线路、开拓东盟国家国际旅游线路，不断扩大客源市场范围。2018 年国庆期间，接待游客

▲ 国际游客到访盘州

① 六盘水日报. 看妥乐论坛如何促进六盘水与东盟国家旅游合作［EB/OL］. http://www.lpswz.com/09news/2018-11/05/content_524229.htm,2018-11-05-2019-04-25.

179.95 万人次、实现旅游收入 13.84 亿元，同比增长 46.6%、48.7%。

（三）妥乐论坛的普遍价值与示范意义

1. 重新定位盘州在全球化体系中的大坐标

盘州多年来一直深居群山之中，虽然是"滇黔锁钥""川黔要塞"，但长期处于能源城市的单一发展模式。在全球化的今天，这种地理劣势已转变为优势。盘州不仅是云贵交通、能源、商贸、物流和旅游的重要节点，更是内陆挺进东南亚的桥头堡，路上枢纽地位已经形成。未来，随着中国与东盟更深度合作的来临，将盘州打造成"一带一路"对外交流的节点和枢纽城市，既是贵州省、六盘水市经济布局的关键一环，也可在全球资源配置过程中抢占先机。

2. 重新布局产业结构调整和人力资源建设

国际性论坛是一个城市宝贵的资源，具有自身独特的魅力，从多地争夺夏季达沃斯举办权，到全力打造"两江论坛"，各地已充分认识到论坛所能带来的巨大的经济效益。不少城市借助举办论坛已吸引到很大的商机。需要强调的是，盘州市作为传统工业化程度高的能源城市，产业化体系单一，国际化程度更是明显滞后，此外周边高校较少、人才稀缺，招商难度较高。所以不得不说，妥乐论坛的召开可以说是深化改革的"旗帜"，引领论坛之外的综合经济环境、产业调整力度和人力资源结构得到巨大改善。

3. 凿通对外交往通道，致力开创下一百年新局

妥乐论坛萌发于中国和东盟，但不偏隅于亚洲。随着全球化的发展，原本清晰的区域边界变得越来越模糊和淡化，亚洲的一体化也注定是全方位、多角度、深层次的开放过程。由此而言，妥乐论坛未来将敞开怀抱，拥抱整个世界。妥乐论坛可以看作盘州不断拓展影响力，融入世界的一种积极尝试。

二、国际思考，可持续发展的人文生态塑造盘州核心吸引力

盘州境内，驿道、桥梁、建筑寺庙，多为古物，处处显示着时间流淌过的痕迹。传统文化在这里得到了传承和延续，更获得了发扬和新生。千百年来，盘州这片大地

▲ 彝族火把节盛况

上29个民族随着历史车轮的不断向前演绎出了不同的生活习惯和风俗画卷。苗族人独特的"大筒萧",一种手脚并用演奏的乐器;随手摘片树叶吹奏旋律,被誉为"东方魔叶"的"木叶";国家非物质文化遗产"布依盘歌""彝族古歌"以及"海马舞""羊皮鼓舞""芦笙舞"让人心潮涌动;彝族"火把节"、回族"古尔邦节"、布依族"布依歌节"让人流连忘返;刺绣、剪纸、水拌酒代代相传……

文化的璀璨,意味着一定要坚持"可持续发展"的道路,一定要从可持续发展中塑造盘州持久的核心吸引力。可持续旅游的核心目标是:在为旅游者提供高质量的旅游环境的同时,改善当地居民生活水平,并在发展过程中保持生态环境的良性循环,增强社会和经济的未来发展能力。应该看到的是,文化传统被当作商品和经济资源,导致社会道德意识下降,引发吸毒、犯罪。在经济不发达地区,由于旅游开发,形成隔绝于当地社会的特殊社区,旅游不仅没有达到促进文化交流的功能,反而加剧了不同文化之间的隔阂。[1]

---

[1] 牛亚菲. 可持续旅游、生态旅游及实施方案 [J]. 地理研究,1999(2):68–73.

▲ 白族节日节庆活动现场

（一）"文化真、百姓富、民风美"，人文生态的可持续发展之路

1. "真"体验民俗，建立"评估—管理"的全新模式

第一，对盘州做环境影响评估和承载力评估，建立环境容量评估体系。探索建立旅游—环境良性循环体系，最大限度地减少旅游对环境的负面影响。

第二，建立旅游投资的投入产出评价模型，对被替代产业的经济和环境影响进行比较。包含对最低开发成本的评价和不同开发模式下旅游产业与当地经济关系评价。衡量其他产业的可替代性，比较不同产业的优缺点，以此确定旅游的产业优势。

第三，探讨并形成能可持续发展的旅游管理模式。确定相关的职责权利，形成涉旅企业与本地居民的约束机制、环境补偿机制与管理机制，以此消除目前旅游区多头管理、权责不清的现象。制定旅游资源开发、景区规划、旅游营销和景区管理等相关法律法规，确保旅游业健康、高效运行。

2. "富"改善民生，旅游扶贫让更多百姓获益

以妥乐为例，景区由专业的旅游公司来开发，村民用古树来入股。景区公司拿出30%的门票收入，其中20%用于支付村民的劳务费用，10%用于支付村民古树入股股金，每年股金收益分配不少于10万元。让妥乐村340户人家，1164人成为妥乐旅

游产业的参与者和股东，同时，还通过旅游公司的撬动，世界古银杏之乡古树白果这一品牌即将成型，不仅使妥乐古银杏树知名度得到提升，妥乐银杏果在远销的同时还增加了村民收入。

诸如，村民朱明丽家收获了400多斤银杏果，将银杏果全部卖给了位于景区游客服务中心的古银杏农业产业合作社。收购是按颗来收，300颗一斤的就是按14元，300～400颗（一斤）的是12元，400～500颗（一斤）的是10元，如果按14元收，一年可能卖到五六千元。

与此同时，妥乐古银杏景区建设规模化种植基地，以妥乐景区为核心区，涵盖周边14个自然寨及8万余株银杏树，面积1000余亩，总投资9800万元；村民以土地入股（500元/亩/年）+收益二次分红（公司70%+合作社15%+农户10%+村集体经济5%）的利益联结机制参与银杏产业打造。目前，1000余名农户通过参加银杏树的种植、管护等获取劳务收入，更多的居民享受到全域旅游的实惠。

▲ 普古银湖合作社年终股东分红现场

3. "美"共享民乐，人文素质的提升反哺全域旅游

盘州的村镇居民如今已经是文化生态旅游可持续发展的重要甚至是核心影响要素。

一方面，村镇居民直接参与旅游业经营管理，乡村生态旅游业中，社区居民很大程度上是乡村生态旅游产品的经营者与服务的提供者，其经营能力、服务水平直接影响着乡村生态旅游的效益和旅游者的满意度，而受教育水平往往制约着其经营管理能力。

原先民族地区城乡差距较大，村镇社区居民受教育程度普遍较低，直接导致旅游服务水平低下，制约了乡村生态旅游的可持续发展。但是，盘州各个旅游景区以"一景区带动多乡镇"的模式，以每年2000人次以上的频率进行外出培训，极大地提高了旅游从业者的服务水平。

▲ 坪地少数民族风情——篝火晚会

另一方面，尽管某些居民并不直接参与旅游业经营管理，但其本身就是乡村生态旅游发展的重要资源，是乡村生态旅游人文环境的重要组成部分。如社区居民的日常生活本身就构成了对外来旅游者的独特吸引力，成为乡村生态旅游资源的重要构成部分。

盘州以妥乐、娘娘山为代表的乡村旅游，其社区居民的好客程度、旅游意识、环境意识和文化素质都已经达到国内乡村生态旅游发展的最高水平，对旅游活动的参与性、美誉度产生了直接影响。平等、诚信、开放、好客的氛围让人文环境为之一新，成为可持续发展的保障。

（二）国际一流的人文城市，代表盘州旅游真正的亮点

1. 留住盘州记忆，公共文化设施的修建

盘州，人杰地灵。那份城市的记忆，随着公共文化设施的建设，逐渐清晰。

（1）博物馆

2017 年，盘州市博物馆破土动工。全新的盘州市博物馆采取"双主馆四分馆"的建设模式。原来的红二·六军团"盘县会议"会址陈列馆作为盘州市博物馆最大的主馆，打造 5000 平方米的展陈面积，将红色文化以复原的形式进行展示。范家公馆作为第二主馆，展陈面积达到 2600 平方米，主要展出盘州历史文化（文物）。另外，设置文庙、碧云公园、张道藩故居及城隍庙为盘州市博物馆的分馆，作用各不一样。其中，文庙为历史学术陈列馆，展陈面积达 3000 平方米。以展出盘州市儒家文化、

历史文化、古代先贤及其文学成就为主。碧云公园将打造为盘州市博物馆之石刻艺术陈列馆，展陈面积拓展为 5000 平方米，主要展出盘州摩崖石刻及碑刻石刻艺术等。1200 平方米的张道藩故居博物馆主要展出张道藩文化事迹。城隍庙则变为非遗民俗陈列馆，展陈面积超过 2000 平方米，内容为盘州非物质文化遗产。

（2）盘州市 671 三线文化主题园

盘州市作为"三线"建设西南地区的主战场之一，是我国"三线"建设中主要的能源基地之一。1960 年前后，辽宁省抚顺 11 厂迁入盘州市并更名为 671 厂，成为国家重点民爆企业。三线建设时期为解决西南地区矿山开采和公路、铁路建设提供所需火工产品，为国家能源事业做出了巨大贡献。在"三线"建设过程中，盘州"三线"企业广大干部职工和员工团结协作、自力更生、艰苦奋斗、敢打敢拼、爱国奉献、不怕牺牲，涌现出许许多多可圈可点、可歌可泣的英雄人物及模范事迹，形成了独特的"三线"精神和价值追求，留下了数量众多、种类丰富的工业及精神文化遗产，为盘州的经济社会发展奠定了良好的基础。

前事不忘后事之师。如何纪念盘州"三线"企业往日的峥嵘岁月，将"三线"建设时期的宏伟蓝图展现在世人面前，再现"三线"建设时代的风貌，继承和弘扬"三线"建设时期艰苦创业精神，并为新时期艰苦奋斗提供动力之源，成为盘州旅游必须承担的重任。

于是，在市领导的亲自督促下，盘州市建设了新的"三线文化"传承基地和学习交流平台——"三线"文化旅游主题酒店。在原有 671 厂的旧址上，以修旧如旧的方式，重现 20 世纪六七十年代的生产环境和生活气息，让当下的人居住在过去的"环境"里，成功地开启"三线"文化的新篇章。

工业风、火炕风、三线体验风、庭院风和三线青年旅社。三线文化主题酒店完美改造的 5 种房型，既充满"网红"酒店属性，又让住下来的游客真正感受到慢生活的乐趣。上年纪的人追忆过去，直面内心。院子里还有几十年前种下的梨树、苹果树、蔷薇花等植物，仿佛回到儿时的自家院子。而年轻人可以体验三线人集体生活的片段。各类展厅将"三线人、三线事、三线物"还原出来，举办读书分享会、沙龙、摄影、写生等活动。另外，三线俱乐部里时常出演文化舞台剧、音乐推荐会等，往昔的峥嵘岁月历历在目。

▲ 胜境古镇

（3）胜境古镇

胜境古镇是依托国家对地方采煤沉陷区治理的政策，融入了易地扶贫搬迁安置、拆迁安置，再结合当地历史文化遗迹古驿道及周边沙淤景区、火铺杜鹃林、三线主题酒店等自然景观、文化背景来打造的一处具有明清建筑风格的历史文化小镇，是"盘州模式"的又一创举。

第一，创新性地将村民的安置问题与旅游资源需求一并解决。创造出一个新的旅游景点，既让游客有地方游玩，又能让安置村民搬得进来、住得下去、富得起来。第二，创新性地把地域文化传承与拓展休闲旅游元素结合起来。将恢复茶马古道与休闲湖泊、采摘园、商业美食街结合起来。使得"文化可旅游，旅游有文化"。第三，基于全域旅游的大格局，一次性解决基础设施规划建设。把移民安置区、迎宾大道、茶马古道、采摘园统筹考虑。水、电、通信和道路管网等基础设施快速完善，农贸市场、卫计院、文化活动中心、幼儿园、小学和汽车站等建筑也一应俱全。

2.展现盘州活力，举办节庆赛事活动

盘州实现了"月月有活动、季季有赛事、年年有更新"的目标。

表 5-1　盘州市节庆赛事活动一览表

时间	活动项目策划
1月	"雪山乌蒙·金彩盘州"系列活动
2月	大洞竹海耍马节
3月	马鞍山梨花旅游文化节

续表

时间	活动项目策划
4月	三月三玩丹山
5月	大洞竹海挖笋节
	卡河景区山歌比赛篝火晚会
	九龙潭灯光节
	"徒步银杏路、绿色健康行"
	国际女子半程马拉松赛
7月	妥乐旅游文化节
	乌蒙草原音乐节
	盘州国际大学生露营大会
	全球"绿鞋行动"
8月	荷兰风车节
	乌蒙大草原低空滑翔伞邀请赛
	白族彝族火把节
9月	"金彩盘州·文运胜地"非遗周末聚专场活动
10月	稻草人魔幻艺术节
	哒啦仙谷山歌喜乐汇
	花好月圆赏月大会
	青云直上绿色徒步行动
11月	妥乐论坛——中国东盟国际产能合作
12月	全国高山滑雪青少年邀请赛

盘州市春季特色景观包括：一是杜鹃王国，坐拥花海。盘州境内拥有马缨杜鹃、露珠杜鹃等超过 40 种的杜鹃花，分布在乌蒙大草原、火铺杜鹃林、娘娘山等旅游景区，同时芍药、牡丹、樱花、桃花尽情绽放。二是踏青迎春，山歌迎客。春天温暖湿润，凌草泛青恰是旅游踏青的好时节，大洞竹海、哒啦仙谷等都是感受春季新生，拥抱清新自然的好去处。三是沁著茶香，养生天地。盘州拥有 7.25 万亩茶园，具有浓厚饮茶文化，为游客提供采茶、制茶的田间体验，享受沏茶、赏茶、闻茶、饮茶、品茶中传递的内涵，同时具有解百毒，常品宜健康、长寿的养生功效。

　　盘州春季特色节庆活动包括：马鞍山梨花旅游文化节（3月）、三月三玩丹山（4月）、卡河景区山歌比赛篝火晚会（5月）、九龙潭灯光节（5月）、"徒步银杏路、绿色健康行"（5月）和国际女子半程马拉松赛（5月）等民俗节庆和体育文化活动。

　　盘州市夏季特色景观包括：一是清凉避暑，激情运动。盘州市年平均气温为15.2℃，夏季平均气温19℃，在全国范围内避暑优势明显，是夏季避暑胜地。清爽的夏季气候与丰富的地势特征，依托沙淤越野赛运动基地、木龙水上运动体验中心、动力滑翔中心、山地跑马场、滑翔盘州运动基地、山地运动俱乐部、马术运动中心、喀斯特峡谷户外运动度假基地等，为开展攀岩、水上漂流、空中滑翔等户外运动提供了绝佳条件。二是乌蒙佛光，贝叶参禅。盘州市拥有众多宗教文化资源，乌蒙山佛光是贵州唯一在草原出现的佛光，夏季出现频率很高。丹霞山是盘州著名的佛教名山之一，护国寺常年来香火甚旺，护国寺周边有清代古村落——李家院、岚山龙宫及木龙水库等，是静养、敬佛、参禅的佛教文化圣地。三是夏果缤纷，乡村纳凉。夏季是个瓜果飘香的季节，红花村种植了500多亩玛瑙红樱桃，娘娘山及银湖公社建有万亩高产刺梨园、千亩蓝莓种植园和猕猴桃基地、刘官街道高官村建有葡萄种植基地，还有盘关镇卡河水库的桃子，夏日瓜棚下品茶吃果，这样的避暑必定别有一番风味。

　　盘州夏季特色节庆活动包括：大洞竹海挖笋节（5月）、妥乐旅游文化节（7月）、

▲ 虎跳峡里赛龙舟

乌蒙草原音乐节（7月）、盘州国际大学生露营大会（7月）、全球"绿鞋行动"（7月）、荷兰风车节（8月）、乌蒙大草原低空滑翔伞邀请赛（8月）、白族彝族火把节（8月）等综合性旅游节和体育文化活动。

盘州秋季特色节庆活动包括：一是研学善艺，尊师重教。具有一批文化科普考察、生态科普考察、红色教育、文化教育旅游资源，包括盘县大洞、普安卫城城垣及北门鼓楼；白雨洞、三叠纪古生物化石群落；红二、红六军团盘县会议会址（九间楼）、鲁番战斗遗址；张道藩故居、水塘清代李氏民居；煤炭工业科普馆、乌金博物院等。二是稻花丰年，五色采摘。"红色"的秋天，有羊场乡"盘州红"的软籽石榴；"金色"的秋天，有普古乡娘娘山、盘关镇刺梨果缀满山野，有妥乐的银杏果闪耀乡村，有红果街道"橘色"的甜柿子压满枝头；"蓝色"的秋天，有娘娘山的蓝莓珍果，均可供游客采摘。三是银杏金彩，红叶似火。妥乐村内的1400多株古银杏树，至金秋时节，满地金彩美不胜收。保基乡格所河谷内共有红叶观赏面积2平方公里左右，被誉为"园林之乡""红叶之乡"。景区内枫树种类繁多，每到秋季，红叶竞相斗艳，与河谷上的云雾缭绕相映，叶红似火，美艳至极。

盘州秋季特色节庆活动包括："金彩盘州·文运胜地"非遗周末聚专场活动（9月）、稻草人魔幻艺术节（10月）、哒啦仙谷山歌喜乐汇（10月）、花好月圆赏月大会（10月）、青云直上绿色徒步行动（10月）和妥乐论坛——中国东盟国际产能合作（11月）等艺术文化节和体验活动。

盘州冬季特色节庆活动包括：一是特色汤泉，温润养生。盘州市地质构造特殊，储藏了丰富的温泉资源，已建成的有娘娘山温泉、刘官胜境温泉，正在开发的温泉有

▲ 2019娘娘山首届刺梨花文化旅游节

▲ 乌蒙大草原非遗音乐节及乌蒙秋月系列活动

新民温泉和鲁番温泉，已聘请相关专家对盘州市喀斯特地貌区域进行温泉资源调查评估，利用自然资源开发新的旅游产品。二是冰雪南国·滑雪胜地。盘州市地处云贵高原边缘，拥有独特的气候特征，冬季银装素裹装点乌蒙大草原、妥乐古银杏、娘娘山湿地公园等景区。冬季的盘州也是进行滑雪运动的刺激场地，拥有乌蒙滑雪场、盘州滑雪场两大滑雪主场地，场内建成高级道、中级道、初级道、儿童赛道及缓冲区，拥有雪地摩托、香蕉船等十多种嬉雪项目，是不可多得的消闲、度假、滑雪的好去处。

盘州冬季特色节庆活动包括：全国高山滑雪青少年邀请赛（12月）、"雪山乌蒙·金彩盘州"系列活动（1月）、大洞竹海耍马节（2月）等体育文化和体验活动。

三、国际标准，"三领一超"奠定了盘州全域旅游的层级

（一）领先国际水平的旅游基础设施

1. "一核多点"的游客集散中心

（1）盘州市全域旅游集散中心

盘州市全域旅游集散中心是创建"国家全域旅游示范区"的重点建设项目，总投资3.5亿元，占地46.74亩，建筑面积4.2万平方米。2017年11月建成投入使用。位于盘州市立体交通核心地带，紧邻沪昆高铁、毕水兴高速、沪昆高速三条主要交通要道，串联了盘州高铁站、盘州东客运站、盘州官山机场等交通枢纽，拥有得天独厚的交通优势，是全域旅游"集"与"散"的节点，是盘州大数据旅游的研发和展示服务中心，为盘州市各个旅游景区和盘州市旅游业提供了技术支

▲"金彩盘州"全域旅游集散中心

撑和服务。

2017 年 5 月，盘州市全域旅游集散中心被国家发改委评为全国优选旅游项目。集散中心内，建设有智慧旅游指挥中心、票务中心、旅游会展中心、导游服务中心、旅游交通服务中心、旅游大数据、旅行社、餐饮服务区、旅游特产商城和旅游酒店等；实现了旅游集散、住宿餐饮、旅游咨询、购物和指挥的功能服务体系，大幅提升了盘州旅游服务能力和管理水平。游客到达以后可通过全域旅游集散中心选择景点，再通过旅游客车到景点接待中心，游客的食、住、行、游、购和旅游相关联的服务，均可通过电子商务一站式搞定，大大方便了游客的出行。

更为创新的是，集散中心内建设有东盟产业园，是盘州市落实《妥乐共识》，发挥区位优势，积极融入"一带一路"战略、强化与东盟国家合作，建设的集展览、商贸、餐饮、休闲于一体的会展服务区。产业园不仅架起了盘州市与东盟各国交流合作的桥梁，也让盘州市民不用踏出国门，就能体验和接触来自东盟各国的产品。

（2）大洞竹海景区游客接待中心

大洞竹海景区游客接待中心位于竹海镇黑牛坪村，用地总面积约 139.7 亩，建筑总面积约 5000 平方米，建筑整体共使用 14.5 万根 3.5 米长的竹子，竹表面积达 1.1 万平方米，外围种植的竹子共有 30 多种，并与竹博园相融合，成为一个景点。功能主要分为接待区、休息区、商业区、办公区、停车区五个区域。包含两个功能：一是

▲ 大洞竹海景区游客接待中心

接待功能，二是作为一个景点来打造。大洞竹海景区游客接待中心是全国最大体量的竹装饰单体建筑。

（3）娘娘山国家湿地公园水坝游客接待中心

娘娘山国家湿地公园水坝游客接待中心位于普古乡水坝村，拥有游客接待中心2个，建筑面积7980平方米，景区服务中心5个，建筑面积5500平方米，总投资3.5亿元，目前已完成投资1.29亿元，建设内容包括水坝生态停车场、接待中心、医疗中心、天山飞瀑生态停车场等。目前水坝生态停车场已建设完成，医疗中心和接待中心主体已完成。

2. 智慧旅游集散体系

盘州市全域旅游大数据运营服务平台项目被贵州省大数据发展领导小组评为"大数据与实体经济深度融合省级标杆项目"。盘州市全域旅游大数据运营服务平台是贵州省"万企融合"大行动旅游行业入选的十个标杆项目之一，也是六盘水市唯一一家荣获服务业（旅游）的标杆项目。

（二）领先国际水平的山地特色景区

1. 乌蒙草原，国际一流的山地生态体育（国家）公园

乌蒙大草原是贵州面积最大、海拔最高的高山草原。主要资源有10万亩高山草

场，10 万亩矮杜鹃林，还有高山湖泊长海子，牛棚梁子大山、备毛沟河溪等，构成了独特的山峦奇峰、湖泊景、雪景、观赏花木、高原山丘草原景观。

发展迅速，活动多样：

2014 年 7 月，乌蒙大草原景区首次开门运营。9 月 19—21 日，第一届六盘水市旅游产业发展大会滑翔伞邀请赛在此举行。至 2015 年，景区开业第一年的游客接待量达到 10.8 万人次。

2015 年 8 月 21—23 日，以"动力乌蒙心醉草原"为主题的 2015 贵州屋脊·中国凉都消夏文化节、盘州越野 T3 峡谷汽车争霸赛及盘州滑翔伞邀请赛等各项活动在三天的时间里用不同的方式为游客提供了一次次视觉盛宴，并圆满落幕。本次活动让户外运动与音乐节完美结合，活动期间，旅游人次达 38.7 万人次，实现旅游收入 3.17 亿元。吸引了中央、省、市等 40 多家媒体记者关注。

2016 年，乌蒙大草原全面落实山地生态体育（国家）公园的建设。4 月 23 日，中国盘州"杜鹃杯"首届女子山地马拉松比赛在美丽的乌蒙大草原开赛。比赛设置了半程组（21.0975 公里）、十公里组（10 公里）、三公里体验组（3 公里），半程组累计爬升 694 米，起点为长海子水库，途经高原花海、观佛台等景点，完成约 2/3 的山石土路，大大考验了运动员的身体素质及坚强的意志和忍耐力。

9 月 24—25 日，"银杏杯"第三届全国滑翔伞邀请赛、"银杏杯"自行车邀请赛和

▲ 乌蒙大草原漫山杜鹃花开

▲ 乌蒙大草原滑翔伞活动

春花秋月·乌蒙大草原音乐节在盘州市乌蒙大草原举行。25日，山地自行车赛在最高海拔2546米、最低海拔1888米、累计下降712米、累计爬升65米、赛道全长7.37公里的乌蒙大草原生态体育国家公园内举行，比赛设置了爬坡、下坡男女组别，依托原有地形和赛道，在不破坏环境的前提下，设置部分人工难度赛道，提升竞赛难度和观赏性。共有来自国内外山地自行车团体及山地自行车爱好者200余人参加比赛，比赛精彩刺激。

24—25日夜，音乐节活动持续上演，会场设立了乌蒙、银杏、电子三大舞台，活动邀请了黑豹乐队、目染乐队、超级卡片、麻园诗人、猴子军团、孙楠、朴树、谢天笑等多家乐队和歌手加盟演出，形成强大的演出阵容，吸引了众多游客前来观光旅游。

2017年8月25日，第十二届全国木球锦标赛在盘州市乌蒙大草原滑雪场隆重开幕。全国木球锦标赛是国内最高水平木球赛事，每年一届。2017年第十二届全国木球锦标赛同时也是第十届亚洲杯木球赛国家队选拔赛，共有来自全国各省、自治区、直辖市、行业协会、有关院校、各木球协会及俱乐部49支代表队523人参加。项目设置男女单人、男女团体、混合双人，共五项。同时，按年龄设置了A、B、C、D

四个组别。第十二届全国木球锦标赛已列入国家体育总局 2017 年竞赛活动计划，参赛范围和人群覆盖广，是盘州市举办的首届全国性体育赛事。

"2017 贵州·盘州国际大学生露营节暨中国首届山地户外运动电影节"在乌蒙大草原生态体育（国家）公园隆重举行。目的就是以此次活动为平台，充分利用盘州乌蒙大草原自身资源，展现盘州美丽的风景、优越的山地户外环境和神奇的人文景观，引导更多的人参加户外运动，让户外运动成为一种健康、青春、安全、时尚的生活方式。

本次露营大会共有来自全国 1000 多名大学生露营爱好者参加，活动内容包括 5 公里越野跑、露天电影节和音乐节等。活动以露营大会及电子音乐节为开端，借助健康、低碳、环保的山地越野跑链接"毡帐秋风迷宿草，穹庐夜月听歌声"的天籁之夜。

2018 年 1 月 15—17 日，2018 世界雪日暨国际儿童滑雪节——"雪上乌蒙·金彩盘州"系列活动在乌蒙滑雪场隆重举行，一场以雪为媒、展示南国冰雪风情的滑雪盛会拉开帷幕。

整个滑雪节活动以具有盘州民族风情的达体舞及文艺表演暖场，以"冰雪圣火传递"点燃"雪上乌蒙·金彩盘州"的冰雪圣火，以全国高山滑雪青少年邀请赛为主线

▲ 乌蒙露营节

拉开贵州第一届青少年阳光体育大会的雪地"战事"，以花样繁多的体验活动展示"健康童年·滑雪相伴"的世界雪日暨国际儿童滑雪节活动主题。无论是滑雪指导员精彩的表演技术，还是青少年滑雪大回转比赛的刺激，以及阳光少年儿童雪地体验的快乐，无不给人留下深刻的印象，让更多的南方青少年儿童感知冬季大自然生态的魅力，体验冬季畅快淋漓的运动乐趣。开了北雪南展西扩战略计划的先河，掀起了南方冰雪运动的热潮。

2018世界雪日暨国际儿童滑雪节——"雪上乌蒙·金彩盘州"系列活动是继"春花秋月"系列活动后的又一道亮丽的冬日风景，是社会各界走进盘州、了解盘州、关注盘州的又一个重要载体，它再次让人感受了乌蒙大草原"春赏花，秋赏月，冬天可滑雪"的无穷乐趣。

2018年，乌蒙大草原景区游客接待量超过50万人次。

设施完善，迈向国际标准：

乌蒙滑雪场建成于2016年年底，配置进口造雪机34台，进口压雪车1台，雪地摩托2辆，雪地挖机、雪地坦克等儿童雪具90种，以及滑雪单双板、滑雪鞋、滑雪护具、滑雪服等2000余套，可以满足不同年龄段游客的滑雪需求。一个能够与北方相媲美的滑雪场，让南方游客不用去北方，便可感受穿林破雪的视觉冲击，每时每刻都可以与雪花邂逅，畅享南国的冰天雪地。

七彩蜗牛房车营地位于乌蒙大草原景区百草坪。在得天独厚的自然风光里，提供房车补给和人们露营的娱乐休闲小型社区。房车营地内除了有供水设施、供电设施等专门针对房车所配置的设施，还配有帐篷、房车、移动木屋和集装箱功能体验等露营设施，适合外出旅行或长时间居住。房车露营基地占地面积近200亩，建有高、中、低房车及自行式房车70余辆，并于2017年荣获"汽车自驾运动营地"。

乌蒙大草原故艾蒙帐篷营地坐落于贵州省盘州市乌蒙大草原景区，营地仅有9个客房，20个床位，设有餐厅、书吧、咖啡吧、酒吧和多功能放映厅等功能区。营地占地300余亩，周边生态环境极佳。营地周边有高山草甸湿地，漫野杜鹃，牛羊成群，飞鸟野禽，又有清流激湍，瀑布奇石，蓝天白云，相映成趣。营地在设计和建设中都充分融入和保护营地生态环境，绝不轻易破坏一草一石，在这里能体验到最原生态的乌蒙美景。营地设计了草原徒步、放风筝、射箭、骑马、野炊、牧羊人球、野菜采摘烹饪、山泉SPA和瀑布溪畔品茗等丰富的活动。

2. 娘娘山，国际级山地度假综合体

娘娘山位于盘州市东北部普古乡与水城县的交界处，海拔2319米，境内不仅有4.02万亩被称为"西南第一高原湿地"的泥炭藓沼泽湿地，还有独具特色的六车河大峡谷、天生桥、天山飞瀑和水爬坡等喀斯特地貌景观。除了鬼斧神工、独特造化的山水美景，还聚集着彝族、苗族、白族、水族和布依族等民族。优美的生态自然环境与丰富的少数民族文化交相辉映，成就了独特的娘娘山风景。景区先后获得"全国休闲农业和乡村旅游示范点"和国家4A级旅游景区等殊荣，是"贵州省健康养生产业示范基地""大健康养生服务产业集聚区"和"大健康养生产业省级示范基地"。

（1）大力推进大健康项目建设，提高集聚区服务能力

娘娘山大健康服务业集聚区以"大健康+"为发展理念，利用丰富的生态资源，大力发展康养产业，以项目建设为抓手，以规划为引领，以建立发展山地特色农业和农村休闲旅游度假产业为一体的产业园区为目标，建设了乡村度假、生态休闲、温泉养生、田园生活、美食文化等大健康项目，并以此成功打造了中国生态农业旅游景点景区、西部热点农业文化旅游景区、国家4A级旅游景区。娘娘山景区计划总投资50

▲ 娘娘山景区规划效果图

亿元，现已完成投资 13.3 亿元，预计建设项目总面积 274.42 平方公里。主要包括：普古杜鹃彝风小镇、龙场凉山茗乡小镇、娘娘山国家湿地公园科考观景区、红林蓝果生态农业观光区、天山茶海生态美景休闲区、天山飞瀑云水六盘养心区、六车河峡谷山地运动区、舍烹三寨民族风情体验区、马场河云岭温泉养生区和万峰岭地质奇观观赏区等项目。目前已建成的项目投产后年平均接待国内外游客 73 万人次，2017 年实现旅游收入 2000 多万元，被评为贵州省"5 个 100 工程"项目中的 5 个现代高效农业示范园区之一，同时为贵州省 20 个乡村旅游扶贫示范点之一，为 2013 年六盘水市委、市政府"十大工程"中的建设项目之一，近年来景区旅游人数及知名度逐年稳步提升。

（2）依托地理和文化资源，打造特色康旅

娘娘山自古以来就是少数民族的聚居地之一，承载着厚重的彝族、苗族、布依族等民俗文化，彝族婚嫁习俗、毕摩祭祀文化以及彝族古歌已经被列为省级非物质文化遗产保护项目。娘娘山作为农村"三变"改革发源地，景区充分利用"三变"效应，将大健康产业与精准扶贫进行深度融合，通过"211"帮扶模式，建成了占地 57 亩，总建筑面积达 7400 平方米，总投资 5000 万元，具有民族特色的康旅"三变街"，街区拥有民俗住宿、特色餐饮、民族服饰及手工艺品展示等特色产业。基地内的 8 个村（其中贫困户 973 户，贫困人口 2161 人）将实现创业就业全覆盖。同时，依托温泉资源优势，发展以温泉康养为特色的温泉产业，建设了占地 658 亩，总投资 3.99 亿元的特色生态养心温泉小镇项目。温泉小镇项目包括木屋别墅、民风小镇、温泉会馆、生态停车场和温泉山庄等项目。其中已建成的木屋别墅、温泉山庄 2018 年上半年共接待游客 15000 人次，实现酒店住宿及温泉养生等项目收入 63 万元。

（3）农旅结合，构建游养一体的健康滋补养生产业

作为贵州省"5 个 100 工程"的现代高效农业园区，娘娘山围绕农旅一体化，以现代农业带动旅游业、以旅游业反哺农业的农旅发展思路以及"生态产业化、产业生态化"发展目标，依托生态优势，大力发展以猕猴桃、刺梨、蓝莓等为主的特色精品农业产业，打造以健康食材为主的滋补养生基地。目前，已种植猕猴桃 4200 亩、蓝莓 1000 亩、刺梨 12000 亩，蔬菜、红豆杉及其他特色水果 46000 亩以上，总种植面积达到 10 万亩以上，配套建设相应的农产品加工厂，形成完善的市场营销体系。

目前，规划已流转土地 2.18 万亩，完成高标准种植业基地 2 万亩；申请无公害产品认证 4 个，并且猕猴桃、刺梨、蓝莓等特色精品水果每年带来的经济效益，农户可按入股比例享受分红。一些农户通过土地和闲散资金入股，每年每亩可分红 526 元，加上入股后在景区上班领取固定工资，每人年均工资可达 2.4 万元，带动周边贫困户902 户 2838 人脱贫。

（4）加强宣传推介，强化辐射带动

为了让集聚区能充分发挥带动作用，在做好项目建设的同时，还积极向外界进行大力宣传，希望通过社会各界特别是知名企业的加入和参与提升知名度和品牌效应。为此，集聚区通过定期组织召开现场推进会、观摩会，并赴云南、广西、广东、重庆等地进行推介、宣传。尤其对"三变"改革精神着力宣传，景区"三变"改革始终坚持以企业为主体、以产业为平台、以党建为引领、以"三变"为抓手、以脱贫致富奔小康为目标的发展导向，主要采取"园区 + 联村党委 + 农户"的方式，扎实落实"大扶贫"战略。将村民的土地承包经营权、闲散资金、村集体生态林、湿地等资源，国家扶贫资金、财政资金投入等入股到景区发展产业，这其中主要的"三变街"项目是盘州市推行"211"社会帮扶模式（即 1 家金融机构和 1 家平台公司整合不低于 1 亿元资金帮扶 1 个乡镇实施产业项目）的成功典范。项目总投资 5000 万元，总建筑面积 7400 平方米，规划设计 5 种户型，共 25 栋特色木屋商铺，投资 5000 万元，规划布置乡村酒店、特色餐饮、民族服饰及手工艺品展示等业态。项目建成后，通过异地置业方式，优先将商铺租给周边农户、景区内的贫困户、贫困党员经营管理。项目运营过程中，优先聘用周边贫困人口作为街区基层工作人员，有效解决了贫困人口就业问题，实现在"家门口"创业就业、稳定增收的梦想。整个景区扶贫项目覆盖农户18000 户 64000 人，扶持贫困户 4600 户 13000 人，为"脱贫攻坚"工作持续有力地推进打下扎实基础。

（三）领先国内水准的非标住宿

1. 非标住宿发展现状

盘州市依托自然风光，引进民宿企业发展民宿，引导农户利用闲置房屋，发展非标住宿，为游客提供旅游咨询、向导、餐饮与住宿。

▲ 乌蒙大草原故艾蒙帐篷营地酒店

非标住宿数量不断增加。从 2015 年全市民宿、客栈不足 100 家，客房数不足 1500 间，床位不足数 2500 张，旅游从业人员不足 500 人，增加到目前的 269 家客栈，客房数 3607 间、床位数 6119 张、旅游从业人员 1300 余人，2018 年民宿、客栈家数，客房数，床位数，旅游从业人数相比 2015 年分别增长了 169%、140%、144%、和 160%。其中妥乐古银杏景区有 57 家，客房数 915 间、床位数 1451 张；乌蒙大草原景区有 73 家，客房数 814 间、床位数 1459 张；娘娘山景区有 30 家，客房数 372 间、床位数 663 张；哒啦仙谷景区有 12 家，客房数 190 间、床位数 323 张；大洞竹海景区有 11 家，客房数 180 间、床位数 305 张，其他景区有 32 家，客房数 270 间、床位数 478 张。

非标住宿建设适合各类人群。打造了故艾蒙帐篷营地酒店、九峰刺梨园民宿酒店、竹园溪酒店、娘娘山温泉度假小镇、东盟十国度假酒店、金色家园酒店等适合高端消费人群民宿酒店 15 家；打造了房车营地、悠悠然酒店、桂花生态园、榕宿酒店、盘州康养休闲园、听涛轩、卡河布侬农家乐、高官村民宿等适合中端消费者的民宿酒店 50 家；推出了古银杏客栈、古银杏酒店、立昕酒店、苗人客栈、娘娘山客栈仙湖酒店等适合大众消费的民俗酒店 180 家。

截至目前，非标住宿经营情况良好。盘州市非标住宿的价格在 200 ~ 1188 元，平均入住率达 60% 以上；6—10 月的旅游旺季价格较高，旺季入住率 90% 以上，淡季入住率在30%～40%。

2.非标住宿经验总结

注重依托景区的景观特色民宿。盘州市充分利用自然、人文旅游资源，不断加大民宿发展的宣传及指导力度，引导群众加入民宿发展队伍中，逐渐形成具有地域特色的民宿集体。一是打造了妥乐古银杏、乌蒙大草原、哒啦仙谷、娘娘山和大洞竹海等核心旅游景区，开发景区核心区周边旅游村寨，引导民宿酒店产业快速发展。二是以发展"农业＋旅游"旅游景区，打造了娘娘山景区、哒啦仙谷景区等旅游景区，建设了娘娘山温泉度假酒店、哒啦仙谷酒店、九峰刺梨园民宿、盘州康养生态园等高端民宿，带动景区及周边村寨建设一批大众民宿客栈。三是以发展"体育＋旅游"开发了乌蒙大草原景区，推出了故艾蒙帐篷营地酒店、悠悠然木屋酒店、集装箱酒店和房车营地等民宿，带动周边村寨发展桂花生态园、草原人家等精品民宿。

注重引进外部资源参与民宿建设。加大招商引资力度，加强与民宿建设、经营、管理水平高、服务能力强的旅游企业合作。一是引进云南帝贝公司在格所河大峡谷景区规划建设榕宿酒店、悬崖酒店、洞穴酒店、树屋酒店、谷中谷酒店等精品民宿酒店；二是积极谋划采用PPP模式，加强与链家集团合作，共同打造古银杏景区民宿项目。

注重政府引领加快推进民宿建设。一是积极争取上级资金扶持，争取六盘水市农

▲ 乌蒙大草原房车营地

家客栈（农家乐）贴息贷款资金 60 余万元，带动全市 30 余家农家客栈提升改造；二是制订《盘州市主要旅游景区景点农家旅馆建设方案》（盘府办发〔2016〕54 号）引导全市重点旅游景区农民建设农家客栈（农家乐）179 家。

注重建立制度标准加强民宿管理。加大力度联合国土、公安、消防、卫生、环保等相关部门做好民宿酒店的监管。一是制定出台《盘州市乡村客栈（农家乐）管理标准》和《盘州市乡村旅游从业人员管理实施办法》等措施加强对民宿酒店的管理；二是成立了以分管领导任组长，市直相关部门主要负责人为成员的盘州市民宿业发展领导小组，明确相关部门职责；三是市旅游局牵头联合公安、消防、卫生、市场监督管理等部门做好民宿的联合审批、联合执法和日常管理等工作，提升盘州市民宿酒店的接待服务能力和水平。

（四）超出"界限"的市场化管理方式

纵观盘州旅游的发展，不难看出。旅游产业首先是通过行政手段快速实现的。主要原因有两点：一是行政手段效率高、见效快，行政手段可以调动一切能调动的力量，以最快的速度和最大的力度配置发展所需的资源和要素，并大力推动相关项目的建设。在加快推进城乡一体化、全面建成小康社会的宏观背景下，作为加快乡村振兴、推动强村富民的有效载体，全域旅游的发展需要强有力的推动。二是市场力量不足，需要行政手段介入，一般来说，旅游的发展既需要丰富的自然资源、人文资源，也需要良好的交通、住宿餐饮、公共服务等基础设施的配套。但盘州作为"后发地区"，交通不便、基础设施薄弱和公共服务能力不足等劣势条件往往会很大程度地制约旅游的发展。社会资本往往缺乏足够的实力去解决这些问题，即便发动各类市场主体，也经常出现投入和操作难度太大而以失败告终的现象。在这种情况下，仅仅依靠市场机制来推动旅游产业的发展非常困难。于是，政府的介入成为重要的先决条件。

盘州，在发展全域旅游的时候，很好地把握了"行政"与"市场"的界限。消除政府不必要的投入和过多的行政干预，改变由政府单一主导的倾向，变政府主导为政府引导，变政府单一投入为多元投入等，为全域旅游发展创造积极有利的条件。例如营造氛围、提供指导、配套相应的公共服务和提供基础设施等。在具体运作上，坚持以市场为导向，遵循市场的规律，运用市场的力量。[①]

以乌蒙大草原、大洞竹海为代表的旅游景区，得益于管理体制上的顺畅，依靠各级政府，超越景区"界限"对于周边村民的农家乐进行引导、培训、监督和推介。接连不断地加强对农家乐经营人员相关旅游知识和服务规范的培训，通过旅游礼仪、农家菜制作等培训，提高农家乐经营人员的整体素质和迎接招待服务水平，以满足游客量增加对景区迎接招待提出的高要求。景区公司邀请专业人员为景区农家乐在职人士授课，提高农家乐在职人士的技能和服务水平，全面提高景区旅游服务能力。景区还引导农家乐经营者转变思想观念，鼓舞农家乐在"符合土地使用条件且不产生新的违章建筑"的原则下，邀请专业景评、规划设计人员重点从农家乐的院落设计、景观提高、环境打造等方面进行升级改造，打造符合国家5A级旅游景区品质要求、富有度假气息和传承民族特色文化的民宿酒店。

▲ 乌蒙大草原佛光

---

① 俞鸿，沈丽丽，叶燕苹. 乡村旅游去行政化研究［J］. 中共珠海市委党校珠海市行政学院学报，2016（6）：22-25.

第六章

融合跨越，形成盘州全域共建的「百年新局」

习近平主席在博鳌亚洲论坛 2018 年年会开幕式讲话中明确提出要"加快融合发展"。融合发展是社会发展的重要规律之一。党的十九大宣布，中国特色社会主义进入了新时代。完成新时代使命，融合发展将具有更加重要的作用和意义。

新时代，实现"创新驱动发展"，要靠融合发展思想指导。

新时代，面对"不平衡""不充分"，必须用融合发展妥善处理各类主体之间的矛盾。

新时代，面对经济全球化的新形势，必须坚定地推进融合发展原则。

融合创新是伟力之源。

融合支撑创新，创新促进融合，最终形成了"跨越"式发展的百年新局。

审视当下，盘州的快速发展恰恰印证了融合创新的重大作用。奔腾的历史长河，让盘州在过去的五年间经历了"百年未有之大变局"。"产业升级""城镇化建设""扶贫攻坚""文化振兴"融入"一带一路"与"全域旅游"有机融合在一起，相辅相成、互为依托，最终形成了"盘州模式"中值得大书特书的创举。

聚焦到旅游层面，盘州市坚持把旅游业作为经济发展的重要引擎，紧紧围绕"世界古银杏之乡·金彩盘州"品牌定位，借助创建"国家级全球旅游示范区"的机遇，

▲ 十里画廊春色

找出全市旅游发展的定位和目标，立足于"山地旅游"的资源优势，大力发展全域旅游，充分利用便利的交通优势，突出全景化建设，全社会参与，全产业发展，全方位服务，全区域管理，优化措施和方法发展全域旅游，全力打造"+ 旅游"，加快推进旅游业发展。2018 年，成功举办了六盘水市第五届旅发大会。全年接待游客达到1160.51 万人次，旅游收入达到 86.73 亿元，同比上年分别增长 44.88% 和 59.69%。

全域旅游带来的变化，不仅仅停留于数字层面，更多的"+ 旅游"助力农业、林业、工业和交通等传统行业的快速升级，在宏观层面上解决了过去难以解决，不易解决的问题。山地旅游度假，使得盘州度假地产和康养产业得到了前所未有的跨越式进步，基于地产和康养的红利，又将为盘州市带来新一轮的"增长动力"。低空通航、工业民宿、森林康养，作为目前国内还处于布局阶段的新兴业态，盘州市已经开始了尝试，"蓝海"正在形成。更重要的是，农、文、旅、度的融合，正在回答一个核心问题，"'盘州模式'到底可以走多久？"。

一、"+ 旅游"正迅速改变盘州发展的面貌

从目前来看，盘州的"+ 旅游"作用巨大。一方面，传统产业得益于"+ 旅游"而出现新的活力；另一方面，原本固有的行业因为"+ 旅游"逐步解决原来无法解决、不易解决的问题。

"文化 + 旅游"深度融合。充分挖掘历史文化、民族文化、民俗文化、农耕文化，

并深深融入景区建设中，既有效传承和保护文化，又赋予景区新的灵魂。同时，利用已形成的红二、红六军团盘县纪念馆，打造了红色文化游、研学旅游目的地。

"农业＋旅游"深度融合。大力发展观光农业、休闲农业、体验农业，推动建设软籽石榴、茶叶、中药材、花卉苗木、猕猴桃、刺梨等产业基地，推出一批蔬果采摘、农耕体验、田园观光、休闲养生等农旅融合新项目，建成娘娘山、哒啦仙谷、沙淤景区等9个农旅融合景区，打造了观光农业园区、体验农业园区、农耕文化产业园等11个农业园区。

"林业＋旅游"深度融合。充分发挥森林资源优势，持续推进天然林保护、石漠化治理、坡耕地水土流失综合治理等项目，围绕林木种苗、森林旅游、经济林果等现代林业产业，建成羊场软籽石榴基地、两河万亩牡丹基地、天富刺梨园基地等，推动大洞竹海、保基森林公园、七指峰森林公园、火铺杜鹃林等以森林资源为主导的旅游景区建设。

"工业＋旅游"深度融合。围绕"三线"文化，打造"三线"文化主题园。围绕人民小酒、天刺力等旅游商品，打造岩博酒业、竹根水、天刺力、刺力王旅游观摩点，谋划两河工业园区利用企业、工厂发展工业观光旅游。

"交通＋旅游"深度融合。官山机场建设项目迈出关键性的一步，已经被国务院、中央军委正式批复，进入实质性建设阶段。沪昆高铁、水盘高速公路、盘兴高速公路建成通车，高速公路覆盖境内81%的乡镇（街道），行政村通畅率达100%，通组公路建设覆盖率达100%，基本形成"五横四纵"的主骨架路网和"干支相连、区域成网"的路网格局，为实现全域旅游提供便捷的交通路网。

"城镇＋旅游"深度融合。着力推动城旅融合，将建设区域性中心城市与旅游目的地城市相融合，重点打造以红果城区为核心的城市旅游综合体，按照"四湖一湿地一中央森林公园"的规划，建成东湖、南湖、西铺河湿地、中央森林等城市公园，建成

▲ 国际游客参观"三线"文化园

盘州市全域旅游集散中心。依托民族特色、历史文化资源，强化特色小城镇建设，推进城市、乡村同步发展，建成淤泥彝族小镇、羊场布依族小镇、坪地彝族小镇、竹海小镇等 20 余个民族特色小城镇，推进盘州古城、胜境古镇、丹霞古镇等历史文化小镇建设。

二、产城景养的融合发展是"五大新发展理念"的最好践行

盘州市作为贵州省的西大门，推动产城景养融合发展是贯彻"五大新发展理念"的重要体现，是实现跨越发展、加快转型升级的必由之路。统筹推进产城景养融合发展，依托红果经济开发区、盘北经济开发区、盘南产业园区，建立"依产业兴城、以城促产"的产城景养融合发展机制，使园区的产业聚集能力得到提升，强化园区景养功能开发，充分发挥比较优势，做好"+旅游"这篇大文章，通过改革创新破除体制机制障碍、解决发展难题，为实现后发赶超、跨越发展注入强劲动力。

重视规划引领。将产城景养融合确立为最终目标，按照"一百万人口、一百年不落后"的标准，以国家新型城镇化综合改革试点为抓手，大力推进"多规合一"试点工作，将"生态、农业、城镇"空间格局优化至最佳状态，推进"三区三线"的科学划定，统筹推进城关—红果"两城一带"发展，加快构建以红果城区为中心"一主两副、十字聚集、两带三区"的县域城镇空间结构，形成以沪昆通道、水盘兴高速公路为主的"十字形"发展轴，以矿产资源经济带和旅游产业带为主的"两带"，以红果新城、盘南、盘北为主的城镇集聚区，依托城市大环线，构建红果新城和城关老城，两河经济产业带和妥乐—九坎片区大健康产业带的"双城双带"中心城区发展体系，形成产城景养融合发展规划体系。

重视项目突破。包装产业、市政、交通、旅游等领域项目，通过融资、基金管理、信托计划、政策性银行贷款、债券计划、融资租赁、证券资管等模式引进民间资本，通过 PPP 模式盘活存量资产基础设施项目，预计可以盘活 54.5 亿元存量资产，目前已有 70 个项目进入省级 PPP 项目预备库，总投资量近 500 亿元，预计引入超过 300 亿元社会资本，已签约 13 个项目，总投资 200 多亿元，其中包括 158 亿元社会资本。西冲河统筹城乡发展乡村旅游综合体、龙湖湿地公园等 PPP 项目加快推进，哒啦仙谷牡丹园水体景观及主题酒店项目、普古娘娘山景区疗养院等建设项目加快推

▲ 哒啦风光

进。城镇基础设施建设项目 80 余个，总投资达 120 多亿元；开展重大工程及重点项目建设近 200 个，其中产业项目 2 个，总投资达 4.5 亿元，城镇基础设施建设项目 36 个，总投资达 170 多亿元。

重视产业支撑。坚持"农业＋旅游"。大力发展观光农业、休闲农业、体验农业，推动建设软籽石榴、茶叶、中药材、花卉苗木、猕猴桃、刺梨等产业基地，推出一批蔬果采摘、农耕体验、田园观光、休闲养生等农旅融合新项目，建成娘娘山、哒啦仙谷、沙淤景区等 9 个农旅融合景区，打造了观光农业园区、体验农业园区、农耕文化产业园等 11 个农业园区。坚持旅游与扶贫的深度融合。构建旅游助推脱贫体系，坚持生态产业化、产业生态化，把旅游设施建设与改善贫困地区基础设施建设相结合，把旅游产业项目与扶贫开发项目相结合，把旅游人力资源开发与贫困人口就业相结合，打造九坎森林公园、大洞竹海、虎跳峡等景区，获国家乡村旅游扶贫工程重点村 61 个、全省乡村旅游重点村 29 个、省级乡村旅游扶贫示范村 2 个，实现旅游脱贫人数达 2.3 万人。构建城景融合发展体系，大力发展城镇经济，强化城镇产业支撑，推进工业园区、农业园区、旅游景区与城镇建设互动融合，建成东湖、南湖、中央森林公园、湿地公园、九头山生态公园和紫光湖等，实现"城在林中、湖在城中、人在景中"的城市风貌；以高速公路和高速铁路沿线、产业园区和景区景点周边为重点，布

▲ 沙淤核心景区效果图

局生态特色农业产业，高标准建设一批特色生态小镇、民族风情小镇、旅游度假小镇，并以生态绿色公路联通，打造一批连接城乡的休闲、娱乐、养生、避暑产业，实现"城镇—通道—产业"有机结合，推进产城景养融合发展。

另外，盘州市将不断坚持改革创新驱动，深入推进"三变"改革、投融资体制、社会治理体制等重点领域和关键环节改革，注重用改革的办法破解难题、推动工作，增强产城景养融合发展的动力和活力。

产城景养融合发展案例：娘娘山温泉度假小镇

娘娘山温泉度假小镇位于贵州省盘州市北部，居住着汉、彝、苗、白、布依等民族，其中，彝族人口占 45%，苗族人口占 12%，有着悠久的少数民族文化。通过"三变"改革，美丽乡村等环境改造集聚区项目地已呈现社会主义新农村风貌。不仅是全省排名靠前的 100 个高效农业示范园之一，也是全省 100 个旅游景区之一，被称为"双百"园区。园区规划总面积 275 平方公里，覆盖农户 1.8 万户 6.4 万人。园区连续三年被评为省级重点现代高效农业示范园区，获得国家农业科技示范园、全国优选旅游景区、国家 4A 级旅游景区、全国休闲农业与乡村旅游示范点、全省党建扶贫示范基地、全省劳模疗休养基地等称号。

温泉度假小镇与娘娘山国家湿地公园相互依托。湿地公园为"中国最为独特的高原泥炭藓湿地""高原湿地的大自然杰作"。于2015年列入贵州省"100个旅游景区"建设名录。娘娘山湿地之奇，在于大面积的金发藓，高山泥炭藓标志性植物的生长。娘娘山顶厚实的泥炭癣层，像海绵一样，把来自天空的水储存起来，让人们看到"天山飞瀑"的美景。湿地有多彩的杜鹃、茂密的箭竹、茂盛的森林，是我国迄今保存最为完整的独特高原湿地。湿地公园海拔高度为2319米，山顶形成了3万多亩连片分布的泥炭藓沼泽湿地，包括泥炭藓沼泽、草本沼泽、灌丛沼泽、森林沼泽、库塘等湿地类型，是中国华南最大的高原湿地，有"华南第一高原湿地"之称。在山顶可饱览雄伟壮观的万峰林，天气晴好之时可视范围约100平方公里。

依据《贵州省省级现代服务业集聚区认定管理暂行办法》，盘州市娘娘山景区被评选为贵州省第七批省级现代服务业集聚区。盘州娘娘山大健康服务产业集聚区规划以现代高效农业产业的开发来带动高原湿地生态旅游的发展，着力打造"一心五园三景区"的休闲旅游度假胜地。即建设包括五星酒店、温泉会馆、休闲茶楼、民族商业街、木屋别墅、水上乐园、寺庙、少数民族特色村寨等在内的娘娘山旅游接待中心，建设贵州六盘水娘娘山国家湿地公园、天鹅湖湿地公园、娘娘山体育公园、蓝莓采摘园、特色水果采摘园，建设天山飞瀑景点、天生桥景点、六车河大峡谷景点。

目前，娘娘山温泉度假小镇从"身、心、神"形成整体的康养旅游布局。

养身，即是对身体的康养保护，将身体功能调整和恢复为最佳状态。基本目标是将运动、保健、休闲和旅游作进一步深度的结合，将锻炼、养护和休闲旅游统筹考虑。特点是，参与度较高，受欢迎程度较高，更受到年轻群体的喜爱和参与。

养心，即是针对现代社会的高压力和快节奏，重视对于心理健康的关注和治疗。从心理咨询、文化影视、休闲度假的角度延伸出特色产品，保证消费者的心情放松、心理健康和积极向上的心理体验。特点是潜在人群范围广，能够形成与消费者的黏性。

养神，即是更高一级的心理享受，对人的思想、信仰、价值观念等精神层面的养护，旨在保证个人精神世界的健康和安逸。娘娘山既是传统文化集聚之地，又有创新争先的"三变"精神；既可以让人安心养神又可以唤醒奋斗的激情，这是高层次人群追求的所在。

必须强调的是，发展康养产业，最重要的是有产业作为支撑。娘娘山温泉度假小镇主要是聚焦两个方面的发展。一是康养农业，提供农产品、农业风光与康养产品和服务相结合的融合业态。目前，娘娘山以蓝莓采摘园为抓手，以农业生产为主，满足消费者有关生态体验和康养产品的需要。二是康养服务业，由健康服务、养老服务和养生服务组成。健康服务包括医疗卫生服务、康复理疗、护理服务等。养老服务则是由看护服务、社区养老服务、养老金融服务组成；养生服务更面向旅游者，把美体美容、养生旅游、健康咨询以更广泛的形式体现出来。目前来看，康养农业是基础，康养服务业是未来的抓手。

娘娘山温泉度假小镇的最大特点是逐步建设和运营。它在功能定位、行业选择、空间布局、风格特征和发展模式方面进行了创新。特别是作为一个产业与地区相结合的经济社会形态，产城景养的融合发展体现得尤为充分。

按照从无到有的发展路径，娘娘山温泉度假小镇的建设可分为战略定位、组织建设、运营管理三个阶段，每个阶段都有预期实现的任务目标和需要遵循的基本原则。

第一阶段，合理设计战略定位，尤其是主题功能、产业系统和特色定位三个方面。娘娘山是普适性与特殊性的高度结合，是反思过去与未来展望的高度结合，是中国当下发展的一个"缩影"。将明确小镇对于城市和农村之间的衔接作用以及与相邻小镇的互补作用作为功能定位；将依托当地的资源及市场条件，遵循适宜和适度原则，围绕特色主导产业，聚合相关产业，去建构产业生态系统；将人与自然的高度融合以及当地的历史文化、自然风光、民俗风情等特色资源融入空间环境和特质中作为特色定位。在尊重保护原生文化的基础上，"留得住青山绿水，系得住乡愁"，成为"区域特性—产业发展—民居生活"三位一体、和谐相融的特色小镇。

第二阶段，高效有序组织建设。将基础设施与政策配套当作关键的因素去抓。基础设施建设是特色小镇发展的先导性工程，对外要加强交通、运输、通信等市政设施建设，让小镇融入大市场、大都市圈，获得可持续发展的动力；对内要加强科技、教育、文化、卫生、商贸等公共服务设施、市政工程设施建设以及防灾减灾等设施配套，使小镇成为产业、生活、生态一体化的空间和平台。与此同时，地方政府需要加强政策引导、扶持和保障服务，尤其在土地保障、财政支持、税收政策等方面，创新规划建设和社会服务管理，促进特色小城镇的"产城融合"发展。

第三阶段，系统完善运营管理，形成长效的发展机制，使政府、居民、外来投资者的利益均得到满足。重视现代投资体系中的财务状况、发展潜力、盈利模式，并形成一套内生系统去吸引和留住投资者。娘娘山在发展过程中也遭遇到很多危机，每次危机都是新的市场化运作机制的改革与创新，都是政府参与的各种产业发展平台的创立和升级，都是当地人的参与积极性与外来产业的发展活力的再次融合。产城景养的融合发展最能考验运营管理的合理性与效率性，因为特色小镇的发展是一项复杂的系统工程，要把人、财、物、政策的潜力发挥到最大，以最大的效率形成最大的效益。

当然，娘娘山的康养产业本身具有不可复制性。因为，并不是所有地方都拥有娘娘山优越的自然环境、文化生态和医疗服务。但是，我们强调的是娘娘山在发展康养产业的过程中，所体现出的三大特色：一是强调社会文化属性，凸显产业所承担的社会责任，产品设计和经营模式需要高度人性化，彰显人文关怀，避免唯产业论的取向，真正发挥社会服务的功能；二是综合考虑文化因素，即契合中国传统文化内涵和区域文化特点，从消费群体的需求和特征分析进行产业定位，特别要考虑不同人群、不同地域消费习惯的差异问题。三是永远把组织建设放在一切先决条件之上。资金和人才虽然重要，但如何用好、如何发挥最大效率，才是不同主体应该深刻关注并学习的关键。

三、盘州市加快推进农旅融合发展夯实脱贫基础

农旅融合一直是盘州市着力推行的核心战略。全域旅游模式下，农旅融合又和示范小城镇、农业园区、"四在农家·美丽乡村"六项行动计划、精准扶贫、生态移民等项目有了深度融合。依托传统的三大特色：特色农业、特色规模种植和高科技果蔬种植。结合三个旅游特色：自然风光、古老村寨和民俗风情。一是在旅游景区内重点发展特色产业观光和生态休闲度假；二是为传统的产业基地形成旅游氛围，打造旅游产品。让更多的群众在不同产业之间轻松跨越，千方百计增加群众收入，不断夯实脱贫基础。

农旅融合的过程有三大创新：

第一，科学规划的全面引领。坚持规划先行，按照"多规合一"要求，加快推进旅游景区农旅一体化建设、"国家全域旅游示范区"创建，深入推进《盘州市空间规划"多规合一"试点》工作，将农业、林业、水利等多个规划融入其中。尤其在盘州市建成"大健康山地特色旅游目的地城市"的总体定位的指引下，在《乌蒙大草原国际生态旅游度假区建设发展规划》《妥乐古银杏景区旅游度假区建设发展规划》《盘州市"十三五"旅游发展规划》《哒啦仙谷旅游度假区发展规划》和《老厂竹海旅游景区建设发展规划》的编制过程中，在保障生态环境的前提下，重视对于农旅融合的体现，实现"农业、农村、农民"与旅游产业的无缝对接，真正形成"旅游脱贫"的局面。

第二，"三变"改革的全面深化。盘州市作为"三变"改革的发源地，也是通过"三变"改革而最先享受改革红利的地区。通过发展山地特色农业、乡村旅游和休闲度假，不断带动旅游景区农民参与投资建设。娘娘山国家湿地公园旅游景区 19 个村集体发展资金以现金方式直接入股娘娘山园区休闲旅游产业，入股资金共 92 万元；有 465 户村民通过现金方式入股合作社，总股金达 2000 万元；有 499 户农户将土地折价入股合作社达 210 万元。旅游景区的不断发展和农民收入的增长拓宽了农民增收渠道，增强了农民致富奔小康的信心。新时代的中国农民以全新的方式进入了全新的时代。

第三，农民参与的全面实践。农民参与主要体现在两个方面：一是依托旅游景区现有资源，政府引导和扶持旅游景区所在地农民开展开办乡村旅舍、农家乐等形式的乡村旅游经营活动，使农民切实受益，推动农村加快发展。目前，妥乐村、舍烹村、坡上村、鄂官村、岩脚村等多个村寨农家乐、乡村旅舍经营户不断增多。多渠道筹措乡村旅游帮扶资金，争取上级乡村旅游贴息贷款、乡村旅游扶贫资金，扶持农家乐重点改造厨房、卫生间等设施，改善经营环境，提升接待能力。二是大力发展民俗文化游，让农民变为"演员"。发展以乡村民俗文化、风俗习惯为主题的民俗文化类乡村旅游项目。重点推出彝族火把节、布依族布依歌节、回族古尔邦节及采花节等民族文化传统节日，不断推出撒麻舞、海马舞、芦笙舞、达体舞及大筒箫等民族歌舞。既可以提升旅游景区文化内涵，又能让村民增加接触外来文化的机会，同时还能让村民成为旅游从业者，通过身份转变提高收入，形成良性发展。

目前，盘州市累计投资 120 亿元陆续打造的带有鲜明农旅融合风格的妥乐古银杏、哒啦仙谷、娘娘山国家湿地公园和乌蒙大草原已经成为国家 4A 级旅游景区和省级旅游度假区。娘娘山景区和哒啦仙谷景区荣获"国家休闲农业和乡村旅游示范点"称号。大洞竹海景区获批"国家级森林康养基地"单位。

典型案例：哒啦仙谷景区"农旅融合"发展

近年来，盘州市哒啦仙谷旅游景区立足独特的山水地理风貌和丰富的旅游资源及区位优势，借助贵州省"5 个 100 工程"为契机，以"资源变股权、资金变股金、农民变股东"的"三变"改革精神为抓手，以土地"三权"置换激活创新经营模式为实际，重点依托发展特色农业产业，促进园区农业、旅游发展，按照"政府主导、村企联合、资源整合、市场运作、品牌打造"的思路，积极提升旅游服务能力、加快完善旅游基础设施，围绕创建"国家全域旅游示范区"目标，全力打造岩脚村美丽乡村旅游景点，为乡村旅游的全域化发展开好局、启好步。一时间，位于哒啦仙谷景区的旅游产业呈现出处处山水皆文章、乡村旅游迸激情的泉涌之势，形成了"百业扶旅游，旅游兴百业"的良好局面。

目前，哒啦仙谷是贵州省重点打造的 100 个重点旅游景区和 100 个高效农业园区之一，也是六盘水第一家"双百园区"。2014 年获得了国家农业部、国家旅游局颁发的"2014 中国美丽田园""全国休闲农业与农村旅游示范点"称号，景区 2015 年荣获"全省十佳农业旅游景区"和"全国休闲农业和乡村旅游五星级示范园区"。2016 年，哒啦仙谷景区被评为国家 4A 级旅游景区和省级旅游度假区。

哒啦仙谷总规划范围为 72000 亩，核心区 12000 亩，以保存完好的喀斯特山区湖泊地貌为基础，以特色示范和创意休闲农业为基本产业，以园区规划的"产业农业""观光农业""休闲旅游""养生度假"四大功能板块，提供特色鲜明的特色农产品以及休闲养生服务，打照国际性旅游度假目的地。"哒啦"是世居当地的布依语译音，意义"团结互助"。哒啦仙谷正是沿袭这一民族团结理念。

围绕"农"字，做出好"文章"。盘州市哒啦仙谷旅游景区立足自身区位优势、环境优势，借助贵州省"5 个 100 工程"为契机，以"三变"改革工作为抓手，以土地"三权"置换激活创新经营模式为实际，围绕"农"字做文章，大力发展农业特色产业，突出园区特色，以农促旅，以旅补农，农旅为一体共同发展，提高农业效益，实现传统旅游业转型升级发展。建成标准插地式温室单体大棚150个，种植有草莓、五彩番茄等果蔬60余亩；蔬菜种植区占地面积200亩（露天种植有150亩），每年可产新鲜优质无公害蔬菜3万公斤，带动周边农户发展蔬菜产业2000余亩，蔬菜成品经处理包装后采用"农超对接"模式直接推向市场。精品水果采摘区总占地100亩，种植有杨梅、脆皮梨、枇杷等水果15种；种植食用菌80余亩；建成万头生态猪养殖场1个，年出栏优质商品猪6000余头；建成生态水产养殖场2个，水域面积50亩，年产优质鱼10万余斤、优质虾5吨。

集"整"为一体，咬定发展不松口。景区整合发改、扶贫、财政、国土、交通、农业科技、教育等渠道的项目资金，划入航投公司等投资平台公司进行融资，逐级放大投资规模，集中打造农业特色优势产业。以贵州省"5个100工程""四在农家·美丽乡村"小康六项行动、绿色贵州建设三年行动计划为抓手，立足资源优势，将乡村旅游与现代特色山地农业园区发展有机融合，积极推动景区基础设施建设。加强特色农业产业带品牌建设和农业园区的水、电、路、房、寨、讯等基础设施建设，加快建设农机化装备、喷滴灌、钢架大棚、标准化厂房、农产品流通、农产品质量安全检测等生产配套设施，完善现代农业产业体系。目前已形成盘县火腿、信友核桃乳、刺梨系列饮品、碧云剑高山茶等一批具有区域特色国家标志的品种。修建园区主干道68公里，机耕道路70公里，生产便道65公里；建成灌溉沟渠（含管网）1380公里和蓄水池7个，容量1200立方米；建成温室大棚30万平方米，标准圈舍1.2万平方米，农残检测室1个，电网改造13.8公里。

以"文"为本，提升景区灵魂。文化是旅游的内涵和灵魂，是旅游的焦点和轴心，景区以旅游业为"触媒"和"融头"，铺设出了哒啦湖畔花园酒店、生态餐厅、游乐场等业态板块。以当地少数民族布依族的语言中喻义"牵手、团结、和谐"的哒啦一词，给景区命名。并围绕着"哒啦"主题，打造"心无疆、意斑斓"的景区文化。将景区现已建成的现代农业作为主要的旅游吸引物，有效地整合航空、教育、摄影、康养、生态餐饮等资源，依托山水、村落布局，打造出"一山一水、一产一业"的"农旅融合"景观特点，使得园区旅游市场集中化、规模化，实现了对园区全资源的有效利用。在园区产品营销、文化品牌的塑造上，景区始终坚持"创生态""好口碑"的品牌形象的建设目标，自建设之初到现在一直不放弃"心无疆、意斑斓""从前年猪饭的味道""地道羊汤锅"等文化形象的塑造，让景区品牌深入人心，认识到景区品牌、口碑建设的长远性、整体性、脆弱性。在景区旅游发展的过程中，不分淡季旺季，不分白天夜晚，不分核心旅游区域内还是核心旅游区域外，都以能够为游客提供满足其体验需求的产品和服务建设宗旨。不松懈、不懒惰、不遗漏，无论是景区公司还是民宿、农家乐都要求高质量、重实效的旅游产品和旅游服务，在当地居民自主经营的旅游产业中也涌现出了受游客喜爱的鄢官水库鱼、沸腾鱼庄等民宿、农家乐。

借旅游之便、扶贫之力，筑小康之基，让农户受益。在旅游开发建设工作中，始终坚持优先选择当地农民，就地转移当地剩余劳动力，农民收入稳步增加。一是依托哒啦仙谷省级农业观光园区，哒啦仙谷通过利用土地入股形式转换为合作社股权，推动土地股权化的同时，继续推进现代农业园区产业建设；通过厘清农民、资源、资金、企业等"三变"要素，以资本为纽带将园区周围的村集体、村民和企业利益紧密连接，形成了工农互补、互利共赢的农业发展新业态。在扯扎村、鄢官村、岩脚村与农户协商达成发展油用牡丹种植基地建设，目前已经种植 3.5 万亩，人均年增收 4500 余元。二是从拓宽农业就业门路入手，加快农村富余劳动力的就地转移。景区建成后，在湖畔花园酒店、七彩花田、哒啦生态馆和哒啦农庄等解决就业 165 人。三是构建旅游扶贫经济体系，积极争取财政补贴资金扶持村民开展乡村旅馆、农家乐等经营活动所需资金，积极协调扶贫资金小额贷款，鼓励发展投资小、风险低的生产经营项目，提高贫困人口的参与能力，目前通过土地入股、房产经营、园区务工，培育致富带头人 43 名，发展农家乐 48 家、乡村客栈 22 家、农民专业合作社 16 家，带动就业 2000 人。四是围绕"三变"工作思路，让贫困农民优先精准脱贫。以市场需求为导向，以农村基本经营制度为基础，按照"公司＋合作社＋基地＋农户""公司＋村集体＋农户"等发展模式，对园区内的农村贫困户，统筹安排财政专项扶贫资金，优先支持建档立卡对口帮扶种植油用牡丹、刺梨等产业，按照精准脱贫政策给予帮扶，在技术培训上优先指导，在各类补助上优先安排，积极引导群众参与油用牡丹种植。其中解决贫困户 183 户 410 人就业，人均收入每年可提高 3500 元。

四、全域旅游让一批新兴业态快速涌现出来

（一）盘州通航

低空通航旅游业务主要是指游客在旅游目的地空中观光游览或以旅游为目的低空景区摆渡，让游客换一视角全方位游览景区，主要服务航空器为1架意大利阿古斯塔AW139和2架AW119Kx直升机，宽敞舒适的客舱可以同时容纳8人和14人，并在盘州市全域旅游集散中心设立专门售票与咨询点。2018年与乌蒙大草原景区、娘娘山湿地公园景区、虎跳峡景区、大洞竹海景区、新民梯田温泉景区、妥乐古银杏景区、哒啦仙谷景区、沙淤景区、刘官胜境温泉九个主要景区签订空中游览合作协议，通过和景区联系达成合作，如有游客需求，直接与景区联系购票，也可直接联系通航公司。各景区旅游旺季期间，直升机可直接到各景点提供空中游览服务。自发展全域旅游以来，一直以"空中看盘州—联动全市景区"为主要发展目标，力争打造一个特色新颖的旅游方式，真正推进全域旅游发展。目前空中游览业务已服务游客上千人次，旅游经济收益不断增长，带动盘州市各旅游景区效益不断上升，以"通航＋旅游"为路径，将旅游资源进行整合，实现"旅游化"发展。

2018年5月，盘州市两河航站楼建立了盘州市首家国防航空科普教育基地，以"军民融合航空科普"为主题，针对不同需求层次的科普对象，努力创新，务求实效，

▲ 盘州市直升机群

广泛开展典型性、新颖性、多形式、多渠道的科普活动，科普基地总投资额 422.98 万元，占地面积 1800 平方米，授课讲师 12 名，其中包括飞机模拟器区、VR 体验区、航空科普大课堂教室、航空知识文化长廊展示区、飞机模型展示区、真机讲解区、航模制作

▲ 盘州市国防航空科普教育基地开展青少年儿童航空科普实践活动

区、休息区、航空主题餐厅等。2018 年 12 月，获得六盘水市科技局授予"六盘水市航空科普教育基地"荣誉称号，主要针对以盘州市为中心，辐射到黔西南州、六盘水市等周边地区的游客进行参观游览和科普学习。将国防航空科普教育基地与空中游览、当地旅游结合起来，让游客集学、玩、游为一体。国防航空科普教育基地主要是让盘州市广大青少年儿童树立航空理念，掌握航空知识，增强航空科学意识，提高航空文化素质，建立正确积极的生活方式；让盘州市旅游形式不局限于风景游览感受，增加学教旅游感受。盘州市国防航空科普教育基地已开展近百场教育活动，接纳 4000 多名学生，其中包括盘州市境内幼儿园以及小学、兴义周边培训班等，每次活动不仅仅限于教育和科普，科普过程中也会带领学生到就近景区欣赏和体验空中游览。

（二）刺梨产业

刺梨产业，正从传统的种植产业逐渐升级为支撑盘州市未来发展的支柱型产业。其发展历程，比之任何新兴产业都更有意义。

刺梨产业的开端，首先是规模化种植和深加工。盘州市"把绿水青山变成了金山银山"，为实现百姓富裕与生态完整的有机统一，紧紧围绕"生态建设产业化、产业发展生态化"的建设目标，按照"生态产业化、产业生态化"的要求，大力发展刺梨的规模化种植。采取政府引导、企业带动、规模推进的措施，截至目前，累计发展刺梨产业 54.41 万亩，建成刺梨加工厂 3 个。产品成功在"北、上、广"等城市大市场建立农特产品专卖店，"刺力王""天刺力"的品牌不断推广，经济效益惠及农户几十

万人。首先在源头上实现了产业结构调整和农民增收致富的目标。

盘关镇贾西村刺梨种植面积已达 13500 亩，带动了 2267 户农户增收致富。以贾西村为核心的盘关天富刺梨园是盘州市刺梨产业发展的一个缩影。目前，盘州市在全市 324 个村种植刺梨 50 余万亩，覆盖全市 52 万人。刺梨鲜果收入将超过 1 亿元，带动上万贫困户增收致富。

走进村子，漫山遍野的刺梨果挂满枝头，村民们有的忙着采摘刺梨、有的忙着装袋，处处呈现出一道道助农增收的美丽风景。村民们脸上洋溢着幸福的喜悦。村民大嫂开心地说："仅仅在采摘期这一个月，我家就有 3000 元的收入，以前种苞谷没有这么高的收入，前年乡里动员种刺梨，我家种植了 2 亩多，今年刺梨挂果获丰收，我家两人每天都去采摘，一天能收入 100 多块钱。"

刺梨产业的深化，是培育核心企业，塑造知名品牌。首先是紧抓"中国野生刺梨之乡""中华人民共和国地理标志保护产品""国家级出口刺梨食品农产品质量安全示范区"的品牌，把产品地的品牌优势不断放大。其次，依托品牌优势，政府出台各项政策，大力扶植核心企业。目前全市 3 家刺梨加工企业年加工能力达 280200 吨，实际加工 14901 吨。其中，贵州天刺力食品科技有限公司是省级龙头企业，年生产能力 15 万吨，建成年产 2000 吨的凉都圣地亚酒庄、果脯线、研发室生产线，新开发了刺梨茶饮料、果酒、含片、胶囊等产品，是目前同行业中加工能力最强、产品种类最多的企业，2017 年收购刺梨 2700 吨，共加工产品 1350 吨，产值达 1.1 亿元；贵州宏财聚农投资有限责任公司 2018 年被评为省级扶贫龙头企业，规划建设 50 万吨级盘州刺梨产研中心，该项目总投资 15.77 亿元，分两期建设，一期占地 161.2 亩，总投资 5.57 亿元，设计年产能 20 万吨，一期自 2017 年 6 月启动建设以来，已建成投产"刺力王"系列产品，建成综合办公楼、科研大楼、员工宿舍、品牌展示中心、生产车间、冷库、仓库和配套生产用房等，并实现榨汁、饮料、口服液、果脯、原汁、精粉、含片 7 条生产线的安装投产，成立了中国刺梨产业研究院，吸纳多家专业机构开展深度合作，研发刺梨系列产品 42 项，上市销售产品暂有 6 项，已成功申请专利 9 项，注册完成商标 214 项，申请版权 17 项，域名注册 5 项，是目前同行业中加工能力最强、产品种类最多的企业，2018 年收购刺梨鲜果 8000 吨，产值达 1.5 亿元。

当前，盘州市将制定完善相关管理办法，完成市级林业龙头企业评选、认定工作，深化与省内外知名院校、林业科研院所的合作，聘请知名专家教授做技术顾问进行技术指导，每年开展两次以上综合管理技术培训，重点培养乡土人才，切实解决基层技术服务等问题，并牢固树立全市"一盘棋"的思想，支持天刺力公司等超前

▲ 刺梨丰收季采摘

谋划好刺梨精深加工，组织参加各类推介活动，提高盘州市刺梨产品的知名度、美誉度，不断提高市场竞争力和占有率。盘州市刺梨产业正进入蓬勃发展的新时期，正在成为助农增收的地方特色产业，带动更多群众脱贫致富。

刺梨产业的升级，是与旅游产业的深度融合的体现。目前，盘州市以刺梨为核心吸引物的旅游景区众多，其中国家 4A 级旅游景区就有两家，分别为娘娘山景区、哒啦仙谷景区。在娘娘山金刺梨种植基地，王大哥的农家乐刚开业，就受到来自贵州、云南等地游客的青睐。这个昔日岩石满地、杂草丛生的岩旮旯因为金刺梨的种植变成了外来客人的游览农庄。"自我们基地种植的刺梨挂果后，就有很多客人远道而来，我们就用自己种的蔬菜、自己养的林下鸡来招待客人。来吃过的客人又将亲戚朋友介绍来，所以我们的农家乐现在生意不错。"王大哥一边忙着招待客人，一边向笔者介绍。

另外，不同季节的赏花品果带动了乡村游的发展。"刺梨花一般在 4、5 月份开，花期持续一个多月。刺梨果实的采摘期从 9 月初就开采，一直要持续到 10 月底，这两个时期是客人来游玩的高峰期，我们可以围绕金刺梨赏花品果做文章，发展乡村生态旅游。"舍烹村郭大哥对未来充满憧憬。

刺梨产业的关键是更好地保障农户受益，达到利益共享、共享共建的新局面。盘州市在发展刺梨产业时，采取"公司＋合作社＋农户"的方式，农户可享受土地分红和鲜果保底收购等待遇，有效保障了农户的利益。刺梨产业的发展，不仅带来了生态效益，还带来了经济、社会、扶贫等多方面的效益。如今，刺梨遍布盘州大地，已成为生态治理的"生态树"、旅游发展的"景观树"、村民致富的"摇钱树"。2017 年，

▲ 刺梨丰收季硕果累累

盘州市刺梨产业总产值达 29040.4 万元，惠及农户 33.76 万户 97.9 万人，其中贫困户 3.8 万户 10.7 万人，平均每年每人可增收 480 元。

每到丰收季，盘州市的 245 个合作社、141 个刺梨种植大户的基地里，每天都有上万人参与采摘刺梨，为了确保农户采摘的刺梨有销路，天刺力、宏财聚农刺力王两家刺梨深加工企业也时刻开足马力，加班加点收购鲜果进行深加工。

案例：在刺梨园打工的贫困户熊小芬家

熊小芬家是贾西村八组的贫困户，常年在刺梨园打工。"以前种苞谷、洋芋，一年到头苦下来，连肥料钱都不一定挣得回来。现在，家里用 5 亩多地入股合作社，每年可以有 2380 元分红，两个人在园区打工，平均一个月有 700 多元收入，一年就是 8400 元，加上扶贫资金、二女户补助等，一年收入达到 17600 元左右。"

（三）大健康产业

结合国家健康服务业发展方向、贵州省打造"国际知名的宜居颐养胜地"目标及盘州市"大健康旅游目的地"城市定位，盘州市坚持以转变经济发展方式、优化调整经济结构、提高经济发展质量和效益为中心，积极发展大健康医疗产业。当前盘州市以推进"国家全域旅游示范区"创建为契机，强力推进大健康旅游项目建设，提升大健康旅游品牌形象。

加快推进大健康产业发展改革。着力完善旅游统计监测体系，深入推进旅游统计体系改革，抓好"大健康"与"大旅游"深度融合，将大健康旅游产业纳入智慧旅游云体系。依托"金彩盘州"全域旅游集散中心和各旅游景区游客接待中心等基础设施，逐步完善智慧旅游平台建设，将旅游统计纳入智慧旅游平台监管。扩大盘州旅游知名度，加强盘州市旅游微观平台、微博及旅游景区微官网建设。有利于大健康医疗产业的发展，提升中医药健康旅游服务标准化和专业化。

加快建设健康休闲旅游产业项目。以贵州省 100 个景区为重点，以现有 4A 级、3A 级旅游景区作为基础和支柱，大力建设大健康休闲旅游产业项目，促进以"游"为支撑的健康休闲旅游产业发展，初见成效。一是全力打造温泉养生品牌，目前，刘官胜境温泉和娘娘山景区温泉小镇已建成，哒啦仙谷温泉已完成水质检测与地热井钻探；妥乐温泉度假区正在积极进行温泉钻井。二是围绕核心景区进行打造，完善大健康旅游产业业态。现阶段丹霞镇旅游景点游客接待中心已基本建设完工；各景点规划已结束，施工单位已进场；丹霞山护国寺宗教禅修园正在建设中。新民梯田温泉景区将着力打造温泉综合体项目，目前正在前期筹备中，预计 2020 年完成精品温泉酒店和大众温泉酒店的建设。未来，将突出建设新民温泉综合体、哒啦仙谷温泉、老年养护中心、竹海景区养生馆、妥乐温泉度假区、罗藩河漂流度假区建设项目、谷中谷康体养生酒店项目、娘娘山温泉度假小镇建设项目。重点打造大健康产业集群，有力推动我市凉都品牌的升华。

促进大健康医药产业发展统计监测。加强对大健康医药产业发展企业进行梳理，涉及大健康名录的企业、个体工商户等进行核查，并协调其填录大健康医药产业发展统计监测系统，截至目前共填报企业有 53 家，其中酒店 26 家，餐饮及农家乐 7 家，旅行社 5 家，公司 15 家。填报企业已全部通过县、市、省三级审查。

加大招商引资力度，积极引导社会资本参与农旅一体综合产品的开发。继续加大招商引资力度，充分调动和鼓励社会力量兴办旅游，引导民营资本参与农旅一体产品的开发建设。目前，宏财集团投资 5 亿元完成林下中药材套种 26000 余亩，类别包括玄参、头花蓼、丹参等，通过进一步加强康养食材、森林食品等研发、加工和推广，逐步树立了特色鲜明的疗养品牌。目前，相关刺梨产品如饮料、口服液、含片等均已上市，正加大力度逐步将中药材与刺梨、竹产品（竹笋、竹荪等）融合研发，推出更多特色产品助推疗养名片塑造。

提升旅游管理服务，助推大健康产业发展。加强旅游行业管理，建立健康有序的旅游服务体系。一是成立市旅游发展委员会加大对全域旅游创建工作的领导；二是出台了《盘州市推进国家全域旅游示范区创建工作实施方案》《盘州市旅游景区管理实施细则（试行）》《盘州市农家乐管理实施细则（试行）》《盘州市旅游酒店（宾馆）管理细则（试行）》等加快推进全域旅游发展和规范旅游市场管理；三是出台《盘州市全域旅游工作目标考核办法》将市直有关部门、管委会、旅游景区公司、市属平台公司、乡（镇、街道）纳入年度考核目标；四是出台《盘州市推进"国家全域旅游示范区"创建验收标准分解表》和《盘州市旅游景区规范管理工作方案》，深入推进"国家全域旅游示范区"的创建，规范旅游市场、提升服务品质、完善管理体系。

▲ 盘州胜境温泉鸟瞰图

第七章

以『三化』搭建全域旅游『监管网络』体系

　　秩序与安全是国家全域旅游示范区创建中的重要内容，以旅游安全管理为基础，完善旅游服务标准体系，加强旅游标准化管理，提高标准覆盖率。积极推进旅游标准宣传和推广培训，开展标准化试点和示范工作，积极探索推进旅游服务个性化和差异化，全面提升旅游服务品质。

　　盘州市全域旅游发展中，以"三化"搭建全域旅游市场监管网络体系。一是"标准化"，旅游管理部门狠抓标准化建设，建立标准化管理体系，促进旅游服务标准化，提升旅游服务质量。二是"智慧化"，建设全域旅游大数据运营服务平台，打造智慧旅游景区，搭建智慧旅游管理服务平台，创新旅游投诉机制，提升旅游投诉处理效率。三是"规范化"，建立统一管理机构，完善全域旅游执法队伍，强化旅游市场常态化管理，规范旅游市场秩序，促进旅游市场监管规范化。在标准化方面，盘州市推动全市 100 余个部门出台 135 个标准化建设方案，确保全域旅游建设有"标"可依。在智慧化方面，盘州市建设全域旅游大数据运营服务平台，该项目总投资 1.04 亿元，目前已投资完成 6300 余万元。全域旅游大数据运营服务平台以一部手机管旅游、一部手机游盘州、一个引擎卖旅游、一朵旅游云迈入数字经济时代"四个一"工程为主要骨架，以聚合支付系统、营销推广管理系统、智慧巡更管理系统、大数据分析系统

狠抓标准化建设，建立标准化管理体系

狠抓标准化建设，提升旅游服务质量

· 构建景区标准化管理体系
· 构建旅游企业标准化管理体系
· 构建盘州旅游标准化体系
· 加强旅游从业人员标准化管理
· 建立旅游培训长效机制

制订旅游服务质量引领计划，
加强旅游服务质量监管

· 制订《盘州市旅游服务质量引领计划》
· 建立旅游服务质量提升专项资金
· 实行旅游服务质量分级管理

开展美丽乡村标准化试点

· 制定《盘州美丽乡村标准体系》

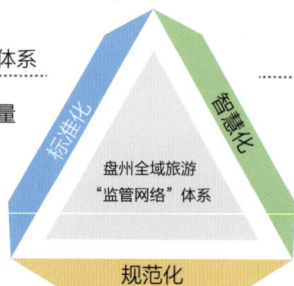

创新智慧化运营，打造智慧旅游景区

建设全域旅游大数据运营服务平台

· 打造智慧旅游智慧中心
· 构建全域智慧旅游平台

推进"大数据+旅游"，建设智慧景区

· 实施"大数据+旅游"深度融合专项行动
· 实施"宽带盘州""无线盘州"工程
· 制订《盘州智慧旅游综合规划方案》

引导市场力量推动智慧旅游发展
坚持游客为中心发展理念
加强智慧化管理，提升旅游投诉处理效率

盘州全域旅游"监管网络"体系

标准化　智慧化　规范化

市场秩序规范化，强化旅游行业监管

建立统一管理机构，完善执法队伍
强化旅游行业监管，营造安全稳定旅游环境
制定旅游应急预案，加强旅游系列安全应急管理
部门协作，联合执法，构建旅游执法"网络"
创新投诉机制，提升投诉处理效率
强化旅游人才培养，提升旅游市场服务水平
制定文明行为规范，树立文明旅游典型
开展文明旅游专项行动，构建文明旅游氛围

▲ 盘州全域旅游"监管网络"体系

等 29 个子系统为支撑。在规范化方面，盘州市成立了有 30 多个成员单位的旅游发展委员会、旅游质量监管所（下设旅游宣传营销科和旅游质量监督科）和景区管委会（成立 1 个正县级管委会、1 个副县级管理处和 3 个正科级管理处）等统一管理机构，强化对景区规范化管理。成立旅游执法大队、旅游警察、旅游工商分局、景区公安办等旅游市场监管机构，通过旅游市场常态化监管，规范旅游市场秩序。

一、狠抓标准化建设，建立标准化管理体系

盘州市狠抓标准化建设，坚持质量为先，规范旅游市场秩序，提升旅游接待服务水平，通过系列标准化建设方案的出台，推动全市 100 余个部门出台 135 个方案，确保全市全域旅游建设有"标"可依。强化旅游标准的实施与监督，加强涉旅行业从业人员的培训，提高涉旅从业人员的服务意识与服务能力，树立友好的旅游服务形象。

盘州市全域旅游发展，狠抓标准化建设，统筹服务，共推"服务标准"。坚持标准化管理、规范化提升。制定《盘州全域旅游标准化体系建设管理方案（试行）》，并

从旅游景区、旅游企业和旅游从业人员管理等方面建立系列旅游标准化管理体系，制定旅游行业标准，形成旅游行业管理会议制度，提升旅游接待服务质量。

（一）狠抓标准化建设，提升旅游服务质量

1.构建景区标准化管理体系

盘州市全域旅游发展，狠抓标准化建设，构建景区标准化管理体系，根据《中华人民共和国旅游法》、中华人民共和国国家标准《游乐园（场）服务质量标准》《贵州省旅游条例》等法律法规，拟定出台《盘州全域旅游景区核心区范围划定》《盘州全域旅游景区核心区管理细则》《盘州旅游景区管理细则（试行）》和《盘州全域旅游景区非核心区管理细则》等旅游景区管理细则，推进旅游景区规范化管理。

2.构建旅游企业标准化管理体系

盘州市全域旅游发展，注重旅游市场的监管，构建旅游企业标准化管理，根据《旅游饭店星级的划分与评定》和《贵州省乡村旅社等级评定与管理标准》等管理标准，拟定了《盘州旅游酒店（宾馆）管理细则（试行）》和《盘州农家旅馆（农家乐）管理细则（试行）》等管理规范，加强对旅游酒店和乡村旅馆的管理，提升旅游接待服务能力。

3.构建"盘州旅物"标准化体系

盘州市围绕"品牌促市场、市场促生产、生产促规模、规模促效应"的理念，大力培育特色农产品品牌。盘州市充分利用交通、通信、物流和电商等，结合盘州市旅游景区景点，精心设计"盘州旅物"商标，制作统一标识、礼品袋等，通过线上线下立体式产品销售，把盘州绿色农产品推向广阔的市场。加强盘州特色农产品的标准化

▲ 盘州 LOGO（左）盘州旅游 LOGO（右）

生产，颁布《国家地理标志保护产品——盘县火腿》地方生产标准，确保盘县火腿的生产质量。

4. 加强旅游从业人员标准化管理

构建旅游从业人员标准化管理，制定《盘州市导游管理体制改革工作实施方案》，成立市导游服务中心，建立县域导游库100余人，通过购买服务的形式服务旅游市场，形成了旅游服务质量大提升格局。

5. 建立旅游培训长效机制

盘州市全域旅游发展中，建立旅游培训长效机制，注重加强对旅游服务从业人员的培训，从仪容仪表、行为规范、言语表达等方面，提升旅游从业人员素质。整合乡村旅游培训计划、雨露计划、劳动技能培训、农业实用技术培训[1]、"农村贫困家庭一户一人培训计划"等培训资源，开展全域旅游酒店服务人员业务素质提升培训，旅游扶贫马帮从业人员培训会，旅游扶贫暨贫困劳动力全员培训等，通过相关培训活动，提升旅游服务从业人员素质，为全域旅游树立良好形象。2017年培训人数达2300余人次。对旅游服务从业人员每年培训5次以上，有3000余人接受了正规培训，200余名导游、100余名兼职导游进入导游库规范管理，通过购买服务形式服务旅游市场[2]。

（二）制定旅游服务质量引领计划，加强旅游服务质量监管

1. 制定《盘州市旅游服务质量引领计划》

盘州市全域旅游发展中，以提升旅游服务质量为核心，以完善旅游服务为基础，以创建城市旅游品牌和实施服务质量提升行动为载体，加强旅游服务质量监督管理，制定《盘州市旅游服务质量引领计划》，全面推行旅游业国家标准、行业标准，开展标准化管理，以星级饭店经营服务规范化、旅行社经营行为规范化、旅游客运专项整治、旅游餐饮娱乐服务规范化和旅游景区管理等方面为主要内容，促进盘州市旅游业

---

[1] 范珂，宋迪. 全域打造"美丽盘州"——盘州市2017旅游发展回眸 [N]. 中国六盘水网－六盘水日报，2018-03-09.

[2] 盘州市融媒体中心. 旅游业持续"井喷"金彩盘州更精彩 [EB/OL]. http://www.panxian.gov.cn/doc/2018/10/25/74215.shtml

提质增效和改革发展。建立健全旅游质量管理体系和旅游服务投诉网络，加大旅游执法检查力度。

2.建立旅游服务质量提升专项基金

引导建立促进旅游服务质量提升的奖励机制，建立盘州市旅游服务质量提升专项基金，从旅游发展专项资金中列支，推动和激励盘州市旅游企业提升旅游服务质量。

3.实行旅游服务质量分级管理，构建联合监管和执法机制

实行旅游服务质量分级管理，加强对旅游服务质量的监管和旅游市场的执法检查。构建联合监管和执法机制，推进旅游行业部门、地区联合开展旅游服务质量监管和执法，塑造游客满意企业。

（三）开展美丽乡村标准化试点

盘州市美丽乡村标准化工作持续有效推进。在美丽乡村建设标准化试点创建中，盘州市组织编制了 79 个县级地方标准，收集国家标准、行业标准和地方标准 74 个，构建了由《基础设施建设标准》《农业产业服务标准》《特色产业和服务标准》《服务业标准》和《旅游服务》等 8 个子体系构成的《盘州美丽乡村标准体系》。盘州市美丽乡村标准化试点项目于 2016 年 11 月通过考核，成为全国 36 个第一批农村综合改革标准化试点项目之一、全国 22 个首批美丽乡村标准化试点项目之一。为巩固美丽乡村建设标准化试点创建成果，进一步发挥标准化在美丽乡村建设中的引领作用，助推全市国家全域旅游示范区创建，市美丽乡村标准化试点创建工作领导小组办公室将《盘州市美丽乡村标准体系》中由盘州市自主编制的 3 个省级地方标准、6 个团体标准和 83 个县级地方标准进行整理，出版了《美丽乡村标准化盘州市自编标准汇编》。

二、创新智慧化运营管理，打造智慧旅游景区

（一）建设全域旅游大数据运营服务平台，进行智慧旅游管理

盘州市全域旅游发展中，打造了全域旅游大数据运营服务平台，该项目被贵州省大数据发展领导小组办公室评为"大数据与实体经济深度融合省级标杆项目"，是贵州省"万企融合"大行动旅游行业入选的十个标杆项目之一，也是六盘水市唯一一家

荣获服务业（旅游）标杆的项目。制定《盘州旅游景区 2018—2020 年智能硬件建设标准》及《盘州全域智慧旅游项目数据接口标准规范（试行）》两个标准，指导全市大数据中心及智慧景区建设。通过智慧旅游智慧中心的打造，开发了管理、服务、营销和物联四大系统，实现了"一部手机游盘州、一部手机管旅游、一个引擎卖旅游、一朵旅游云迈入数字经济"的智慧旅游模式。

盘州市全域智慧旅游平台主要有三个部分，大数据中心、调度指挥中心和游客体验中心。调度指挥中心主要是通过物联网建设将整个景区的人流、车流的相关数据集成进来，为景区的管理者和行业主管部门提供客流疏导和人流疏导的依据。在处理游客投诉事件和求助事件时及时响应，给游客提供一个安全、舒适的旅游环境。

盘州市全域旅游大数据运营服务平台

盘州市全域旅游大数据运营服务平台，由盘州市文体广电旅游局指导，贵州盘州旅游文化投资有限责任公司投资建设，该项目总投资 1.04 亿元，目前已投资完成 6300 余万元。全域旅游大数据运营服务平台以一部手机管旅游、一部手机游盘州、一个引擎卖旅游、一朵旅游云迈入数字经济时代"四个一"工程为主要骨架，以聚合支付系统、营销推广管理系统、智慧巡更管理系统、大数据分析系统等 29 个子系统为支撑。建设完成后可实现盘州市全域旅游调度指挥、全网调度、人流量实时调度，车流量实时监测、旅游工作人员的定位管理、应急指挥、安全预警管理、综合执法、政务协调、厕所状态监测、独立景区状态监测、舆情口碑监测、聚合营销、聚合支付等功能。

（二）推进"大数据＋旅游"，建设智慧旅游景区

盘州市大力实施"宽带盘州""无线盘州"等重点工程和"大数据＋旅游深度融合专项行动"。开展新老城镇中心区域和景区景点公共免费 Wi-Fi 项目建设，实现新老城区和重点景区景点公共 Wi-Fi 全覆盖。以"金彩盘州"全域旅游集散中心为核心，推进智慧旅游建设，推进妥乐古银杏、乌蒙大草原、哒啦仙谷、娘娘山国家湿地公园和沙淤等旅游景区打造智慧旅游景区，结合大数据战略，实现"金彩盘州"旅游大数据全覆盖。制定《盘州智慧旅游综合规划方案》，推进景区智慧旅游建设，已完

成各景区门禁系统、视频监控系统、停车场和车辆监控系统、LED 显示屏等智慧旅游项目。"金彩盘州"全域旅游集散中心大数据平台已经建成，游客只需下载官方 App 便可获知景区食、住、行、游、购、娱等信息。

（三）引导市场力量推动智慧旅游发展

盘州市全域旅游发展中，积极尝试"PPP"运作模式，鼓励社会资本积极参与建设和运营政府智慧旅游项目，力求以政府优先的资源投入获得项目无限的公共服务收益，推动盘州市智慧旅游项目发展。

（四）坚持"游客为中心"的核心发展理念

盘州市全域旅游集散中心建设，始终坚持"以游客为中心"的核心发展理念，在布局、服务功能上充分为游客考虑，尽量为游客提供快速、便捷、高效的旅游信息服务。在全域旅游集散中心，游客不仅可以购买到盘州市境内所有景区的门票、景区内部交通票、演出票、出行高铁票、机票等，还能享受到酒店、购物、现场咨询、热水供应、共享充电宝、免费医药箱等优质便捷的服务。

（五）加强智慧化管理，提升旅游投诉处理效率

1.加强旅游投诉智慧化管理

盘州市全域旅游发展中，积极利用"1+3"平台，推进旅游投诉处理效率。"1+3"平台，即"一个中心，三个平台"旅游信息化平台，建立"金彩盘州"全域旅游集散中心、大数据分析平台、综合管理平台、游客服务平台，搭建盘州市旅游投诉处理平台。充分利用智能化旅游服务平台，提升旅游投诉处理效率。畅通 12301 智慧旅游服务平台和 12345 政府服务热线，设置旅游投诉处理板块。在盘州旅游手机 App 上设置旅游投诉热线。在盘州旅游微信公众账号设立旅游投诉板块和热线电话投诉，畅通旅游投诉渠道。盘州市各旅游景区、旅行社、旅游酒店在售票窗口和服务台等显眼位置设置旅游投诉提示牌，对游客通过电话投诉和 12301 服务平台投诉案件办结率为 100%。

盘州市全域旅游发展中，充分利用"金彩盘州"全域旅游集散中心的大数据平

台，及时将旅游投诉信息反馈至各景区，督促景区及时做好旅游投诉的解决处理工作，并将处置情况反馈给有关部门备案。

2.强化网络舆情监管

盘州市全域旅游发展中，建立健全旅游行业网络舆情监管机制，市网信办做好旅游行业网络舆情监测工作，及时将涉旅网络舆情反馈至旅游主管部门，督促做好旅游网络舆情回复和引导工作，营造和谐的网络环境；各旅游景区管委会（管理处）、市属有关平台公司、各景区公司要根据网络舆情信息及时进行解决处理，并将处置情况向有关部门备案。

三、市场秩序规范化，强化旅游行业监管

盘州市加强旅游行业市场监管，统筹管理，共建"监管网络"。建立健全日常旅游市场监管体制机制，加强旅游执法、维护旅游市场秩序，营造良好的旅游市场环境。加大从业人员培训和管理力度，评选表彰一批游客满意企业、贵州旅游服务之星、优秀诚信旅行社、最佳星级饭店、最佳旅游景区、文明导游员等行业典型，营造了良好的旅游环境。

（一）建立统一管理机构，完善执法队伍建设

1.建立统一管理机构，加大市场监管力度

盘州市加强旅游行业市场监管，统筹管理，建立统一管理机构，共建"监管网络"。

（1）成立旅游发展委员会和旅游质量监督管理所，构建委员会联席会议制度

成立了以四大班子主要领导为主任，政府分管副市长任常务副主任，各有关县级领导为副主任，各相关部门为成员的盘州市旅游发展委员会，明确各单位工作职责[①]，落实委员会联席会议制度。旅游发展委员会下设委员会办公室在生态旅游局，形成委员会全体会议、委员会专题会议、办公室主任会议相结合的委员会会议制度，形成常态化旅游统筹管理机制。

---

① 六盘水：盘州市全力创建全域旅游示范区［EB/OL］. http://gz.people.com.cn/n2/2017/1031/c371755-30873303.html

盘州市旅游发展委员会工作机制

盘州市旅游发展委员会主要职责是：认真贯彻落实市委、市政府打造大健康旅游目的地城市和创建"国家全域旅游示范区"的决策部署，优化旅游发展顶层设计，完善全市旅游发展规划，推动旅游产业转型升级，协调处理全市旅游发展中的重大问题，科学统筹安排，加强配合协作，提升整体实力，增强旅游业的市场竞争力。旅游发展委员会成员单位由市委宣传部，市委、市政府督查室，国土局，财政局，生态旅游局，环保局，住建局等38个成员单位组成，并且各成员单位各司其职。旅游发展委员会形成三大委员会会议制度：一是委员会全体会议，由委员会主任主持召开，办公室根据会议议题通知相关部门和单位负责人参加，委员会会议根据实际工作需要召开，主要任务是审定全市旅游发展规划、体制等重大问题，通报有关部门、乡（镇、街道）、开发区、产业园区、农业园区、景区工作情况，审议重要赛会活动方案，重大旅游项目建设计划等；二是委员会专题会议，专题会议根据工作需要召开，由委员会主任或副主任主持召开，办公室根据会议议题通知相关部门参加，主要任务是调度、协调、解决、预审旅游产业发展中的重大问题，安排部署旅游发展工作；三是办公室主任会议，办公室主任会议根据工作需要召开，由办公室主任主持，办公室根据会议议题通知有关部门参加，落实委员会部署的工作事项。

2016年成立盘州旅游质量监督管理所，挂盘州旅游执法大队牌子，实行"两块牌子，一套人员"的管理体制，内设旅游宣传营销股和旅游质量监督管理股，对全市旅游质量进行监督管理。2018年2月，将"旅游宣传营销股"更名为"旅游宣传营销科"，将"旅游质量监督管理股"更名为"旅游质量监督管理科"。

盘州市旅游质量监督管理所主要业务范围

盘州旅游质量监督管理所对全市旅游质量进行监督管理，其主要业务范围是：负责国家、省、市旅游标准的实施和监管工作；指导全市旅游行业诚信体系建设、监督管理旅游服务质量；旅游安全和旅游保险的实施、参与重大旅游安全事故救援与处理；负责全市旅游行业的业务指导和业务培训、全市旅游质量监测、统计及信息发布；负责全市星级宾馆（饭店）、旅游船和景区质量等级的初评、评定、复核及日常监督；负责市级旅行社申报和管理；负责做好旅游市场、旅游安全、旅游投诉、监督和管理，处理好旅游投诉事件，负责对黑导游、黑旅行社进行打击、监督和管理；负责做好旅游宣传营销推介、旅游线路设计、网站建设与维护、舆情信息监测等工作；完成领导及上级业务部门交办的其他工作。

旅游宣传营销股主要业务范围

负责旅游的宣传促销、信息报送、图片分类收集、网站建设维护、旅游对外宣传推介，组织、协调重大旅游节庆活动，设计旅游精品线路和品牌；协调联络媒体和重要新闻报道、发布信息工作；指导旅游职业培训、从业人员职业资格标准和等级标准工作；及时处理网络舆情相关信息和领导交办的其他工作。

旅游质量监督管理股主要业务范围

监督管理旅游市场秩序和服务质量；组织实施旅游设施标准和服务标准；负责旅游投诉工作；规范、监督旅游企业及其从业人员的经营和服务行为；承担旅游安全综合协调、监督管理；落实旅游企业监察制、营销报批制，负责星级酒店、旅行社等旅游行业管理；指导旅游新业态发展、旅游商品开发和旅游知识产权保护工作；完成领导交办的其他工作。

（2）出台市领导挂帮机制，推进全域旅游景区的建设管理

盘州市旅游发展委员会出台《盘州市领导挂帮景区景点工作方案》和《盘州市四大班子领导挂帮旅游景区实施方案》，对妥乐古银杏、乌蒙大草原、哒啦仙谷和娘娘山等全市15个旅游景区的建设、管理、运营进行挂帮指导和督促推进。挂帮领导主要帮助景区解决重大问题，指导景区抓好各项工作，原则上不包办、不处理具体事务。要求挂帮领导每月到挂帮景区指导工作不少于2次，每月参加1次所挂帮旅游景区工作会议，挂帮领导协调解决景区重大问题，对于市委、市政府下达的具体工作任务采取挂帮是领导包任务督促推进，分管（联系）市领导按分工履行职责的工作方式，保证任务按时保质完成。

盘州市四大班子领导挂帮旅游景区工作机制

盘州市四大班子领导挂帮旅游景区工作，挂帮对象是全市 15 个景区。挂帮重点：一是指导旅游景区建立健全机构设置，明确职责分工，完善各项管理制度，督促旅游景区做好各项工作；二是指导、帮助旅游景区制定和完善旅游景区规划，按照规划梳理建设项目，拟定项目建设推进计划，有序推进项目建设，形成完整的项目体系；三是指导、帮助旅游景区解决在经营和管理过程中存在的困难和问题。挂帮职权主要有：一是传达贯彻市委、市政府关于旅游景区的重大决策部署，指导旅游景区抓好项目建设、运营及管理工作，加强与挂帮旅游景区干部的沟通交流，每月到挂帮旅游景区指导工作不少于 2 次；每月对挂帮旅游景区及相关管委会（管理处、中心）、乡（镇、街道）旅游工作开展情况进行督查调度不少于 1 次，确保旅游景区各项工作扎实推进和取得实效，营造和谐的全域旅游环境；二是帮助旅游景区厘清发展思路，科学定位发展目标，协调解决制约旅游景区发展的重大问题，确保旅游景区及涉及的乡（镇、街道）、管委会经济社会又好又快，更好更快发展；三是原则上每月参加 1 次所挂帮旅游景区工作会议，每季度向市委、市政府汇报 1 次挂帮工作情况，及时向市委、市政府反映旅游景区建设过程中带有政策性、倾向性的问题，并提出相应的意见建议；四是完成市委、市政府安排挂帮旅游景区的其他工作。

（3）组建景区管理处

盘州市全域旅游发展中，先后成立了乌蒙大草原、娘娘山国家湿地公园、妥乐古银杏、哒啦仙谷和大洞竹海等旅游景区管理处，对景区内的环境卫生、景区秩序、旅游安全和旅游市场等方面实施管理。旅游景区管理处作为政府管理旅游景区的基层管理单位，通过政府间部门对部门的沟通方式下达上级任务，反馈景区问题，从而降低企业与政府的沟通成本，提高工作效率，能够有效对旅游景区建设经营开展监督和指导，并向旅游管理部门及时反馈景区发展问题。

（4）构筑"135"创建机制

成立市五创办，将创建国家全域旅游示范区工作纳入重要创建行动，形成"135"创建工作机制，推进国家全域旅游示范区创建。

"135"创建机制

"135"创建机制:"1"即一个平台,搭建一个诚信体系平台。"3"即一个五创,一个五管,一个五统一。"5"包括:"五创",巩固国家卫生县城、创建全国文明城市、创建国家全域旅游示范区、创建国家环保模范城市、创建国家循环经济示范城市;五管,管领导、管部门、管行业、管乡(镇、街道办)、管村(居)和社区;"五统一",统一机构、统一标准、统一考核、统一督查、统一问责。

2.完善执法队伍建设,提升市场监管水平

(1)构建完善的旅游执法队伍体系

▲坪地旅游警察中队执勤点

按照"市级统筹、部门参与、联动推进"的要求,成立1个正县级管委会、1个副县级管理处和3个正科级管理处,强化对景区的规范化管理。成立旅游执法大队、旅游警察、旅游工商分局和景区公安办等旅游市场监管机构,提升旅游市场监管水平。成立以盘州市旅发办牵头,市场监管、交通、发改、消防和安监等14家单位为成员的旅游安全专业委员会,加强对旅游企业的日常监管。

(2)加强旅游行政执法学习培训

制定《盘州市旅游行政执法学习培训制度》,加大对行政执法人员的培训力度,提高旅游行政执法人员的业务素质和行政执法水平。

(二)强化旅游行业监管,营造安全稳定的旅游环境

1.开展"三治一联"整治行动,加强日常旅游市场监管

盘州市逐步规范全市旅游市场管理,加强旅游专线治理,制订了暑期旅游市场"三治一联"专项行动方案、旅游景区地质灾害防治工作方案和旅游汽车服务市场专项整治方案等8个专项方案,对地质灾害、道路交通、空中坠物、水体湖泊、食品安

全、消防安全、特种设备等加强监管。联合旅游、市场监管、消防、安监等14家旅游安全生产专业委员会成员单位针对全市旅游酒店、旅行社、旅游景区进行全覆盖检查。2017年，共开展联合检查行动56组次、检查人数327人次、检查旅游企业108家次、查出隐患整改率100%^①。2018年共出动检查

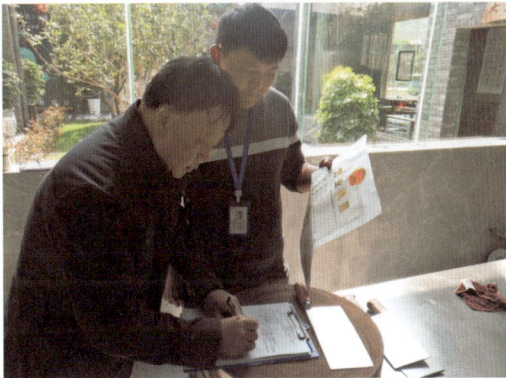
▲ 旅游市场监管分局开展检查

组31个，检查人员258人，检查旅游企业46家，查出隐患整改率100%。重点打击"黑导""黑社"，整治"低价游"旅游市场，查处黑旅行社2家^②。近年来，盘州市未发生旅游安全事故，营造了和谐的旅游环境。深化"食之放心、住之安心、行之顺心、游之舒心、购之称心、娱之开心"六心行动，打造优质的旅游环境。

三治一联

三治一联：即旅游安全专项整治、市场秩序专项整治、文明形象专项整治、强化旅游市场联系互动。

旅游安全专项整治行动：地质灾害安全预防、道路交通设施专项整治（旅游道路基础设施、景区观光游步道）、道路运输安全专项整治行动、空中坠落物专项整治、景区水系统专项整治、食品安全专项整治、消防安全专项整治、特种设备专项整治、信息安全专项整治。

旅游市场秩序专项整治行动：规范旅行社经营服务管理、强化旅游市场乱象整治、规范景区旅游服务企业经营。

旅游文明行为专项整治行动：确实提高文明执法水平、确实提升市民文明素质、确实改善景区环境卫生。

---

① 盘州市旅游局荣获2015—2017年度市级文明单位［EB/OL］. http://www.sohu.com/a/231452243_232829

② 六盘水：盘州市全力创建全域旅游示范区［EB/OL］. http://gz.people.com.cn/n2/2017/1031/c371755-30873303.html

实现旅游市场联通服务：健全旅游服务"网络"、构建市场监管"网络"。

2. 搭建"诚信建设"平台，建立旅游市场信用联合惩戒制度

（1）制定旅游行业服务游客诚信"红黑名单"制度

盘州市文体广电旅游局制定《旅游行业服务游客诚信"红黑名单"制度》《盘州生态旅游局全域旅游诚信管理工作方案》《盘州诚信旅游活动方案》和《盘州旅游行业质量诚信体系建设实施方案》。建立旅游红黑名单管理制度，对失信的旅游企业或者游客实现黑名单管理，限制旅游企业从事旅游经营活动和游客进入景区旅游。建立诚信信息查询平台，设立诚信"红黑名单"，健全旅游企业和从业人员违规登记和公开查询制度。由盘州市文体广电旅游局等部门将"红黑名单"和"失信行为"信息申报给盘州市发改局，由发改局统一进行管理。对不诚信旅游的企业或者游客实行黑名单管理，限制旅游企业从事旅游经营活动和游客进入景区旅游。

（2）搭建旅游企业"诚信建设"平台，健全旅游企业诚信管理体系

依托盘州市旅游官方网站，搭建旅游企业"诚信建设"平台。通过盘州市旅游官方网站设置"诚信建设"专栏和"盘州旅游"官方微信及时向公众发布旅游企业的信息，内容包括旅行社、旅游饭店、景区景点诚信建设的相关信息，定期公布违规经营企业名单及旅游投诉情况。建立健全盘州市旅游行业诚信管理体系，制订盘州市全域旅游诚信管理工作方案和盘州市旅游行业质量诚信体系建设实施方案，以建立健全旅行社诚信档案为基础，以游客满意率为标准，建立健全盘州市旅游行业诚信管理体系，形成完善的诚信记录、评价和奖惩机制，促进盘州市旅游行业持续、健康、快速发展。

（3）建立旅游市场信用联合惩戒制度

以《盘州市信用联合警示和失信联合惩戒实施办法》为指导，全面落实《加强旅游诚信建设实施失信联合惩戒工作实施方案》，构建旅游市场守信激励、失信惩戒机制。搭建"信用中国（贵州·盘州）"平台，这是盘州市个人信用警示信息归集、发布和查询的统一平台。

3. 成立盘州市旅游安全委员会，建立旅游安全联合监管机制

成立以盘州市旅发办牵头，市场监管、交通、发改、消防、安监等14家单位为

▲ 盘州市文体广电旅游局、安监局等多部门联合开展"五一"节前安全生产联合检查

成员的旅游安全专业委员会——盘州市旅游安全委员会，系统负责盘州市旅游安全制度建设及旅游市场安全管理。在盘州市旅游安全委员会的统筹下，建立由旅游安全委员会、旅游发展委员会和旅游景区景点等旅游市场主体单位共同参与的旅游安全联合监管机制，强化各相关部门及市场主体的旅游安全监管责任。

4.构建节假日统筹机制，强化对节假日旅游行业管理

盘州市构建节假日统筹机制。加强对节假日旅游行业管理和旅游突发事件的统筹，建立节假日市领导带领景区值班工作机制，做好节假日旅游高峰期的卫生、安全、保畅、秩序等工作，统筹节假日景区综合管理。

5.注重企业安全生产，实施安全生产联合检查和专项检查

盘州市全域旅游中，注重旅游企业安全生产，开展安全生产联合大检查及专项安全生产检查。在"重要时间、重点领域、重要环节"加强对各旅游企业进行检查，针对排查出的问题及时整改，确保全市范围内无旅游安全事故发生。

（1）加大安全生产宣传力度

深入推进旅游安全宣传工作，督促旅游企业对员工开展安全生产宣传及思想教育活动，落实安全责任意识、岗位意识提升工作，提高员工的安全生产意识。同时，盘州市文体广电旅游局印制旅游安全宣传手册，通过游客咨询中心、旅行社、星级饭店、旅游景区等公共场所进行免费发放，以提高游客的安全意识。

（2）实施安全生产联合检查和专项检查

开展盘州市旅游企业安全生产联合大检查，严格落实检查工作，设置安全生产隐患排查清单，强化市市场监管局、市旅游局和管理处等相关部门监管责任，出具盘州

▲ 开展安全"警示教育月"活动

市旅游行业联合检查整改通知书，实施严格责任追究，全面消除安全隐患，营造安全生产环境。对地质灾害、道路交通、空中坠物、水体湖泊、食品安全、消防安全、特种设备等加强监管。

（三）制定旅游应急预案，加强旅游系列安全应急管理

1.制定涉旅行业应急预案

为建立健全旅游行业安全监管，盘州市制定各种涉旅应急预案，防患于未然。盘州市先后制定了《盘州市涉旅突发事件应急预案》《盘州市旅游行业反恐防暴应急处置预案》《盘州市旅游行业食品安全事故应急预案》《盘州市旅游景区森林防火应急预案》《盘州市旅游行业大型活动应急预案》《盘州市旅游行业应对低温凝冻灾害天气应急工作预案》和《盘州生态旅游局防汛应急预案》等系列涉旅行业应急预案。

2.督促旅游景区制定应急预案，完善旅游景区应急管理制度

（1）督促旅游景区制定应急预案

盘州市全域旅游应急管理中，除了制定各行业涉旅应急预案，还督促全域内各景区制定系列应急预案，如《2018年乌蒙大草原景区春节安全应急预案》《哒啦仙谷景区突发事件应急预案》《胜境温泉接待中心公共卫生突发事件应急预案》《贵州盘州市妥乐古银杏景区旅游安全应急预案》《贵州盘州市妥乐古银杏景区防汛抢险应急预案》《贵州盘州市妥乐古银杏景区突发旅游公共安全事件应急处置预案》和《贵州盘州虎跳峡旅游开发有限公司食品卫生安全应急处理预案》等。

（2）完善旅游景区应急管理制度

盘州市全域旅游应急管理中，完善旅游景区应急管理制度，制定旅游景区应急救援队伍管理制度、旅游景区应急物资储备管理制度、旅游景区应急值班制度和旅游景区应急信息报送管理制度等，完善旅游景区应急管理体系。强化应急值守工作，切实落实隐患排查治理和汛期应急防范工作，加强旅游应急值班值守工作，市旅游局、各景区管委会（管理处）、景区公司严格落实领导带班、值班人员24小时值班制度。

```
            ┌──────────────────────────┐
            │   旅游安全应急管理领导小组   │
            └──────────────────────────┘
                        │
            ┌──────────────────────────┐
            │ 旅游安全应急管理领导小组办公室 │
            └──────────────────────────┘
                        │
            ┌──────────────────────────┐
            │        应急功能小组         │
            └──────────────────────────┘
              │                      │
      ┌──────────────┐      ┌──────────────┐
      │   现场工作组   │      │  其他应急功能组  │
      └──────────────┘      └──────────────┘
                     │          │          │
          ┌──────────────┐ ┌──────────┐ ┌──────────┐
          │  善后处置及   │ │ 新闻宣传及 │ │ 后勤保障组 │
          │  政策法规组   │ │ 涉外工作组 │ │          │
          └──────────────┘ └──────────┘ └──────────┘
```

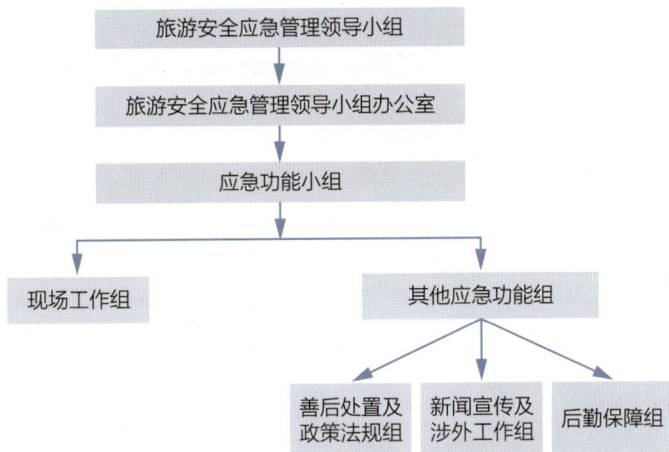

▲ 盘州市旅游安全应急管理组织机构

（3）加强旅游应急预案管理

①成立旅游安全应急管理领导小组

盘州市成立旅游安全应急管理领导小组，完善旅游安全应急管理组织机构，以便于涉旅突发事件的应急处理。

②积极开展旅游应急预案演练

在盘州市全域旅游发展中，积极开展旅游应急预案演练活动，提升工作人员的应急反应能力，增强旅游行业从业人员的应急意识，提升处置涉旅突发事件的能力。2016年，盘州生态旅游局在妥乐景区开展应急救援演练（如现场伤员搬运、现场心肺复苏按压演练、现场伤病员伤情识别演练、现场伤病员人工呼吸演练、现场头部创伤急救包扎演练等）。2017年，盘州旅游局积极开展安全生产应急演练，包括消防应急疏散演练、水上交通应急救援演练、安全生产综合应急演练等。2018年，结合盘州市全域旅游"安全生产月"和"安全生产盘州行"活动，在妥乐古银杏景区开展旅游安全综合应急演练。

③构建旅游景区智慧化应急预警

充分利用盘州市"1+3"旅游信息化平台，利用大数据分析平台、综合管理平台、游客服务平台对盘州市各景区景点承载量进行实时动态监测，并将景区景点最大承载量警示信息及时发送给景区景点，以便各景区景点做好景区流量控制。

④积极发展通航应急救援

积极加强与盘州航投公司合作，充分利用航投公司的直升机，发挥低空通航优

▲ 盘州市空中应急救援

势，开展旅游应急救援活动。

（四）部门协作，联合执法，构建旅游执法"网络"

盘州市旅游市场监管中，发挥政府主导作用，强化部门协作，统筹协调力度，联合安监、消防、交通、物价、市场监管等部门形成旅游联合执法体系，通过联合执法、部门协作等形式对全市旅游市场的监管，形成旅游执法全覆盖的旅游执法"网络"。

（五）创新投诉机制，提升投诉处理效率

健全旅游投诉有效预防机制、受理网络和快捷处理工作机制，维护良好健康的市场秩序。

1. 成立盘州市旅游投诉处理工作领导小组

在盘州市全域旅游发展中，为切实维护旅游者和旅游企业的合法权益，快速、高效处理旅游投诉，盘州市成立旅游投诉处理工作领导小组，全面负责盘州市旅游投诉行为和舆情信息处理。建立旅游投诉统筹机制，市旅游局联合市场、安监、发改、卫生、住建、环保等多部门组成旅游投诉处理机构，旅游投诉处理工作领导小组由旅游局统筹，旅游质量监督管理所、旅游宣传营销科、旅游规划科等部门组成，领导小组

下设办公室在质量监督管理科。旅游投诉处理工作领导小组实行严格责任追究，被投诉旅游企业在接到投诉后，应立即办理，及时反馈处理意见。旅游投诉工作领导小组在查明事实的基础上，对旅游投诉处理实行调解制度。将旅游投诉处理工作领导小组的旅游投诉处理工作纳入年终考核。

2.构建盘州市旅游投诉处理机制

对于盘州市全域旅游中产生的投诉行为，盘州市构建旅游投诉处理工作制度机制，具体流程如下图。

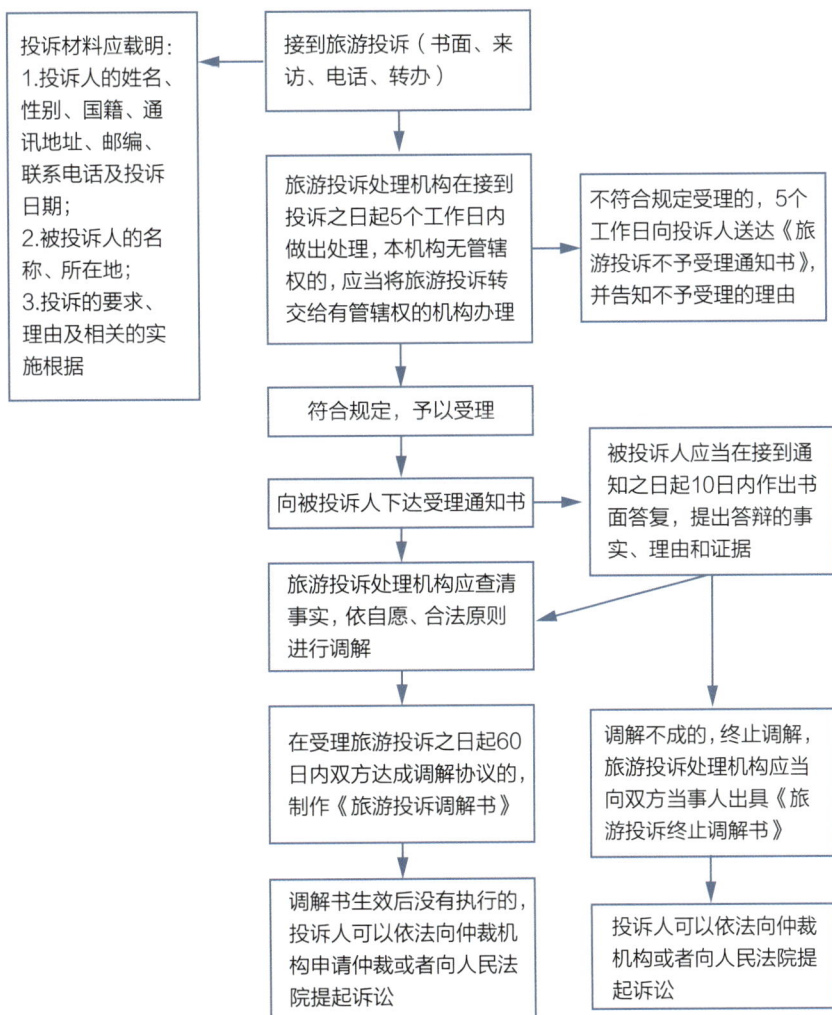

投诉材料应载明：
1.投诉人的姓名、性别、国籍、通讯地址、邮编、联系电话及投诉日期；
2.被投诉人的名称、所在地；
3.投诉的要求、理由及相关的实施根据

接到旅游投诉（书面、来访、电话、转办）

旅游投诉处理机构在接到投诉之日起5个工作日内做出处理，本机构无管辖权的，应当将旅游投诉转交给有管辖权的机构办理

不符合规定受理的，5个工作日向投诉人送达《旅游投诉不予受理通知书》，并告知不予受理的理由

符合规定，予以受理

向被投诉人下达受理通知书

被投诉人应当在接到通知之日起10日内作出书面答复，提出答辩的事实、理由和证据

旅游投诉处理机构应查清事实，依自愿、合法原则进行调解

在受理旅游投诉之日起60日内双方达成调解协议的，制作《旅游投诉调解书》

调解不成的，终止调解，旅游投诉处理机构应当向双方当事人出具《旅游投诉终止调解书》

调解书生效后没有执行的，投诉人可以依法向仲裁机构申请仲裁或者向人民法院提起诉讼

投诉人可以依法向仲裁机构或者向人民法院提起诉讼

▲ 盘州市旅游投诉处理工作制度流程图

（六）强化旅游人才培养，提升旅游市场服务水平

盘州市全域旅游发展中，应强化旅游人才培养，提升旅游市场服务水平。一是争取省级培训落地盘州。2018年省旅游发展委员会在妥乐古银杏景区组织开展应急救护培训，在娘娘山景区开展旅游扶贫培训，共培训旅游从业人员200余人次，提升了景区应急救护和旅游从业人员素质。二是开展行业培训和技能竞赛。组织旅游酒店服务人员培训5期，并开展酒店从业人员技能竞赛活动，共培训旅游从业人员100余人次。三是加大导游（讲解员）培养力度。组织导游讲解员培训2期，建立地方导游库，目前纳入导游库管理的导游（讲解员）130余人。四是强化志愿服务工作。暑期和节假日期间在高铁站、高速公路出口、客车站和各旅游景区设置旅游咨询服务点，共组织200余名盘州讲解员和志愿服务人员开展志愿服务活动，为游客提供游览讲解和旅游咨询服务。

（七）制定文明行为规范，树立文明旅游典范

1. 制定文明行为规范

盘州市全域旅游发展中，落实《游客不文明行为记录管理暂行办法》，开展文明旅游宣传告知、文明行为提醒和规劝，引导游客文明旅游。

2. 树立文明旅游典范

盘州市全域旅游发展中，通过积极参加贵州省满意示范景区、贵州省游客满意企业及旅游服务之星评选活动以及盘州市全域旅游导游大赛等活动，树立文明旅游典范。

2017年度贵州省游客满意企业及旅游服务之星

在2017年贵州省游客满意企业及旅游服务之星评选活动中，盘州市乌蒙大草原旅游景区、红果大酒店、盘州博大旅行社和贵州盘州旅游客运有限公司四家单位获得2017年度游客满意企业称号。在旅游服务之星评选活动中，贵州盘州市妥乐古银杏旅游投资开发有限公司的导游王国翠、贵州娘娘山高原湿地生态农业旅游开发有限公司

旅游部部长王明柳、贵州乌蒙大草原旅游开发投资有限公司市场营销部黄晶和贵州胜境温泉大健康国际旅游休闲度假区办公室主任陈应庆四人获得贵州省旅游服务之星称号，他们为盘州市文明旅游树立了典范。

2018年度贵州省游客满意企业及旅游服务之星

在2018年贵州省游客满意企业及旅游服务之星评选活动中，盘州市妥乐古银杏景区、娘娘山景区、乌蒙大草原景区、大洞竹海景区和红果大酒店五家旅游景区获得2018年度贵州省游客满意企业称号。

3. 开展文明培训活动

盘州市全域旅游发展中，努力提升旅游从业人员和游客的文明素质，组织全市旅游景区、旅游酒店、农家乐等1500余名旅游从业人员开展服务技能提升培训[①]，树

▲ 古银杏景区

① 六盘水：盘州市全力创建全域旅游示范区［EB/OL］. http://gz.people.com.cn/n2/2017/1031/c371755-30873303.html

立人人都是文明旅游者的形象典范。

点滴之举彰显文明旅游形象典范

▲ 三线文化园景区

2019年4月12日下午，我们团队一行八人在妥乐古银杏景区考察，景区工作人员热情接待我们，并安排导游人员对景区进行讲解。边游览边听导游讲解，走着走着，发现路上有一个空的饮料瓶，正在犹豫着是否要捡起这个塑料瓶的时候，只见景区导游边讲解边随手捡起被扔在地上的饮料瓶，然后扔到垃圾桶里。虽然只是一个小小的举动，却让我感受到景区工作人员的文明素质。

2019年4月13日上午，我们团队一行八人在三线文化园景区考察，景区讲解员带我们游览园区并热情讲解。同样的情景再一次发生，在去往一个复式楼客房参观的路上，也是有一个垃圾，讲解员边走边讲解，随手捡起路边的垃圾扔进旁边的垃圾桶里。

以上这两个景区工作人员的点滴之举，却是盘州市文明旅游行为的典型，树立了盘州市景区工作人员的文明旅游典范。

（八）开展文明旅游专项行动，构建文明旅游氛围

1. 成立文明旅游宣传工作领导小组

盘州市全域旅游发展中，旅游局高度重视文明旅游宣传工作，成立文明旅游宣传工作领导小组，制订工作方案，进行全行业的总动员，在春节假期前后集中开展文明旅游系列宣传引导活动，提升盘州市文明旅游形象。

2. 开展文明旅游宣传活动

（1）开展多元化的文明旅游宣传活动

盘州市全域旅游发展中，在"5·19中国旅游日"，旅游局所有工作人员在小广

场大力宣传"国内旅游文明公约和出境旅游文明指南"。旅游局联合各旅行社为即将启程的游客发放文明旅游宣传海报、宣传折页和口袋书等宣传品。旅游局设计制作了文明旅游宣传海报、卡片、宣传折页、环保袋等文明旅游用品，并向全市各大旅行社、景区、酒店等单位发放。

（2）开展"文明在行动·满意在盘州"活动

制订《盘州市 2018 年"文明在行动·满意在盘州"活动实施方案》，结合"文明在行动·满意在盘州"和"痛客行"等活动，通过深入开展文明旅游，强化景区文明旅游宣传，旅行社开展行前文明旅游告知，提升游客满意度。结合"文明在行动·满意在盘州"活动，在高铁站设置旅游咨询服务点，在景区设置旅游咨询服务站，为游客提供旅游信息咨询服务。

（3）开展文明旅游"五进"系列宣传活动

盘州市旅游局根据当地实际，分别从不同程度上开展了文明旅游"进校园、进社区、进乡村、进企业、进机关"等一系列宣传活动。向社会公众发起"文明旅游"倡议，发放文明旅游宣传资料，播放文明旅游宣传片，与市民交流互动，共同促进旅游文明。

3. 实施不文明行为专项整治行动

盘州市文明办和盘州市旅游局、市旅文投公司以及各大景区管委会联合起来，治标兼行治本，开展了景区文明如厕专项整治活动。

盘州市景区文明如厕专项整治行动

增加厕位。盘州市文明办和盘州市旅游局、旅文投公司以及各大景区管委会协调以后，采取了持续加强公厕建设力度、合理安排公厕位置、合理安排移动公厕、私厕公用四个有效措施，改善因厕位不够导致的不文明现象。

完善设施。盘州市文明办针对厕所吸烟、废纸不入纸篓、不爱护基础设施、不冲洗厕所、不节约用水等不文明的如厕行为，采取完善基础设施建设，在厕位设置上尽量做到应有尽有、应善尽善，厕所地面的瓷砖、灯光、便池、冲洗设备、洗漱设备及时清洁；配备合理的附加设施，公厕里必须配备纸篓、除臭剂和冲洗设备，有条件的公厕，还配备手纸，方便如厕者取用；设置足够醒目的标识，每一所公厕里面都配备

▲ 盘州市景区厕所

有禁烟标识、文明如厕的宣传图画等人性化的设施，改善和杜绝不文明现象。

宣教结合。盘州市通过在公厕张贴文明如厕宣传图片、在景区移动公屏和个体LED 显示屏上开展宣传教育活动、开展景区文明如厕集中宣传活动等，宣传教化文明如厕行为，目前，盘州市文明办共组织张贴宣传图片 20000 余份，发布文明如厕标语300 余条，开展景区文明如厕宣教活动 2 次。

惩罚并举。针对不文明如厕行为，盘州市在设置的旅游监督举报热线中，将不文明如厕的行为纳入了监督举报的范畴，并设置曝光台，曝光一些不文明行为，同时针对被抓到现行的不文明行为，盘州市采取罚款的物质处罚、发放宣传单的行为处罚相结合的方式，对于不文明行为进行惩治和处罚。

第八章

「三线两化」，开创全域旅游绿色发展新格局

　　盘州市坚守"生态、发展、安全"三条底线，坚持"生态产业化、产业生态化"的发展理念，着力发展绿色经济，推动产业转型升级。充分挖掘盘州市生态资源潜力，释放"绿色、生态、经济、社会和旅游"价值，以全域旅游为发展引擎，统筹全域产业发展，通过"＋旅游"实现一二三产业融合发展，开创盘州全域旅游产业发展新格局，实现绿色价值最大化、生态价值最大化、经济价值最大化、社会价值最大化和旅游价值最大化。在一产方面，农旅融合发展，推动一产转型，激活山地生态资源，把生态做成产业，重点发展山地特色农业，推进农业产业发展；创新"三变"改革、"5+8"和"1+8"发展模式，发展生态产业，实现农旅融合发展，并促进脱贫扶贫。在二产方面，着力发展循环经济，推动二产升级。打造煤炭产业链，发展循环经济，推动煤炭产业清洁生产，强化生态环境保护。盘州市产业发展中，要坚持"把产业做成生态"，即要严守生态红线，加强生态环境保护；以生态为先导，打造绿色环境高地；坚持旅游发展，生态环境保护与开发并重；建设生态文明，构建完善的生态文明制度。

一、坚守"三线"，推动绿色发展

（一）贵州省坚守"两线"，实施两大战略

2013年11月，习近平总书记在听取贵州工作汇报时，要求贵州省"守住发展和生态两条底线"[①]。2015年，习近平总书记在贵州省调研时，强调要"守住发展和生态两条底线，培植后发优势，奋力后发赶超，走出一条有别于东部、不同于西部其他省份的发展新路"[②]。发展和生态是须臾不能松劲的两件大事。2016年，时任贵州省委书记陈敏尔指出实施大扶贫和大数据两大战略是坚守发展和生态两条底线的关键之举，实施两大战略行动是守住发展底线的必然抉择，实施两大战略行动是守住生态底线的现实选择。

（二）盘州市坚守"三线"，促进生态文明建设

盘州市因地制宜，坚守"生态、发展、安全"三条底线，坚持走绿色高质量发展之路。坚守"生态"底线，牢固树立绿水青山就是金山银山的理念，坚决摒弃"先污染后治理"的以牺牲环境、浪费资源为代价的落后发展模式，深入实施大生态战略。坚守"安全"底线，即要守好安全生产这条警戒线和生命线。紧扣"全面落实企业主体责任"，构建以安全生产"警示教育月"全覆盖、"安全生产月"活动全覆盖、"落实企业主体责任"主题活动全覆盖的全域旅游产业发展结构。守好安全底线，巩固和保持全市安全形势总体平衡、持续向好的态势。坚守"发展"底线，走绿色全域发展道路，实现可持续发展。盘州市全域旅游发展中，始终坚守"生态、发展、安全"三条底线，践行绿色发展理念，推动绿色经济发展，先后荣获"全国首批创建生态文明典范城市""美丽中国示范县"等称号。盘州市坚持绿色发展，加快封山育林、退耕还林和植树造林，大力治理石漠化和水土流失，形成了山顶植树造林建设绿水青山，山腰栽茶种果创造金山银山，山下农旅融合助力美丽乡村，荒山变绿地，荒坡披绿毯，荒沟贴绿条的生态格局。盘州投入生态产业发展资金24亿元，助推森林覆盖率达61%。

---

① 【治国理政·贵州篇】守护绿水青山　收获金山银山［N］. 贵阳日报，2016-12-19.
② 习近平贵州调研时强调守住发展和生态两条底线［N］. 经济日报，2015-06-20.

二、坚持"两化"，推动产业转型升级

（一）牢固树立"两化"发展理念，加强生态环境保护

2016 年 8 月，贵州省委十一届七次全会对贵州因地制宜发展绿色经济作出部署，提出加快发展生态利用型、循环高效型、低碳清洁型、环境治理型"四型十五种"产业，明确了推进生态产业化、产业生态化的具体抓手和路径。2017 年《中国共产党贵州省第十二次代表大会报告》指出："实施绿色经济倍增计划，坚持生态产业化、产业生态化，绿色经济'四型'产业占地区生产总值的比重达到 33%。"

"四型十五种"产业

"四型十五种"产业：（1）"生态利用型"产业，包括山地旅游业、大健康医药产业、现代山地特色高效农业、林业产业、饮用水产业 5 种产业；（2）"循环高效型"产业，包括原材料精深加工产业、绿色轻工业、再生资源产业 3 种产业；（3）"低碳清洁型"产业，包括大数据信息产业、清洁能源产业、新能源汽车产业、新型建筑建材产业、民族特色文化产业 5 种产业；（4）"环境治理型"产业，包括节能环保服务业、节能环保装备制造业 2 种产业[①]。

盘州市围绕省委提出的"四型十五种"产业和绿色经济倍增计划，遵循"生态产业化、产业生态化"的发展理念，贯彻落实六盘水市委、市政府出台的《六盘水绿色红利凉都行动实施方案》，通过绿色产业行动、绿色生态行动、绿色旅游行动、绿色就业行动、绿色改革行动"五项绿色行动"，打造经济发展"绿色引擎"，树立绿色发展理念，释放绿色红利，以"三变"改革为统领，大力推进一产转型、二产升级、三产优化[②]，融合发展，绿色崛起，争创国家循环经济示范市。

盘州市深化"六个严禁"专项行动，加强资源保护和生态修复，用实际行动维护盘州市生态安全，实施"补植复绿"助推生态修复。2011 年森林覆盖率为 39%，

---

① "四型十五种"产业［EB/OL］. http://www.gzlps.gov.cn/rdzt/lhzt/2018lh/rcjx/201802/t20180203_1576826.html

② 盘州市融媒体中心. 盘州大力推进"三变"改革走出农村发展新路［EB/OL］. http://www.panxian.gov.cn/doc/2016/11/23/35908.shtml

▲ 盘州获得的荣誉称号

2017 年森林覆盖率为 55.13%，目前，盘州市森林覆盖率达到 61%，先后荣获"全国最美生态旅游示范县"和"全国首批创建生态文明典范城市"等称号。

（二）挖掘资源潜力，释放"五化"价值

盘州地处喀斯特地貌山区，境内群山连绵，山地面积占总面积的 82.4%，丘陵地占 9.2%，坝地占 2.4%，宜林宜牧土地 373.5 万亩，占土地总面积的 61.3%。群山连绵，山地资源丰富，生物丰富，气候凉爽，是盘州最大的生态资源优势。

在盘州市全域旅游发展中，盘州充分挖掘山地生物生态、凉爽气候等生态资源潜力，按照着力提升绿色价值，推进生态与产业深度融合，践行"绿水青山就是金山银山"的发展理念，释放"五化"价值，探索出了适合盘州自身特色的绿色发展之路。一是绿色价值最大化，立足喀斯特山区资源禀赋，把生态系统做成绿色产业、把绿色产业做成生态资源，大力发展以山地特色农业产业为代表的绿色产业，从"添绿"中"生财"，将荒山野岭打造成老百姓增收致富的"绿色银行"，实现绿水青山与金山银山的有机统一。二是生态价值最大化，重点发展以经济果树林种植为特色的山地生态农业，提升森林覆盖率，使荒山野岭变成绿水青山和金山银山；同时，通过山地特色农业的发展，增加经济收入。推进农田、森林、湿地、水源四大生态系统建设，发挥生态调节气候、涵养水源、保护土壤、维持生物多样性的作用[1]。同时把生态资源转化成生态产品，对自身的生态环境、资源禀赋的家底进行转化，转变成生态产品（或

---

[1] 贵州省坚持生态产业化　推动经济转型升级绿色崛起［EB/OL］. http://www.sohu.com/a/113099151_119665

生态服务）。三是经济价值最大化，通过把生态做成产业、把产业做成生态，为盘州生态环境"添绿"，既为盘州营造良好的生存环境，又从"添绿"中"生财"，满足人们的物质需求。实施农业产业结构转型调整，发展以果林为特色的山地生态农业，实现经济价值最大化。四是社会价值最大化，共享产业价值链，带动群众就业、脱贫，实现社会价值最大化。推动盘州市生态产业与盘州市脱贫攻坚、乡村环境整治、文明创建等相结合，为群众提供健康、绿色、生态的脱贫路径、良好的生存环境、环保的生活方式和健康的价值取向。五是旅游价值最大化，农旅融合，将农业园区打造成旅游景区，把生态产业建设成为养生、养身、养心、养性、养眼、养形、养神的康养旅游产业，促进旅游业井喷式增长。

（三）一产转型，农旅产业融合发展

1. 推进传统农业向现代农业转型发展，发展山地特色农业产业

2014 年以来，按照六盘水市委、市政府全面推进农业产业结构调整"3155"工程的总体部署，立足喀斯特山地特色，围绕"产业生态化，生态产业化"的理念发展生态产业，加快推进传统农业向现代农业转型发展，注重抓经济作物，把低效的传统种植退下来，把高效的经济作物种下去，加快山地特色农业建设，让野果变金果，让荒山变金山。盘州市根据自身气候、土壤等条件，因地制宜地将刺梨、软籽石榴、核桃、茶叶和元宝枫等 8 个产业作为农业主导产业，山地特色农业产业实现规模化、集约化、标准化、品牌化、特色化和市场化发展，逐步形成"公司+基地+协会+农户"的生产模式，形成了产、加、销一条龙的产业化经营链条。同时，围绕重要交通干线搭骨架，以"四带三基地"（以镇胜高速核桃刺梨产业带、水盘高速核桃刺梨产业带、羊场—淤泥—鸡场坪软籽石榴产业带、平关—火铺沙淤红梨产业带为契机，以马场为中心的中药材产业基地、以民主为中心的茶叶产业示范基地、以保田为中心的软籽石榴产业基地）为骨架，按照每个乡（镇、街道）2 ~ 3 个主导产业的要求，科学编制了《农业产业规划（2016—2018）》，通过"一张蓝图绘到底"来统筹盘州市全域农业产业发展。同时围绕全省"5 个 100 工程[①]"重大战略部署，以实施特色农业产业

---

① 陈毓钊. 2017 年贵州"5 个 100 工程"计划完成投资 3900 亿［N］. 贵阳日报，2017-02-08.

为抓手，以体制创新为先导，扎实推进 30 个（其中省级农业园区 10 个，市级园区 6 个）现代高效农业示范园区建设，加快农业转型升级。2019 年，盘州市累计实施特色主导产业 126 万亩，采收面积达 38 万亩，产值约 13.6 亿元。

"3155" 工程和 "5 个 100 工程"

"3155" 工程：即 3 个 100 万和 5 个 50 万工程，到 2018 年全市发展猕猴桃 100 万亩（野生猕猴桃 60 万亩）、茶叶 100 万亩、核桃为主的干果 100 万亩，种植商品蔬菜 50 万亩、中药材（含红豆杉）50 万亩、刺梨（含特色经果）50 万亩、红花油茶（含花卉、苗圃）50 万亩、发展草食畜牧业 50 万亩。

"5 个 100 工程"：100 个产业园区，100 个现代高效农业示范园区，100 个旅游景区，100 个示范小城镇，100 个城市综合体。

2. 创新 "三变" 改革，激活生态资源价值

盘州深化农村 "三变" 改革，进一步盘活耕地森林、湖河湿地等沉睡资源，带动农村自然资本和特色资源加快增值，将荒山野岭变成老百姓增收致富的 "绿色银行"。着力实施 "大基地、大龙头、大园区、大产业、大品牌、大市场和大融合" 七大行动计划，推动全市农业特色产业提质增效。积极采取林药、林菜和林苗等方式开展林下种植，以耕代抚、以短养长，既培育树体又增加收入。在林下经济发展中，由平台公司提供种子，合作社组织社员种植，收益后全部归合作社所有，平台公司负责保底收购。截至 2018 年 5 月，各合作社在林下大力发展蔬菜、大豆、洋芋和油菜等产业约 15 万亩，确保农户获得 "土地入股、林下种植、产业分成、劳动务工" 四笔收入，成为盘州打赢脱贫攻坚战的重要抓手工程。

3. 创新 "5+8" "1+8" 模式，保障农旅融合落地实施

（1）创新生态产业发展模式

盘州市生态产业化发展过程中，坚持运用 "强龙头、创品牌、带农户" 的组织形式，大力推广 "公司 + 合作社 + 农户" 发展模式，提高规范化、标准化程度。一是平台公司牵头发展产业。采取 "市级统筹、部门主管、乡镇主抓、平台公司主导、合作社主体" 的运行模式，由 5 家平台公司牵头实施 8 大主导产业，以 506 个村级合作社

为纽带，平台公司充分发挥"外联市场、内结基地"的载体作用，平台公司负责苗木、农资和资金保障，村级合作社负责组织农户实施产业种植和管护，行业主管部门负责争取上级各类政策资金，强化技术服务指导，目前此类模式发展产业占全市总产业面积的71%[1]。二是其他经营主体发展产业。由其他各类产业经营主体采取"订单收购""流转"等方式，发动群众参与产业建设，农户从中获得劳务收入。三是积极完善产业后期管护模式。积极采取合作社成员承包、"村支"两委承包、大户承包、能人承包和贫困户承包等方式进行产业管护，在保障后期管护费足额支付的前提下，优先保障贫困户的利益分配。

（2）创新"5+8"发展模式

盘州市创新农业产业发展模式，按照"5+8"模式（即由5家平台公司牵头发展8大主导产业）大力发展特色农业产业，累计发展刺梨、茶叶、核桃和元宝枫等农业特色主导产业126万亩，形成3000亩以上集中连片产业基地21个[2]，打造了一批"产业集中度高、示范带动性强、利益链接面广"的产业兴旺典型，找到了一条适合盘州实际的农业产业发展之路。加快推进农产品精深加工，实现农业"接二连三"。围绕"农业园区化、园区景区化、农旅一体化"，启动30个农业园区建设，建成哒啦仙谷、娘娘山等10个农旅一体化园区，带动20余万人就业创业。通过农旅融合发展，哒啦仙谷园区荣获国家4A级旅游景区、娘娘山园区荣获全国休闲农业与乡村旅游示范景区，贵州省重点农业园区称号。打造绿色产品，加快推进优质农特产品"泉涌"和品质品牌提升，打造盘县火腿、刺梨果脯、保基茶叶、盘州红米、保田黄姜、四格乌洋芋、盘州核桃、妥乐银杏8个国家地理标志保护产品[3]。

（3）创新"1+8"模式

盘州市创新"1+8"模式推进农业产业发展。联村党委按照"生态产业化、产业生态化"的理念，坚持农旅融合的发展导向，以生态旅游、健康养生、设施农业、农产品加工、特色养殖、会务培训、餐饮住宿和民族文化开发8种产业为支撑，推动产业向园区集中，并逐渐辐射带动周边村寨，实现8个村产业全覆盖。园区以"三变"

---

[1] 宋迪. 盘州市"5+8"模式发展特色产业126万亩［N］. 中国六盘水网－六盘水日报，2018-06-29.
[2] 同上.
[3] 喻梅. 激活发展新动能——盘州市县域经济发展工作综述［N］. 六盘水日报，2018-01-03.

为抓手、以脱贫致富奔小康为目标，按照"生态产业化、产业生态化"的发展理念，打造国家 4A 级景区，完成投资 14.5 亿元，发展温泉度假、农业观光、民族文化体验和湿地生态旅游为主题的旅游产业。

4.发展生态产业，助力扶贫

在盘州市生态产业化发展中，采取政府引导、企业带动、规模推进等有力措施，推进生态产业规模化、市场化发展。盘州市建成了信友公司、（恒泰、杨老奶、旺火炉、盘致）火腿、天刺力公司、玉祥风味食品和剑春茶业等 63 个省市级龙头企业。各农业龙头企业共联结基地 32.8 万亩，带动农户 16.93 万户。以创建省级农产品质量安全市为契机，抓好农产品品质提升工作。完成无公害农产品产地、农产品认证、绿色食品认证、国家地理标志保护产品等"三品一标"认定认证 50 余个，累计完成"三品一标"产地认定基地近 40 万亩，完成盘江折耳根、四格坡上马铃薯等无公害农产品基地认证；完成"老面子"水塘面、剑春茶、火腿油辣椒、信友核桃乳和四格乌洋芋等名优产品商标的注册和绿色认证，打造了"信友""碧云剑"和"凉都孟记"等一批知名商品，实现了"企业联基地、基地带产业、产业富农户"的良性互动。以促农增收为核心，将农业园区建设与发展特色农业产业和绿色贵州建设三年行动计划有机结合，实现生态效益、经济效益和社会效益同步提升。

（四）二产升级，着力发展循环经济

盘州市因其储量丰富的煤矿资源而享有"西南煤仓"之称。在过去以煤矿产业为主导的经济发展中，盘州市生态环境质量较差。在"生态产业化、产业生态化"发展理念的引导下，实施煤炭产业清洁生产，促进煤炭产业升级，发展循环经济，为全域旅游发展营造良好环境。盘州市以创建国家循环经济示范城市为契机，加快发展循环经济，将循环经济作为经济发展转型的重要抓手。

1.打造煤产业链，发展循环经济

盘州市按照"产业生态化、生态产业化"的发展理念，循环发展、延长链条、注意环保就是生态化。盘州市煤炭产业升级开发中，"立足煤，做足煤，不唯煤"，让乌金变"黄金"，废物变"宝物"，既实现煤炭资源循环利用，同时也治理因采煤带来的环境污染，最大限度地实现资源"吃干榨净"，变废为宝，形成资源节约、环境友好的产业结构和生产方式。用"产业生态化"理念，在第二产业的顶层设计上延长产业链，实现了生态、经济和社会价值的最大化。

立足煤，2017 年，盘州市境内有 10 家大中型煤电企业和 88 家地方煤炭企业，产能达 4473 万吨 / 年，生产机械化率达 80% 以上，中型以上矿井全部实现机械化开采。做足煤，全力抓好循环产业，让废物变"宝物"。在黔桂公司，一块小小的煤，通过煤炭洗选、发电、煤焦化工产品精深加工及废水、废气、废渣和余热回收等循环作业，出来的产品增加到 30 多种。从不可再生资源到工业产品的每个环节，最终形成循环往复的闭合曲线，废物变"宝物"，实现了资源的循环再利用。中煤和煤矸石，原本是洗煤产生的废物，需要大量的场地堆放，各个企业加大工业固体废弃物的综合利用，逐渐形成从"资源—产品—废弃物"到"资源—产品—资源"的发展格局[1]。红果经济开发区大力发展循环经济，把循环经济培育成经济发展新"增长点"，园区内实施循环化改造重点支撑项目 25 个，初步形成了以煤焦化、煤电建、特色食品饮料为核心的循环经济体系[2]，并在 2015 年成为贵州省唯一一个国家循环化改造示范试点园区，煤炭就地转化率提高到 80%，煤矿瓦斯抽采利用率提高到 40% 以上，工业固体废弃物综合利用率提高到 81.6%[3]。不唯煤，延长产业链，实现煤气共采。盘州大力扶持煤层气产业发展，推进煤层气资源开发利用，促进煤炭产业转型升级。引进了格瑞克公司、盘江煤层气公司、凉都新能源公司和六盘水能投公司等煤层气开发利用企业，以煤层气发电和民用为支撑，不断拓展和延伸煤层气产业发展空间。

加快传统煤电产业向煤电焦气化升级，推进传统产业生态化、循环化、服务化和绿色化改造，实现由单一量增到多元质变；建成黔桂煤电化建、盘北煤矸石电厂等一批循环经济项目，工业固体废弃物综合利用率达 81.6%，红果经济开发区被评为"国家循环化改造示范试点园区"；按照"把有害品变成有利品、把安全做成产业"的理念，推进煤层气抽采及加工利用[4]。全力推进煤矿"采掘装备机械化、安全质量标准化、矿区环境生态化"建设，地方煤矿综采综掘机械化程度大幅度提高，一批智能

---

① 盘县大力发展循环经济"绿色发展"激活"春水一池［N］. 六盘水日报，2016-10-27.
② 做好"煤"文章　实现新发展——改革开放 40 周年盘州市煤炭产业发展综述［EB/OL］. http://www.sohu.com/a/297519942_120093411.
③ 2017 年盘县人民政府工作报告［EB/OL］. http://www.ahmhxc.com/gongzuobaogao/7780.html
④ 盘州市县域经济发展工作综述［EB/OL］. http://news.qx162.com/df/lps/2018/0103/211951.shtml

化、数字化矿井投产运行；煤矿管理能力不断提升，全市绝大多数煤矿实现集团化管理，企业抗风险能力不断增强；绿色发展理念深入人心，通过"矿区环境生态化"建设，邦达能源、紫森源集团等企业建成一批花园式矿区。

2. 推动清洁生产，夯实环境保护

盘州市利用现有风电资源，推进分散式风电项目，依托丰富的煤层气资源优势，统筹推进煤层气、焦炉煤气的综合开发利用，大力开发分散式太阳能光伏发电项目和生物质能沼气项目。充分发挥盘州市生态风能资源优势，推进四格、老黑山和长山箐等风电场建成投产，丰富了盘州市能源输出结构，将生态风能打造成风电产业。推动清洁生产，开展资源的循环利用，同时助推循环经济快速发展，促进绿色城市发展，走可持续发展道路，为全域旅游的发展营造良好环境。

（五）三产优化，大力发展全域旅游

盘州市依托得天独厚的生态旅游资源，将全域旅游作为转型的新引擎，以创建国家全域旅游示范区为契机，大力发展旅游经济，将"黑"资源变"绿"资源。盘州市旅游产业从无到有，有中生优，优中生强。充分利用得天独厚的旅游资源禀赋，以及独特的气候优势，精心规划，突出加强"点、线、面"打造，旅游产业发展持续"井喷"。高标准规划建设了 16 个核心景区，打造了北部乌蒙、娘娘山等山地旅游户外运

▲ 娘娘山景区

▲ 娘娘山景区

动区，中部妥乐古银杏、盘州古城等旅游休闲区，南部梯田温泉、大洞竹海等康体养生度假区，其中创建了乌蒙大草原等 4 个国家 4A 级旅游景区和省级旅游度假区，沙淤景区等 5 个国家 3A 级旅游景区。

盘州全域旅游发展中，创新旅游业态，投资 1.8 亿元购置 3 架意大利阿古斯塔直升机，发展低空飞行项目；建成 2 家高山滑雪场、风洞体验和滑翔伞基地等特色旅游新业态；建成竹园溪酒店、榕树酒店等具有地方特色主题酒店和故艾蒙帐篷营地、房车营地等旅游非标准住宿；推进全国首个融科技、生态、艺术和互动为一体的无动力儿童乐园项目建设。

以全域旅游理念抓景区建设及管理，开通了低空旅游和红果至妥乐景区旅游专列，形成温泉度假、滑雪运动、低空飞行、房车露营等多种新型旅游业态，旅游收入增速连续 4 年位居全省第一，2016 年获首批"国家全域旅游示范区"创建名单；金融保险、电子商务和现代物流等现代服务业日益繁荣，2016 年获"国家级电子商务进农村综合示范县"称号，盘州农产品批发市场、"锦绣盘州"城市综合体农产品批发、红果经济开发区中心物流园等物流项目建设进一步加快，第三产业增加值占 GDP 的比重逐年提升 [1]。

---

[1] 盘州市县域经济发展工作综述 [EB/OL]. http://mini.eastday.com/mobile/180103222305396.html

▲ 乌蒙大草原景区

　　盘州全域旅游发展，结合民族文化、传统村落等特色，打造了保基陆家寨村、盘关海坝村、盘关贾西村、淤泥麻郎垤村等一批特色乡村旅游点，坚持景区带村、旅游富民，通过景区建设同步带动60余个村发展，让"农村"变成了"景区"，"农舍"变成了"旅馆"，让群众真正实现了从旅游产业的"旁观者"转变为"参与者"，带动增收致富。例如，妥乐村，通过引导农户将1451颗古银杏树入股，抽取景区门票收入的9%用于分成，同时公司还以10～14元的价格对银杏果进行保底收购，让群众享受到了旅游开发红利，一些原本地处偏远的农村，通过发展旅游业，既有效改善了群众生产生活条件、保护了生态环境，又增加了群众收益，实现了生态美、百姓富的有机统一。

　　盘州全域旅游发展中，实施绿色旅游行动，充分利用农村"三变"改革，激活沉睡的资源、集中分散的资金、致富贫穷的农民，带动"农业增效、农民增收、农村发展"，发展农旅一体景区。实施绿色就业行动，吸纳广大农村劳动力特别是贫困户劳动力参与务工，促进劳动力转化为务工收入。

三、严守生态红线，建设生态文明旅游高地

（一）严守红线，加强生态环境保护

　　盘州市全域旅游发展中，坚守发展、生态、安全三条底线，牢固树立生态是"底

▲ 乌蒙大草原滑雪场

线"也是"红线"的理念，科学划定林业生态红线，保护生物多样性，调整优化生态空间结构，保障生态安全，实现山川秀美，着力打造生态名片。

坚守生态保护红线，加强自然生态环境保护。进一步规范林地征占用、野生动植物资源保护等核心生态资源管理工作，统筹推进生态保护、建设、使用和赔偿等各项工作。盘州市生态保护红线面积 555.68 平方公里，占国土面积的 13.759%。严格执行"森林资源保护六个严禁"，加大对一切破坏森林资源违法犯罪行为的打击力度，联合林业、景区管委会和公司加强对旅游景区生态环境的保护，推进旅游景区生态环境的保护和恢复，保障全市生态逐步向好，实施"生态产业化、产业生态化"战略，投入生态产业发展资金 24 亿元，持续推进天然林保护、矿山恢复治理、石漠化治理和退耕还林还草项目，助推盘州市森林覆盖率达到 61%。

盘州市城镇发展中，遵循"多规合一"的发展理念，统筹各部门编制的规划方案，务必将生态红线纳入其中，严守生态保护红线，杜绝生态红线内的任何项目开发。在盘州市全域旅游发展总体规划中，严格遵守相关法律法规，坚持保护优先、开发服从保护的方针，坚持推进"多规合一"，形成重点开发区、农产品主产区、生态功能区空间结构布局，划定生态保护红线、永久基本农田、城镇开发边界，对不同类型的旅游资源开发活动进行分类指导。发挥规划引领作用，强化环境影响评价约束作

▲ 大洞竹海景区

用，规范旅游开发行为。在生态保护区和生态脆弱区，对旅游项目实施类型限制、空间规制和强度管制，对生态旅游区实施生态环境审计和问责制度，完善旅游开发利用规划与建设项目环境影响评价信息公开机制。

（二）生态先导，打造绿色环境高地

盘州市是珠江上游重要生态屏障，属于典型的喀斯特山区地貌，生态资源优势与部分区域生态脆弱的状态长期并存。多年来，盘州在加快推动经济发展的同时始终坚持将生态建设放在优先地位，在加强森林资源保护的同时大力实施生态建设。

盘州市深入实施大生态战略行动，建设天更蓝、山更绿、水更清、地更洁和景更美的生态家园，为子孙后代留下"绿色福利"。盘州市实施生态复绿工程，开展义务植树活动，打好生态建设"攻坚战"，突出绿量增长、水平提升、林相优美和季相分明，推进退耕还林、石漠化治理和自然保护区发展等重点生态工程建设。近年来完成营造林 128 万余亩，治理石漠化 83.35 平方公里，森林覆盖率达到 61%。打好污染治理"突围战"，加快推进企业环保设施、城镇污水处理设施、城镇垃圾处理设施建设，加快重点行业脱硫、脱硝和除尘改造，重点区域、重点行业环境监管取得显著成效，集中式饮用水源水质达标率为 100%、城市空气质量达标率为 97.2%。建设污水处理厂 25 座、垃圾中转站 28 座，城镇污水处理率、城乡生活垃圾无害化处理率分别达 95%、96%，实现《地表水环境治理标准》二类水质标准，建立"村收集、乡运营、县处理"的垃圾收运系统；引进绿地集团 PPP 合作"建管运"一体化污水处理系统。打好环境监管"持久战"，强化林业生态红线保护和生态环境损害"两个问责"，用好森林保护"六个严禁"和环境保护"六个一律"两把"利剑"，依法打击污染环境、乱砍滥伐和毁林开荒等破坏生态的违法行为，近年来查处环境违法案件 121 件，罚款 1125 万元，关闭取缔洗煤企业 17 家。坚持生态产业化、产业生态化，大力发展生态利用型、循环高效型、低碳清洁型、环境治理型产业，实现生态、经济、社会和旅游四个价值最大化，荣获"全国最美生态旅游示范县""全国首批创建生态文明典范城市""最美中国·生态旅游特色魅力目的地城市"和"美丽中国示范县"等称号。

（三）绿色发展，保护与开发并重

坚持发展、生态、安全三条底线，盘州市强化绿色发展管控，构建绿色发展指标体系，将绿色发展理念融入经济社会发展全过程。发展全域旅游是推进绿色发展的迫切需要，绿色发展是引领盘州市全域旅游业实现井喷式发展的重要路径。盘州推动全域旅游持续井喷，坚持用绿色理念发展旅游，是践行"变绿水青山为金山银山"、实现生态美百姓富的有效路径。围绕"生态产业化、产业生态化"的发展理念，统筹兼顾经济、社会、生态和旅游"四个价值最大化"，盘州市依托优越的自然生态环境发展全域旅游，把绿水青山变成金山银山，把千重大山变成万顷金山。盘州坚守生态保护红线，重点是以"山、水"自然为核心整合地方文化资源、做精山地特色旅游。红

▲ 保基格所河峡谷

果经济开发区获批"全省绿色试点园区""全省清洁生产示范试点园区"。

　　盘州市全域旅游发展中，坚持生态保护与旅游开发并重的发展理念。大洞竹海景区在旅游开发中，一方面，重规划、强监管、抓宣传，坚守生态底线不动摇。景区积极贯彻《中华人民共和国自然保护区条例》《贵州生态环境保护条例》《湿地保护管理规定》及《大洞竹海风景名胜区总体规划》（2018—2035年）等文件精神，加强对旅游景区和旅游建设项目生态环境的监督管理，每年积极开展旅游行业生态环境保护宣传教育与培训20余次，充分利用媒体、旅游节庆活动及宣传册等多种形式宣传环境保护知识。另一方面，重保护、强恢复、抓改造，坚持环境保护不放松。2013年，习近平总书记在海南考察时强调："良好生态环境是最公平的公共产品，是最普惠的民生福祉"[1]，景区始终坚持"恢复一批、改造一批、新增一批、保护一批"的林业保护理念，扎实推进生态文明建设，促进景区高质量发展。大洞竹海景区通过对景区的200余家农房进行改造，并运用竹材料打造景区游客集散中心，新种植35种竹子用于恢复生态，投资近3.5亿元补植、补种竹苗5万余亩，恢复绿化总面积达50余亩。

---

　　[1] 良好生态环境是最公平的公共产品和最普惠的民生福祉［EB/OL］. http://www.shidi.org/sf_F8C97967B2B34D07B3C77745703015AD_151_gjshdxh.html

大力实施"绿色贵州"建设三年行动计划，推进天然林保护、石漠化综合治理、退耕还林等重点生态工程；积极争取省级退耕还林工程、石漠化综合治理和巩固退耕还林成果等林业项目，以农业特色产业发展"3155 工程"、荒山造林和道路绿化为重点，大力开展植树造林，2014 年以来，完成刺梨种植面积 56.73 万亩，核桃 32.25 万亩，充分发挥其经济效益和生态效益。充分利用森林湿地资源，大力发展森林生态旅游，推进七指峰森林公园、保基格所河枫林公园和娘娘山湿地公园林旅融合发展；加大对红果城区至旅游景区公路沿线森林景观的打造。

盘州市生态环境保护与旅游景区发展是相互依存、共生共荣的。一方面，全域旅游的发展是基于区域内优越的自然生态环境而开发打造旅游景区景点。另一方面，这些旅游景区的发展，离不开优越的自然生态环境本底，反过来又促进了对其所在区域自然生态环境的保护。

（四）生态文明，完善生态文明制度

盘州市建立严格的生态保护红线制度，加强资源、环境、信息等制度全面落实，

▲ 保基格所河梯田

完善能源、水、土地节约集约利用制度，形成源头严防、过程严管和后果严惩的生态文明制度体系。盘州市将生态文明建设纳入政绩考核，制定与生态文明建设目标紧密挂钩的评价考核办法和奖励制度。强化主要领导在生态文明建设中的主体责任，实行生态环境保护约束性指标完成情况一票否决制度和第一责任人自然资源离任审计制度。完善生态补偿制度，推动生态补偿带动一部分脱贫。建立推进矿区生态修复的生态补偿机制。坚持把石漠化治理作为生态建设重要任务，推进造林增绿，增加"森林碳汇"。

（五）生态保护，推动旅游共建共享

盘州市加强生态保护，推动旅游共建共享：一是以"资源保护"为重点，制定出台《旅游资源遗产保护工作方案》和《新民羊圈古生物化石群保护工作方案》等工作方案，推动旅游资源开发；二是以"绿色环保"为重点，打造绿色旅游经济，充分利用平台公司资金优势，加快推动茶叶、元宝枫、刺梨和油用牡丹等八大产业发展，实现经济效益、社会效益和生态效益同步提升；三是以"生态保护"为重点，加快推进景区环境保护，完成重点旅游景区最大承载量核定与控制，积极推进娘娘山作为国家湿地公园示范旅游景区申报，逐步完善旅游环卫体系。

第九章

深耕『三变』，联动创新
实现共建共享

盘州是全国"三变"改革的发源地。"三变"改革连续三年写入中央一号文件，入选全国产业扶贫十大机制创新典型。2015年，中共中央总书记、国家主席习近平同志在中央扶贫开发工作会议上首次提到"要通过改革创新，让贫困地区的土地、劳动力、资产、自然风光等要素活起来，让资源变资产、资金变股金、农民变股东，让绿水青山变金山银山，带动贫困群众增收"。娘娘山创造性地开展"资源变资产，资金变股金，农民变股东"的"三变"改革，激活了生产要素，盘活了农村"沉睡的资源"，整合了发展力量，推动农村规模化、集约化、市场化的发展，为盘州乡村扶贫振兴注入了一股新鲜的活力，联动增强了整个盘州创新发展的信心。"三变"改革提供了一条通过产权制度改革促进农村经济发展的道路，在欠发达的西部农村，"三变"改革整体推出，有重大的制度创新意义，兼具理论和现实价值，为促进中国乡村改革振兴做出了重要贡献。

这场致力于让农民在家门口实现脱贫致富的改革，已由最初单一的增强农业发展能力走向了产业融合发展的道路，"三变"改革进一步发展出"党建＋扶贫＋旅游"的组织模式、"1+8联村党委"模式、"平台公司＋村级合作社＋农户"的利益联结模式，成为全域旅游与乡村振兴发展的全国创新典范，吸引各地前来参观学习。各地以

"三变"为抓手，因地制宜，将各种资源优势、生态优势转化为产业优势、经济优势，促进农业增效、生态增值、农民增收。将"三变"融入全域旅游的发展，多地农旅结合发展，不仅实现了"生态产业化"，也逐步达到"产业生态化"的目标。深耕"三变"，盘州正带领城乡居民共享发展红利，成为全国开展"三变"改革促进农村经济发展的典范。

一、娘娘山发源，"三变"改革从无到有

（一）能人、龙头带动是"三变"改革的引擎

2012年1月12日，国务院颁布了《关于进一步促进贵州经济社会又好又快发展的若干意见》（以下简称国发2号文件），从国家层面明确了贵州推进跨越发展的目标任务和方法途径，为贵州发展亟须解决的问题给予了明确的政策支持。对此，盘州市普古乡舍烹村人陶正学受到了很大的触动，在外经商期间，他曾先后投入了2000万元用于家乡的基础设施建设，但并未从根本上解决普古乡的贫困问题。2012年，在国发2号文件的指引激励下，陶正学带着资金和发展理念回到了家乡普古乡娘娘山地区，希望通过自己的带动让父老乡亲实现全面脱贫致富。

2012年以前，娘娘山地区基础设施缺乏，人口外流严重，许多村成了"空壳村"。农村资源利用效率低，闲置问题突出。农村不仅资源散、资金散，也面临着思想散的问题。为带领村民脱贫致富，整合资源，提高资源的利用效率，拓宽村民的增收渠道，2012年，陶正学发动465户村民入股，用2000万元成立了盘州普古银湖种植养殖农民专业合作社，以龙头经营主体带领当地村民致富。合作社成立之初，陶正学和村支两委多次走访与村民进行沟通，动员村民抱团发展。陶正学将30余年经商积攒下的资金和个人银行贷款共计4.5亿元全部投入到普古乡的发展建设中。为提高合作社的经营能力，增加村民的经验，增强村民的信心，陶正学出资带领合作社60多位村民组成考察团前往云南昆明、蒙自、丽江、大理调研取经，参观学习了30多个农业基地和旅游景点，借鉴其优秀的发展经验。此外，合作社还聘请了专业的机构做总体的发展规划设计，依照规划实施计划，有序展开建设。成立合作社之后，娘娘山地区又先后成立了贵州娘娘山高原湿地生态农业旅游开发有限公司、盘州市双华

农机合作社、陶源酒店管理有限公司等 15 家合作社和 8 家公司。娘娘山地区以专业合作社、企业为龙头，整合当地闲、散、利用效率低的资源，带动地区的经济发展。

（二）集体、农户入股是"三变"改革的核心

长期以来制约农村发展的核心问题就是"资金资源的散小弱"，农村要发展必须要规模化、集约化、专业化地利用资源和资金，充分聚集生产要素释放规模效益，需统一村民的发展思路，将村集体、农户手中分散的土地、林地、草地、水域等资源和资金集合起来。为此，娘娘山地区开创了"资源变资产，资金变股金，农民变股东"的"三变"改革，整合闲散的资源和资金，让村集体和农户通过将手中的资源和资金入股，成为股东，享受分红。"三变"改革开展之初，娘娘山当地村民受自身条件所限，对入股并没有信心。陶正学等人不仅挨家挨户劝说村民流转土地，还直接给予资金上的支持。银湖种植养殖农民专业合作社因"三变"而生，最初村民每亩土地分别以一年 520 元、450 元、300 元的价格折价入股。合作社总股金为 2000 万元，分为 100 股，每股金额为 20 万元。为鼓励村民入股，合作社采取"农户入股多少，合作社就垫多少"的方式，在每股 20 万元的股金中，农户只需入股 10 万元，由合作社垫付剩余的 10 万元。对于想加入合作社但又缺乏资源资金的村民，合作社允许村民分三期入股 10 万元，其余的 10 万元由合作社无偿借支。娘娘山地区以舍烹村为主，带动普古乡 8 个村 465 户村民用土地或现金入股合作社。娘娘山下闲散的土地资源转化为盘州普古银湖种植养殖农民专业合作社的资产，用来发展刺梨、猕猴桃、蓝莓、特色蔬菜等产业。

2012 年以来，娘娘山地区各村集体、农户广泛参与入股"三变"。普古乡整合了 93.7 万元的村集体自有资金入股科技展示大棚，每年分红 11.244 万元，舍烹村将村集体的 120 亩银湖水面经营权入股旅游公司开展水上乐园项目开发，每年固定分红 2.76 万

▲ 村民签订入股协议

▲ 农业农村部相关人员到娘娘山景区调研

元；将3817亩生态林经营权入股休闲养生、生态餐旅等旅游项目，村集体按每年3817元固定分红给舍烹村；将320亩的村集体湿地用于娘娘山园区生态观光旅游项目开发，按每年3400元固定分红给舍烹村。普古乡村民入股的银湖种植养殖农民专业合作社入股了娘娘山高原湿地生态农业旅游开发有限公司，占股20%。娘娘山旅游开发公司投资了1.36亿元，占股34%与政府平台公司盘州市旅游文化投资有限公司（投资1.64亿元占股41%）和深圳苏氏公司（投资1亿元占股25%）合作共同开发娘娘山温泉度假项目，整合城乡资源资金，推动城乡协调发展。同时，县、乡两级党委政府全力支持"三变"改革，将村级发展资金、专项扶贫资金、同步小康驻村帮扶资金2250万元在不改变资金使用性质及用途的前提下入股娘娘山园区，撬动了1.2亿元民间资本参与园区建设。

娘娘山地区整合了土地、林地、草地等资源共10.68万亩，财政资金、项目资金、社会资本共4.23亿元入股园区，964户农民变成了股东，990位农民成为产业工人。娘娘山地区的"三变"改革以股权为纽带，充分发挥各种要素的最大效应，探索农村产业发展，成为农村供给侧改革助推脱贫攻坚的排头兵。

（三）支部、干部联合是"三变"改革的保障

在"三变"机制下，在龙头经营主体的带动下，舍烹村的发展情况得到了改善，发展势头迅猛，与周边村落形成了对比，引起了六盘水市、盘州市及普古乡主要领导的高度重视。为了整合更多的资源，让更多的村民享受发展红利，让产业连片发展，上级党委打破常规建立了"联村"机制，成立联村党委。2013年，以"入社自由、退社自由，整村发动，一户一入"为原则，以舍烹村为核心，以普古银湖种植养殖农民专业合作社党支部为依托，舍烹村周边娘娘山地区的新寨村、天桥村、播秋村、嘎木村、卧落村、厂上村和水坝村7个村党支部成立了盘州市首个联村党委——普古乡

娘娘山联村党委（党员 168 名），陶正学任党委书记，各村级合作社为银湖种植养殖农民专业合作社的分社。联村党委由乡党委统筹领导，对区域内的社会管理、资源利用、产业发展等涉及多方的事务进行综合协调，不承担具体的行政管理职能，各村原来的行政审

▲ 娘娘山联村党委会议

批、社会管理和党组织关系隶属保持原运行机制不变。联村党委以"一村一策、一村一社、一村一产"为发展思路，将 8 个村的土地、林地、水面等资源整合起来，总社负责统一规划布局，分社负责带领农户实施落实，发展生态旅游、健康养生、特色养殖和会务培训等产业，8 个村实现了资源共享、产业共建、矛盾共调。目前，8 个合作社覆盖了 2950 户农户，入社率达 95%。

同时，联村党委直接推动了创新推行联村驻村工作队。六盘水市派驻的 1 名第一书记，1 名驻村干部，盘州市派驻的 6 名第一书记和乡派驻的 23 名干部组建联村驻村工作队，由联村党委协同管理。干部专业技能跨村利用，重大项目集体攻坚，实现驻村帮扶资源的有效整合和科学配置，提升驻村帮扶的效果。

（四）产业、乡村振兴是"三变"改革的目标

1.农旅结合发展是主要路径

2012 年娘娘山地区在实行"三变"之初成立了种植养殖农民专业合作社，专注于提高农业发展能力。但是娘娘山地区山高谷深，受自然条件限制，单纯地发展农业生产，长远来看会成为当地经济发展的劣势。农旅结合发展能有效弥补单一农业产业发展的不足，补齐农业短板，农业产业成为当地旅游发展的基础，旅游产业延伸了农业产业的发展路径，一、二、三产业得以融合发展，转劣势为优势。普古乡秉承生态产业化、产业生态化的发展理念，按照"一村一特"的发展思路，开发生态旅游、健康养生、设施农业、农产品加工、特色养殖、会务培训、餐饮住宿、民族文化 8 种产

▲ 娘娘山的植物迷宫

业。同时，为增强旅游文化底蕴，由乡级统筹组建了布依族、彝族民族歌舞演出队，充分挖掘和展示少数民族文化。

2013年3月，银湖合作社和贵州娘娘山高原湿地生态农业旅游开发有限公司共同开发建设了"贵州娘娘山生态农业旅游园区"项目，项目总面积275平方公里，总投资49.41亿元。2015年，2.18万亩山地农产业实现了1100万元产值，58户农民的105亩土地量化成210万元资产入股联村开发旅游项目，每亩产值从入股前的300元左右提升至入股后的3000元以上。娘娘山地区银湖水上乐园、银湖广场、桃源酒店、江源洞景区先后建成。同年，舍烹村进入"全国文明村镇"行列。娘娘山园区成为贵州省"5个100工程"中的省级重点高效农业示范园区、省级旅游景区，10月成为国家级农业科技示范园区、国家3A级旅游景区，11月被评为全国休闲农业与乡村旅游示范点。2016年入选首批"国家全域旅游示范区"创建名单。2017年9月，娘娘山旅游景区成为国家4A级旅游景区。2018年，普古乡娘娘山8个村共种植刺梨、猕猴桃、蓝莓等水果1.92万亩，建成了2个占地共5052平方米的科技展示大棚，占地3.2万平方米的10个生产大棚。协调贷款1500万元，扶持625户农户打造特色民居。按照8村18个景点的建设目标，建成了水坝村旅游接待站、卧落村温泉小镇、播秋村索道站、天生桥村房车营地等13个项目，建设了40公里的景区内公路，实现8个村旅游产业全覆盖，核心区8个村均实现了村村有产业。

2. 乡村脱贫致富是核心目标

2016年，娘娘山园区实现农旅产值达4亿元，带动1472户贫困人口脱贫。2017年年底，园区总产值达到2.59亿元，其中旅游收入达0.56亿元，接待游客60万人次，8个村集体经济积累平均达35万元。至2018年，娘娘山产业园区解决了310人固定就业，其中贫困人口35人，发放工资最低1600元/月，最高7600元/月。2018年，园区覆盖农户1.8万户6.4万人，直接带动舍烹村等8个村2950户农户增收，入股农户户均增收 6000 元,各村贫困发生率降至 2% 以下,农民年人均可支配收入达到 14000 元,吸引了普古乡在外务工的 90% 的人员回流,为农村发展增添了活力。"三变"改革破解了村集体经济发展的难题,村集体年稳定增收均在 10 万元以上,壮大了村集体经济积累。除此之外,娘娘山地区的"三变 + 旅游"还辐射带动了两家酒店,100 家农家乐,以股权为纽带,以产业为平台的"三变"改革使村民不仅可以获得在家门口的合作社或企业务工的收入,还能获得股权分红,即使合作社或企业经营状况不佳,农民也能获得流转土地的保底分红,尽可能地在开拓增收渠道的同时规避了风险。

二、全盘州推广,联动创新掀起改革风潮

娘娘山地区"三变"改革吸引了社会各界的目光,联动创新了联村党委发展模式、联村驻村帮扶工作队、投融资体制改革,在盘州掀起一场农村社会经济发展的改革风潮,全盘州开始由点到面大力推行"三变"改革。盘州市拥有优质的气候资源、生态资源和文化资源,适宜发展乡村特色旅游、少数民族风情游和休闲养生度假游。通过将"三变"与旅游有机融合,打造旅游景区,培育观光农业、农事体验和农耕文化等旅游元素,发展农旅结合产业,创新旅游扶贫模式,实现旅游扶贫辐射带动最大化,推动全域旅游的发展。依托"三变",在贫困地区开展"扶贫 + 旅游"模式,打造旅游扶贫示范景区、旅游扶贫示范产业和旅游扶贫示范项目等,推动旅游产业扶贫全域化。

2018 年,盘州市共有土地、林地等 90.04 万亩资源变成了资产,3.79 亿元资金变成了股金,81.53 万农民变成了股东,促进农户平均增收 3837 元,直接带动 1.2 万人、间接带动 4.8 万人创业就业,累计带动 5.4 万人脱贫。带动 132 家民营企业参与"三变",发展了 167 个"三变"产业项目,形成了人民群众共享发展成果的格局。下面介绍盘州市内四个较为典型的"三变"和旅游有机融合的案例。

(一)"古银杏之乡"的"三变"改革

盘州市石桥镇妥乐村拥有世界上生长密度最高、保存最完整的古银杏树群,被誉

为"世界古银杏之乡"。2002 年，妥乐古银杏景区被评定为贵州省省级风景名胜区。2011 年妥乐村荣获"全国生态文化村"称号。2016 年，妥乐古银杏景区获批国家4A 级景区和省级旅游度假区。妥乐村的传统村落形态保存得较完好，下辖 1314 户农户，包括 151 户贫困户。依托古银杏的资源优势，妥乐村成立了盘州市妥乐古银杏农业产业合作社、盘州市妥乐古银杏劳务有限责任公司和贵州盘州市妥乐古银杏旅游投资开发有限公司。

居住在核心景区的村民将自己房前屋后的 1451 棵古银杏树入股了村合作社，村合作社再入股旅游公司。旅游公司将景区门票收入的 30% 用于合作社分红，其中入股农户占 9%，村集体占 21%。2017 年，妥乐古银杏景区共接待游客 45 万人次，获得门票收入 1105 余万元，村合作社得到 330 余万元分红。

除了入股旅游开发公司建设景区，村集体还用 20 万元集体资金和 30 万元贷款入股村合作社发展农业产业。由村民出资 90%，村委会出资 10% 组建了盘州市妥乐古银杏劳务有限责任公司，由村委会管理。村支两委大力动员村民入股，每股 1 万元，农户可单独入股，也可联户入股。目前共有 62 户农户入股 62 万元。劳务公司在同等条件下优先考虑本村的股东和村民成为其员工，努力实现民企一体化。劳务公司的收益按 9∶1 的股份比例分成，即收益分红入股农户占 90%，村集体占 10%。2017 年，

▲ 村民房前屋后的银杏树

劳务公司共有 269 名员工。2017 年在迎接妥乐论坛期间劳务公司产生的收益为村集体增加了 2 万元收入，带动入股村民增收共 17.54 万元，户均增收 2081 元。除此之外，全村有 986 户农户用 1292 亩土地的经营权入股合作社，建设了银杏苗圃场、草莓采摘园和玫瑰花茶园等农业种植园区。村集体以贷款资金和管理服务占股 30%，入股农户占股 70%。农业园区为旅游公司提供绿化所需苗木，成为妥乐村发展旅游的后备力量，还开发了玫瑰花茶、银杏果脯和银杏盆景等系列旅游产品。2017 年，农业园区创收，增加了 36 万元集体资金，入股农户获得 84 万元分红，平均每户获得 1414 元以上。同时，村合作社对农家乐、农家旅馆和小商铺等进行统一管理，提高整体的服务质量和水平。

妥乐村村集体和村民以古树、土地和资金入股合作社和公司，规模化利用资源，将过去没有效益或效益较低的资源转化为资产，通过"三变"改革盘活了古树、土地等资源和分散的资金。村集体和村民按股份比例分红，村民、村集体、村合作社和公司有相同的经营目标，村企联动，实现了生态的产业化和产业的生态化。

（二）"万亩竹海"的"三变"改革

盘州市竹海镇因境内 21 万余亩连片的竹林，享有"万亩竹海"的美誉。竹海镇下辖 19973 户农户，其中 3744 户贫困户。近年来，竹海镇以特色农业为基础，紧扣竹海、盘县大洞古人类遗址和传统村寨等自然和人文景观发展旅游。

竹海镇的大洞竹海景区由贵州宏财集团的子公司聚景旅游文化投资有限公司管理经营，累计投资 5.5 亿元，新修 16.7 公里旅游环线，17.6 公里人行栈道，建成了包含竹海寺、狗跳崖、情人谷和古法造纸体验馆等景点在内的竹海旅游景区。为共谋发展，竹海镇以蓆草坪居委会为核心，联合黑土坡、新盘、老厂和滑石板 4 个居委会和赤黑村委会组建联村党委。采用"农户＋合作社＋公司"的经营管理模式，景区周边的个人和集体以所有的竹林资源入股，共有 14955 户农户变为股东，19290 亩土地变为资产，1400 余万元资金变为股金，带动 16984 户农户参与到"三变"的相关产业中，其中有 3744 户贫困户，实现贫困户全覆盖。农户不仅每年可获得 300 ～ 600 元的土地入股保底分红，在景区经营状况好时获得经营收益分红，还能在旅游公司务工获得工资收入。大洞竹海景区 2016 年 3 月正式开始运营，2017 年 3 月至 2018 年 8 月，大洞竹海景区累计接待境内外游客约 65 万人次，带来约 450 万元收入。

竹海镇整合了村集体和农户的土地和竹资源，联合整片竹林发展竹海景区，形成规模效应，发展旅游产业。将原本主要产生生态效益的竹林资源转化为资产，成为当地村镇发展和村民增收的渠道。

（三）哒啦仙谷的"三变"改革

哒啦仙谷景区位于盘州市滑石乡岩脚村，于 2012 年创建。景区因附近的布依族"哒啦"村得名，"哒啦"在布依语里寓意"团结、互助，牵手"。哒啦仙谷景区以农业为基础，以旅游为支撑，以"三变"改革为抓手，以打造乡村度假公园为目标，发展特色农业产业、休闲度假产业，全力推进哒啦仙谷旅游景区资源大整合、品牌大推介、景区大建设和产业大提升，加快景区旅游扶贫开发，先后获得了贵州省 100 个重点旅游景区、全省十佳农业旅游景区和全国休闲农业与乡村旅游示范点等称号。

2013 年 7 月，通过"三变"改革，企业以资金入股，周边村民以土地经营权入股，村集体以管理服务入股哒啦仙谷景区，分别占股 50%、45% 和 5%，建设七彩花田景点和儿童游乐园。景区 2014 年至 2018 年 9 月累计接待游客 230.2 万人次，旅游总收入达 4.2 亿元。当地农民人均可支配收入由 2012 年的 3500 元增加到 2017 年的 15400 元，直接带动景区 1461 人脱贫。

▲ 鸟瞰哒啦

除此之外,岩脚村还以哒啦仙湖水面经营权参与了"三变",与农熠公司合作,按合作社占股 10%(其中村集体 3%,农户 7%),公司占股 90% 的比例,建成集酒店、餐饮和水上游乐为一体的湖畔休闲度假区。2016 年度假区年营业收入达 1500 万元,村集体分红 45 万元,农户分红 105 万元。同时,度假区带动周边农户发展了 48 家农家乐和 122 家农家旅馆。

哒啦仙谷景区附近的村镇通过"三变"改革,以土地、水域和资金入股,以景区为龙头,带动当地发展,当地村镇与景区相互促进,共同发展。

(四)胜境温泉的"三变"改革

刘官街道的刘官胜境温泉大健康国际休闲度假区,包括温泉旅游文化城市综合体、滨湖游览区、胜境风情商业街、体育公园、湿地公园和森林公园 6 个项目,是目前西南地区设计规模最大的温泉度假区。温泉度假区目前共有在职员工 245 人,吸收了 50 余名失地农民和 7 名贫困户。

度假区里的美食城由贵州胜境国际旅游发展责任有限公司以基础设施和绿化工程折价 400 万元入股,占 55%,刘官街道以集体土地 15 亩折价 60 万元占股 8%,合作社吸纳失地农民和贫困户的资金 260 万元占股 37%。该项目 2016 年收益 100 万元,带动 120 余人就业,刘官街道分红 8 万元用于发展壮大刘官街道的 15 个村集体经济,合作社分红 37 万元,农户平均分红 738 元。胜境温泉国际休闲度假中心自 2016 年 1 月 1 日正式开始营业以来,平均每天接待游客 200 余名,截至 2017 年 1 月累计接待游客 7.2 万余人,旅游收入 1406 万元,在职员工平均每人每年可增收 2 万元,其中的贫困户了实现脱贫目标。

刘官胜境温泉不仅是盘州市首个以温泉为主题的旅游项目,更是一个集温泉度假、休闲养生和小镇观光等多种功能于一体的旅游综合体。"三变"与旅游相结合,发展壮大了村集体经济,就地解决了失地农民的就业问题,极大地带动了刘官街道的集体经济发展及群众增收。

三、民生改善,共建产业共享成果

自 2012 年来深耕"三变",将"三变"改革的思路覆盖到所有行政村、所有贫困户、所有农业园区、所有农民专业合作社，选择有条件发展旅游的乡村、环城市乡村带、大景区周边乡村、特色民族村寨以及沿交通干线乡村作为旅游产业化建设的优先区域，着力打造"一村一品、一村一景、一村一韵"，以景区带村，农旅结合发展，不断提升盘州美丽乡村的景观品质和旅游价值，实现旅游业与城乡一体化的深度融合。实施了包括"入股旅游经营性项目受益一批"在内的"六个一批"，吸纳群众参与景区开发建设和就业创业，打造了80余个旅游村寨，促进区域产业规模集聚和精准扶贫到村到户"两轮驱动"。

"三变"改革从供给侧入手，使扶贫方式由"输血式"扶贫转为"造血式"，激发农村的内生动力，盘活存量，促进农村产业转型升级。"三变＋旅游"模式是旅游扶贫方式的创新，对扶贫攻坚的加强有着重要的作用。盘州市大力实施的"旅游扶贫攻坚"战略，与"三变"融合发展，充分发挥旅游惠民生、消贫困的引领作用。农村居民不等、不靠、不要，依靠自己的双手摆脱贫困、实现富裕。

（一）产权流转，产业共建

在我国城镇化持续，农村市场化和产业化提升的大背景下，农村以户为单位的生产较为独立、分散，渐渐不适于农村规模化、专业化的发展需求，小生产和大市场之间必然会发生矛盾且随着社会经济的发展愈发突出。"三变"改革围绕产权明晰化、产权财富化这一核心，明晰产权，明确权益，规范流转，助力解决农村资源分得不细、统得不够的问题，推动产业转型升级。通过"三变"改革，农民和村集体以土地的经营权以及所有的资金（物）、房屋和技术等，通过合同或者协议方式，投资入股经营主体，实现公司化、市场化经营，成为股东，享有股份权利。在维持现有产权制度框架、保持土地资源公有制的前提下，唤醒沉睡的资源，将农村原先效益很低甚至没有效益的集体资源转变为资产，以入股的形式注入农村新型的经营主体，实现规模化、专业化的经营管理，大大提升了农村发展的规模效应和市场竞争能力。

"三变"是我国农村产权制度改革的一个重要创新，将产权转变为股权，以股权为纽带，把农民、集体和企业联系起来，建立完善的股权结构和治理方式。在土地所有权属性不变的基础上，农民转让土地的使用权，使经营主体可以规模化、集约化、组织化和市场化地利用农村资源共建产业，带动当地发展。

盘州市通过发展"三变+旅游"，赋予了农民更多的财产权利。将农村广大的资源与景区建设、乡村振兴联系了起来。在"三变"改革下，闲散的资源资金得以整合利用，产生规模效应，使旅游景区、乡村小镇的发展有着巨大的潜力。更广泛和持久的是，农民可以长期分享规模化、集约化的产业发展成果。

（二）扶贫攻坚，利益共享

1. 建立利益联结

从投资收益的角度看，分配方式最终决定于筹资方式。盘州市各地企业根据当地的具体情况采用不同的筹资方式，农民以不同的形式入股，入股的形式、数量的不同在同样的"三变"改革下产生不同的分配方式。

从"三变"改革情况来看，分配方式主要有五种：一是资产租赁与固定分红。农民担心合作社或公司的经营有风险，只愿出租土地以获得收益而不愿入股。采用这种方式农户面对的风险较小。二是吸收股本与按比例分红。如果农民愿意与经营主体利益共享、风险共担，与企业等经营者共负盈亏，便可采取以土地直接入股、按比例分红的分配方式。三是固定分红与按比例分红并行。在企业经营前期风险较大时为农民最大限度地避免风险，采取固定分红的方式。在企业逐渐做大做强风险降低时采用按比例分红的方式。四是实物分红。在企业经营管理中，如果投资成本过高、风险过大，为降低投资风险、减少交易费用，企业与投资者可以选择按实物分红而非货币分红。五是按年限分红。按年限分红其实是固定分红的一种特殊形式。企业为了吸引投资人入股，同时又要降低交易成本，采取按年限分红，每年给投资者一定比例的分红权，但比例并不固定。

通过"三变"改革，农户和村集体以股东的身份获得股

▲ "三变"村民大会

权分红，农户、集体和企业之间建立了利益共享的利益联结机制，形成三方共赢的局面。以企业为龙头，以农民为主体，以股权为纽带，以产业为依托，"三变"改革的各利益相关体都能从中受益。

2.产生情感联系

通过参与"三变"改革，农民的身份发生了改变。"三变"与旅游相结合，农村变成了景区和度假区，农屋变成了饭店和旅馆，农民变成了股东和经营人员，百姓真正从社会改革的旁观者变成了产业建设的参与者和利益分享者。农民由于与景区经营主体利益捆绑，比单纯的租赁或务工与经营主体之间有更强烈的情感联系，能有效调和农民与企业发展的矛盾，减少纠纷。而且，合作社或企业对已入股、早入股的村民有优先安排务工的优惠，统一上下班、统一发放工资，使入股的村民享受到参与"三变"的福利，村民与企业之间产生了更深厚的情感联系，村民的积极性增强，灵活处理了景区与当地村民的关系。

"三变"搭建了政府、村集体、企业和农民的沟通合作平台，在乡村旅游发展中，农民可以与经营主体民主协商，农民能参与到旅游产业的建设中，协调景区经营和农民利益保障之间的矛盾，强化农民和当地旅游业的联结机制。

四、示范引领，"三变"改革将有力促进中国乡村振兴的改革浪潮

（一）积累解决"三农"问题的创新经验

盘州是"三变"的兴起之地，为解决"三农"问题提供了一种有效的方式，经过多年发展形成的"三变 + 旅游"模式为各地解决"三农"问题积累了许多宝贵的经验。通过"资源变资产、资金变股金、农民变股东"，成功盘活土地、资金、劳动力等闲散资源，形成全民参与、共建共享的发展格局，带动乡村振兴和脱贫致富。发源于盘州的"三变"改革成为全国产业扶贫十大机制创新典型，全国扶贫现场会在"三变"改革发源地娘娘山景区召开。

继2015年，中共中央总书记、国家主席习近平同志在中央扶贫开发工作会议上首次提到"要通过改革创新，让贫困地区的土地、劳动力、资产、自然风光等要素活起来，让资源变资产、资金变股金、农民变股东，让绿水青山变金山银山，带动贫困群众增收"，贵州省2016年在全省全面推广了"三变"的改革经验，全省21个县

▲ 国务院研究室、中纪委、人力资源社会保障部相关人员到娘娘山地区调研

140个乡镇1015个行政村成为试点。从2017年起，发源于盘州的"三变"连续三年被写入中央一号文件。2017年中央一号文件《关于深入推进农业供给侧结构性改革加快培育农业农村发展新动能的若干意见》首次明确提出①，"从实际出发探索发展集体经济有效途径，鼓励地方开展资源变资产、资金变股金、农民变股东等改革，增强集体经济发展活力和实力"。2018年，"三变"再次被写入中央一号文件《中共中央国务院关于实施乡村振兴战略的意见》②："推动资源变资产、资金变股金、农民变股东，探索农村集体经济新的实现形式和运行机制。"2019年，在《关于坚持农业农村优先发展做好"三农"工作的若干意见》③的"全面深化农村改革，激发乡村发展活力"中，对深入推进农村集体产权制度改革做出全面部署，其中提到"总结推广资源变资产、资金变股金、农民变股东经验"。

"三变"成为农村发展创新的典范，提供了一条通过产权制度改革促进农村经济发展的道路，在欠发达的西部农村，"三变"改革整体推出，有重大的制度创新意义，兼具理论和现实价值，为促进中国乡村振兴的改革浪潮做出了重要贡献。

（二）注入增强农村资源利用效果的新活力

"三变"打通了产权流转的通道后，农村广大的闲散资源得以整合成为资产，产

---

① 中共中央　国务院关于深入推进农业供给侧结构性改革加快培育农业农村发展新动能的若干意见［EB/OL］. http://www.xinhuanet.com//politics/2017-02/05/c_1120413568.htm

② 中共中央　国务院关于实施乡村振兴战略的意见［EB/OL］. http://www.xinhuanet.com/politics/2018-02/04/c_1122366449.htm

③ 中共中央　国务院关于坚持农业农村优先发展做好"三农"工作的若干意见［EB/OL］. http://www.xinhuanet.com//mrdx/2019-02/20/c_137835580.htm

生效益。入股前，农民独立种植经营每家每户面积较小的承包地，入股后，经营主体可以将每家每户原先独立种植的土地集中起来，统一种植某一作物，形成规模，产生规模效应。将小块土地的分散生产经营转化为土地集中连片的融合式、规模化经营。资源的流转不仅可以扩大农业的总效益，而且为农村经济的规模化、产业化和市场化发展提供了支持。农村统一连片的农业发展，也成为与其他产业融合发展的资本。

除了解决农村资源散的问题，"三变"还有效整合了农村资金及城市注入农村的资金。国家扶持农村发展的各类资金由于缺乏有效的制度约束，导致资金到村的分配和使用方面存在项目散、额度小和效率低下等问题，无法从根本上可持续地解决农民的贫困问题。在"三变"改革中，将各项财政资金和扶贫资金在专款专用的前提下，折成股份落到每户农户头上，然后再将这些资金变为股金入股到其他经营主体，实现公司化、市场化经营。"三变"将分散的扶贫、助农资金及资源统一投入到具有发展优势和政策优势的产业上，由专业的经营主体运作，统一运营，降低了生产成本及农户的市场准入成本，加强了资金的整合力度，提高了扶贫资金的利用效率。

"三变"与全域旅游的目标一致，作用一致。全域旅游的相关领域要附加旅游功能，要追求旅游经济价值，就有赖于自身的深化改革。"三变"对农村集体产权制度改革有着重要的推进作用。在"三变"改革下，农村的资源能够统一规划，统筹协调，融合发展，凝聚成为全域旅游发展和乡村振兴的新合力。"三变"与全域旅游相结合，对可持续发展休闲度假旅游、乡村旅游，吸收城市的资金、服务和管理经验，统筹城乡发展，打破城乡二元结构有重要的意义。

（三）提升农村居民的人文素质

"三变"改革在"耕者有其田"的基础上实现了"耕者有其股"，使农民拥有了股份，成为股东，与经营主体是合作的关系，而不是买卖的关系，有分享共同利益的权利，实现了农民自身角色的转变，有助于培养农民的市场意识，调动农民的积极性、主动性和创造性。另外，农民通过"耕者有其股"行使了其"耕者有其田"的权利，强化了农民土地产权和收益分配的主体地位，农民不再是社会改革发展的旁观者，而成为利益的获得者，增强了其参与感和获得感。

以"三变"改革为切入点，推进资金、土地等资源集约化、规模化和专业化利用。利用得天独厚的自然环境，发展特色农业产业，融入"三变"改革成立农村合作社，引导群众参与入股发展乡村旅游，合理布局农业产业和旅游观光。将景区建设和产业发展相结合，以旅游和农业两种渠道助力脱贫攻坚。通过"三变"的创新模式，盘州市整合优势资源，充分调动农民积极性，实现农业增效、农民增收和农村稳定发展，带动百姓脱贫致富。

"三变"改革不仅解决了贫困群众的生产生活问题，还提高了社会治理水平，强化了村民自我管理。对农民而言，"三变"和旅游的发展，带给他们的不仅是经济上的改善，更是思想观念的转变、市场意识的培养和人文素质的提升，为深化改革、振兴乡村奠定了深厚的人文基础。

附　录

盘州市全域旅游推进重点会议列表

时间	会议名称
2016年8月18日	召开全县推进全域旅游发展工作动员部署大会
2017年3月31日	召开"四创"暨全域旅游示范区创建工作誓师动员大会
2017年6月3日	"五创"工作调度会情况汇报
2017年6月4日	全域旅游创建及旅游产业发展大会筹备工作的情况汇报、盘州市全域旅游创建及2018年旅发大会筹备工作推进情况汇报
2017年6月4日	召开全市旅游工作调度会议
2017年6月30日	召开"五创"工作动员部署大会
2017年6月8日	召开《盘县全域旅游规划》等三个旅游规划专家实地考察工作调度会
2017年8月8日	召开全域旅游工作推进暨业务培训会
2018年4月23日	市旅游局组织召开"盘州市2018年度旅游行业安全生产暨旅游市场秩序整治专题会议"
2018年6月7日	召开全域旅游创建暨旅发大会项目调度会
2018年9月10日	召开国家全域旅游示范区创建工作推进会和第五届六盘水市旅游文化产业发展大会工作组方案讨论会议
2019年3月22日	召开全市全域旅游创建工作安排调度会
2019年5月20日	召开全市全域旅游工作专题会议

盘州市全域旅游出台重点政策文件、标准列表

时间	文件名称
2016年8月8日	《盘县全域旅游标准化体系建设管理方案（试行）》
2016年8月10日	《盘县2016年全域旅游工作目标考核办法》
2016年8月15日	《关于成立盘县旅游发展委员会的通知》
2016年8月17日	《关于召开盘县2016年全域旅游发展推进会议的紧急通知》
2016年12月21日	《关于印发盘县2016年全域旅游工作目标考核的通知》
2017年5月5日	《盘县2017年度乡（镇、街道）及开发区（园区）、农业产业园区、景区管委会工作目标管理考核办法》
2017年7月10日	《盘州市2017年"五创"活动工作方案》
2017年7月10日	《盘州市2017年"五创"活动考核和问责办法》
2017年8月21日	《盘州市旅游发展和改革领导小组工作职责及会议制度》
2017年11月20日	《关于开展2017年"国家全域旅游示范区"创建活动考核的通知》
2018年1月20日	《盘州市2017年创建"国家全域旅游示范区"考核情况报告》
2018年4月22日	《盘州市旅游联合执法检查工作方案》的通知
2018年4月25日	《关于成立盘州市"国家全域旅游示范区"创建推进工作组的通知》
2018年7月20日	《盘州市2018—2020年"五创"活动工作方案》
2018年7月20日	《盘州市2018年"五创"活动考核和问责办法》
2018年9月21日	《盘州市推进国家全域旅游示范区创建和筹备六盘水市第五届旅游文化产业发展大会工作方案》
2018年11月7日	《关于2018年度全域旅游目标考核工作有关事宜的通知》
2019年3月24日	《关于成立"国家全域旅游示范区"创建工作专项组的通知》
2019年6月19日	《盘州市旅游景区规范管理工作方案》

责任编辑：王　丛
责任印制：冯冬青
封面设计：中文天地

图书在版编目（CIP）数据

　全域旅游的盘州模式 / 盘州市文体广电旅游局，北京华汉旅规划设计研究院编著 . -- 北京：中国旅游出版社，2019.8
　（全域旅游创新模式研究 / 戴学锋主编）
　ISBN 978-7-5032-6314-9

　Ⅰ . ①全… 　Ⅱ . ①盘… ②北… 　Ⅲ . ①地方旅游业 – 旅游业发展 – 发展模式 – 研究 – 盘县 　Ⅳ . ① F592.773.4

　中国版本图书馆 CIP 数据核字（2019）第 173379 号

书　　　名：全域旅游的盘州模式

作　　　者：盘州市文体广电旅游局　北京华汉旅规划设计研究院　编著
出版发行：中国旅游出版社
　　　　　（北京建国门内大街甲 9 号　邮编：100005）
　　　　　http://www.cttp.net.cn　E-mail:cttp@mct.gov.cn
　　　　　营销中心电话：010-85166536
排　　　版：北京中文天地文化艺术有限公司
印　　　刷：北京工商事务印刷有限公司
版　　　次：2019 年 8 月第 1 版　2019 年 8 月第 1 次印刷
开　　　本：787 毫米 × 1092 毫米　1/16
印　　　张：15
字　　　数：250 千
定　　　价：78.00 元
Ｉ Ｓ Ｂ Ｎ　978-7-5032-6314-9

版权所有　翻印必究
如发现质量问题，请直接与营销中心联系调换